帝国的边缘
edge of empire

后殖民主义与城市
POSTCOLONIALISM AND THE CITY

[澳]简·M. 雅各布斯 著
何文郁 译

Routledge
Taylor & Francis Group
江苏凤凰教育出版社
Phoenix Education Publishing, Ltd

图书在版编目（CIP）数据

帝国的边缘：后殖民主义与城市 /（澳）简·M.雅各布斯著；何文郁译. -- 南京：江苏凤凰教育出版社，2016.9
（世界城市研究精品译丛）
ISBN 978-7-5499-6033-0

Ⅰ. ①帝… Ⅱ. ①简… ②何… Ⅲ. ①城市社会学—研究 Ⅳ. ①C912.81

中国版本图书馆 CIP 数据核字(2016)第 223175 号

书　　名	帝国的边缘：后殖民主义与城市
著　　者	[澳]简·M.雅各布斯（Jane M. Jacobs）
译　　者	何文郁
责任编辑	陆　琼
装帧设计	李广玹
出版发行	凤凰出版传媒股份有限公司 江苏凤凰教育出版社（南京市湖南路 1 号 A 楼　邮编 210009）
苏教网址	http://www.1088.com.cn
照　　排	南京紫藤制版印务中心
印　　刷	江苏凤凰通达印刷有限公司（电话 025-57572508）
厂　　址	南京市六合区冶山镇（邮编 211523）
开　　本	890mm×1240mm　1/32
印　　张	8.75
版　　次	2016 年 9 月第 1 版 2016 年 9 月第 1 次印刷
书　　号	ISBN 978-7-5499-6033-0
定　　价	40.00 元
网店地址	http://jsfhjycbs.tmall.com
公 众 号	江苏凤凰教育出版社（微信号：jsfhjy）
邮购电话	025-85406265，025-85400774，短信 02585420909
盗版举报	025-83658579

苏教版图书若有印装错误可向承印厂调换

提供盗版线索者给予重奖

帝国的边缘

《帝国的边缘》检视了四个当代第一世界城市中有关城市空间的争论:两处位于伦敦,另两处是澳大利亚的佩斯和布里斯班。通过这些实例,大量具体的"后殖民"文化政治进程得到了阐述:从前的帝国中心的帝国追忆、伦敦金融城;移民组织在古老的帝国腹地创建家园空间的努力;原住民对现代城市空间中神圣纪事的主张这种令人不安的存在;以及当代城市中大量涌现的混杂空间。本书研究的是存在于空间中的种族与国家、自然与文化、过去与现在的政治。这是一种"全球地理意义上的地方性"。

本书的独特之处在于:它把殖民主义和后殖民主义的理论带入了城市空间——它为众多的当代社会理论的空间化隐喻提供了一个真实空间。如果当代城市是一个后现代的空间,那也是比较明显的地理意义上的帝国主义和后殖民主义。本书的全球性分布——其关注点在英帝国主义的一条轨线上的两个极点——提供了一种全球性组合,它构成了认识难以驾驭的帝国主义有关空间和时间命运的基础。这不仅是一种实质上的地理疆域,它还是一种富有想象力的地理渴望和记忆。

目　录

插　图

序

殖民话语分析和后殖民主义研究，已经从根本上改变了认识帝国主义、国家和民族的方式。近期的殖民和后殖民理论充斥着一种空间化的语言，虽然多半是隐喻上的功能。本书试图超越空间修辞上的殖民和后殖民理论，使它回归到“真正的”地理学研究。我关注的是，如何揭示地方的重要性、富有想象力的空间欲望和文化政治领域，这些都是当下殖民和后殖民形态的重要组成部分。我通过英国和澳大利亚城市中涉及空间冲突的当代例证来进行这一研究。

本书把四个地方同时放进城市中来分析，它们都是由大英帝国计划所创造或所催生的产物。有两个地方位于曾是帝国中心的伦敦，另外两个城市在澳大利亚，这里一度是地理意义上的帝国边缘。本书中所说的帝国范围更多是我自己的定位，比如“英裔澳大利亚人”就是一种十分独特的殖民主义体验。这一定位，既很模糊也很明确。作为一位英裔澳大利亚人，出生的国家成为我作为殖民文化成员的标志，这一状态引出了我所参与讨论的与原住民文化遗址有关的政治议题。作为一位住在英国的英裔澳大利亚人，当我研究伦敦的时候，我是一位“殖民地人”，有时候还真的仅仅被当作一位澳大利亚的背包客。我既是一位殖民者也是一位澳大利亚人，不仅是欧洲核心的代表性人物，也是另一个地方的代表性人物(McLean，1993:18)。毫无疑问，我是以一位出生在英国驻领殖民地澳大利亚人来定位的，这是一个正努力通向共和之路的国家，它影响了我看待20世纪80年代伦敦的帝国回忆和种族主义行为的方式。可以肯定的是，我研究当代原住民的土地利益和澳大利亚种族主义的能力，直接受到了我自己就是殖民地出生的女儿这一血统的约束。

书名《帝国的边缘》，从字面上来说，并不是指那种位于帝国地理统治边缘的地方。英帝国只有几个实例是正式终结的，它所影响到的国家和人民，现在被归入了不确定的后殖民形态。理论上来说，不存在一个帝国，也不存在一个中心和一个边缘。当然，这一正常的形态现在受到了我们所熟知的挑战：有了很多中心，很多外围地区，有着持久的支配和从属结构。持续存在的反殖民主义证明了这一点。但是这种不平等政治的社会和空间界线不再像从前那般清晰了。这种权力结构使得帝国以一种更加无序的方式继续存在。任何明确持续着的帝国主义，都日复一日地受到了移民定居点、新民族主义、原住民土地权利主张以及众多其他事物的挑战。也就是说，英帝国主义虽然活在当下，但也一直是处在它的“边缘”点。本书通过发生在当代城市空间内部，并通过当代城市空间不稳定的身份和权力协商来描述这种政治上的“边缘”。书名《帝国的边缘》中的“边缘”，描绘的不只是字面上的边缘和外围地区，而是贝尔·胡克斯（bell hooks[①]，1991：149）所描述的那种“深刻的边缘”，这种“不稳定发展的”边缘，不仅代表着一个开放性空间，而且它本身就是一个协商空间。

---

① 葛劳瑞亚·晋·沃特金（Gloria Jean Watkins），笔名贝尔·胡克斯，美国作家、女权主义者及社会活动家。她以她曾祖母的名字贝尔·胡克斯（Bell Blair Hooks）为笔名，并且写名字时不按通常的规则大写第一个字母，目的之一是表明她与先辈女性的本质联系，之二是“中意的是我的书的内容，而不是谁写的书”，以小写名字来表明自我的不重要。——译者注

致 谢

本书重新评价了我从20世纪80年代早期开始参与的各种不同的研究，在这里我无法感谢所有帮助我形成想法、提供资料的人。在我看来，也许最应该感谢的，是那些最早构建了我关于种族和地方政治意识的人。本书中没有涉及偏远的南澳大利亚奥古斯塔港(Port Augusta)社区，但正是在那里，在强硬的原住民的监管下，作为一位十分缺乏经验的研究员，我艰难地获悉了种族主义和殖民主义，看到了后殖民主义的可能性，并开始去了解政治上的身份与地方。在奥古斯塔港的这些体验伴随着我走遍了世界。

我还要感谢为我提供时间和文献的各种各样的组织和个人。尤其要感谢拯救斯皮塔佛德运动(Campaign to Save Spitalfields)的开发商，特别是斯皮塔佛德基金会(Spitalfields Trust)的Jil Cove，拯救英国遗产协会(SAVE Britain's Heritage)，CARE Campaign和Reverend Victor Stock，布里斯班城市议会和Marshall Bell of Campfire Consultancy。感谢这些组织和个人，他们允许我复制数据。本书的第三章是发表在《环境和规划D：社会和空间》(*Environment and Planning* D：*Society and Space*)的一篇论文，我要感谢Pion Publishing允许我复制这篇论文，而且大幅度地改变了它的形式。

图书也需要现实条件的支持。对本书写作方面时间和财力的支持，由澳大利亚研究委员会博士后奖学金计划（Australian Research Council Postdoctoral Fellowship scheme）提供。思考和写作的空间以及技术上的支持，由伦敦大学学院和墨尔本大学的地理系提供。特别致谢 Chandra Jayasurya、Wendy Nicol、Natalie Jamieson、Mary Quilty、Tim Aspen 及团队，还有 Chris Cromarty，他为书稿的出版提供了各种帮助。英属哥伦比亚大学妇女和性别研究中心、谢菲尔德大学地理系和 Paula 的住所，Jo 和 Peter 为最后的定稿提供了一个安全的避风港。感谢很多同行的倾听与指点，并给了我灵感，感谢 Kay Anderson、Jacqueline Burgess、Dipesh Chakrabarty、Felix Driver、Fay Gale、Ken Gelder、Derek Gregory、Peter Jackson、Michael Keith、Sylvia Kleinert、Fiona Nicholl 和 Charlotte Townsend-Gault。

在我的生命中，家人和朋友如此幸运地连接在一起，因此我想将本书献给我心中的大家庭。首先献给为我带来友谊与乐趣的 Hannah、Ken 和 Christian。最后，当然是献给我的母亲和父亲——Barbara 和 Allen Jacobs，他们给予我长期的支持，并赐予我“Jane”之名，这个名字在我的学术生涯中深深地教会了我如何对待“差异性”，而且带给我出乎意料的幸运。

第一章

行走在帝国的边缘

每一段旅程都可以看作是对边界的重新定位……一次不确定的旅行实践。

(*Minh-ha*,1994：9)

1993年4月,我有一次专门的学术旅行,包括一次会议和一次实地考察。我从墨尔本的家中出发到了悉尼,参加关于后现代城市的会议。从悉尼出发,我飞到昆士兰中部,在那儿我遇见了一位原住民历史学家,艰苦跋涉穿过泥路去了她母亲的乡村,并开始了原住民与非原住民联合写作的关于地方的研究项目①。在两天时间内,我从讨论"后现代城市"到有意识地参与"后殖民"的实地考察。在悉尼,当我听着不计其数的关于后现代城市的讨论时,我忍不住好奇,为什么讨论的过程及构想频频地与殖民主义、帝国主义或后殖民主义有联系。当我穿过昆士兰中部的丛林时,我就想,为什么殖民时期之后政治上的身份和地方这一领域,常常只是顺带

① 这一联合项目是与 Jackie Huggins 和 Rita Huggins 合作,以昆士兰中部 Carnarvon Gorge 地区为基础的研究(见 Huggins,Huggins and Jacobs, 1955)。

着在城市分析中得到追溯。本书尝试在当代城市空间和近期的殖民主义与后殖民主义理论之间形成一种有效的碰撞，这一目标是通过对坐落在英国和澳大利亚四个当代城市中的地点进行的大量身份和地方文化政治研究来完成的。

19 世纪英帝国主义确立的差异和权力关系垂而不死，并在很多当代第一世界的城市中再度活跃。在这些城市里，也有针对帝国主义的各种挑战，可能被当作后殖民的形态。这些帝国主义的表述和谈判不仅仅是正好在空间中发生。这是一种政治上的身份和权力，它本身就通过空间得到了清晰的表达，而且从根本上是围绕着空间的。从宏伟的帝国版图的结构来看，这是显而易见的，但同样明显的是在政治上与当代城市发展的进程联系在一起，这是我书中主要的关注点。城市空间中的变化，可能在一个冷静的共识中出现，但它们通常是旷日持久的争论或自我和解的姿态的结果。这种政治很少涉及空间看上去如何，并如何起作用，也很少涉及互相抵触的建筑美学或城市规划的意识形态，尽管这类关注可以为这些争论提供更完善的论述形式。这些基于地方的争论同时也是个竞技场，其中的各种联盟都在表达着他们自身的观念以及他们对空间的希冀，这些空间构成了他们的“家园”——至少在当地的邻里社区或国民家庭、一个原住民家庭或一个近期归化的家庭那里看上去是这样。因而，在不断变化或不断重构的过程中，由地方所产生的政治，同时也是身份的政治，这之中，种族、阶级、社区和性别的观念得以形成。这种身份和地方的政治，不仅围绕着城市内部的权力结构来建立，甚至关联着全球的城市化进程。这种政治出现在城市内部并与城市有关是确凿无疑的，但对很多团体来说，这种政治也是由更广泛的殖民历史和地理遗产、帝国主义的存在和后殖民时期的种种可能性构成的。

尽管不可否认帝国主义是一起政治和经济事件，但它同时也通过一系列的文化进程发挥作用。比如，自我与他者的社会建构为权力分层提供了基本的构成元素，这在其公民中间产生了绝对权威和不平等关系。在殖民主义的条件下，殖民他者的负面建构确立了某种支配性的结构，通过它，殖民者获得了胜利。同样，反殖民频繁地挑战，涉及从属团体要求恢复“沦为殖民地前”的身份，或改变在殖民主义压力下“形成”的身份。通过这一过程，被明确界定、表述和协商的自我与他者的概念得以明确，可能被认为是殖民主义和后殖民主义文化维度至关重要的组成部分。在第一个例子中，这些过程划定了差异的准确范围，这些范围如今被正面或负面地归为“文化”、“种族”、“种族划分”或帝国权力结构的类型。而且，身份的形成和重塑，正好出现在富有代表性和论证性的领域，包括官方的和民间的，物质的和精神的。正如托马斯（Thomas，1994:2）所说，殖民主义总是“通过符号、隐喻和叙述而富有想象力并充满活力”。

19 世纪的帝国主义计划极其明确，但并不排他，取决于种族化的自我与他者的概念。帝国主义在二元论的双重理念范围内运行，它建构了一个妖魔化的他者，用于对抗美化的、合法的，以及在想象中被定义的宗主国居民的自我。这样的种族化建构从来都不是稳定的，不仅一直受到不可预见的他者的威胁，还受到同质化和有界性的自我的威胁。事实上，这些二元制建构的生命力，极有可能是因其面对争议或无法控制的确定性时所表现出来的某种关切而导致的。在某种程度上，正是这种关切的力量，在殖民主义这样漫长的历史时期中，为种族化的分类做出了详尽的说明，即使在正式脱离了殖民主义“之后”的当代社会里，也允许它们保留了非常明确的特征。

殖民的话语和权力，通过一个复杂的基于种族、性别、阶级和性征的社会建构交叉点产生了影响（见 Ware，1992；C. Hall，1993）。我书中的重点是有关种族化的政治差异，尽管并不打算把其他建构归入旁观者的立场，或者说女权主义者的理论并没有提供帝国主义的反思。如，女权主义所显示的帝国主义和斯皮瓦克（Spivak，1988a：107）所说的“男权主义实践”之间的密切关联：帝国主义的方式，取决于男权主义者对“处女地”的占有以及对女性野性的男权驯服（Shohat，1991）。而且，正是女权主义者理论提供了身份政治的一些非常激进的反思。

真实的空间

近期，殖民话语分析和后殖民理论的空间隐喻大量出现。在这里，呼吁轮廓、边界和地理空间“代替所有有争议的身份领域”（Vidler，1992：167）。史密斯和何塞库拉（Smith and Godlewska，1994：7）提出，关于地理学，“与其说是自然的，不如说是想象的”，很多以文学为基础的殖民主义的重新定义很含混。正如史密斯和何塞库拉在他们的评论文章中所暗示的，实质上的可能性和想象中的地理学，存在着清晰的割裂是不可思议的——这一个实际上就是另一个。而事实上，在近期的社会理论中，空间在隐喻意义上无处不在却又时时阙如（Massey，1992；Smith and Katz，1993）。在这一语境中，本书致力于我有点不恰当地称之为“真实的”殖民主义和后殖民主义的地理学。

爱德华（Edward，1989:218）已经提醒我们，帝国不可能“在空间的生产……占有、隶属和殖民地开拓活动中缺少重要的哲学和想象的流程”。比如，帝国建立过程中，空间地图结构的作用已经在地理学家们那里得到了完善的记录（例见 Harley，1988，1992；Livingstone，1992）。针对具体的占有，里森（Reason）富有创见的地理学把空间的调整、界定确立为一种先决条件，它随之就在接下来的领土合并中纳入了全球化的帝国权力的格局。由于空间在帝国计划中的首要地位，后殖民的政治也常常明确地与空间有关（Said，1993:271）。从最普遍的意义上可以看出，民族独立主义者的抗争和非主权的土地权利主张，常常专注于恢复控制由帝国扩张引起的空间领土的流失。

城市，也是帝国主义空间性的重要组成部分。在边远的城市中，帝国构想的空间秩序快速而灵敏地达成了。正是通过这些城市，殖民化后的土地资源得到了控制，并与帝国中心地带的城市连接起来。按照资本主义的世界体系理论阐释范围，这些城市后来被认为是一种互相依存的“第一世界”和“第三世界”的一部分。本书的关注点，不是把殖民地的城市当作一件过去的事物，或者把当代第三（或第一）世界的城市作为全球资本主义本身的一种结果。我的关注点是，在当代，以这样一种地方和身份的文化政治方式，第一世界的城市被卷入到了帝国主义意识形态和实践的传统中。事实上，我调查到很多的城市转型——绅士化、综合开发、文物认定和消费奇观——正广泛地被视为后现代性的显著特征。如果说这样的城市变化标示着帝国主义的后现代性，那也是有着或隐或显的历史学与地理学特征的后现代性。

罗兰·巴特(Roland Barthes，1981：96)提醒我们，城市，正是一个“我们彼此遇见的地方”。在殖民主义第一阶段的当代城市，人们通过帝国的历史连接起来，用一种聚集的方式被强力挤压在一起，几乎无法预测，也常常难以提防。一般来说，这不是一个简单的通过帝国主义来讨论的聚集，但仍然通过其差异与特权的建构得到了系统的管理。这非常清楚地体现在城市的种族政治、特别是惊人的空间隔离或市中心平民区种族化之中。不无关系的是，帝国主义也可能通过各种各样的怀旧之情试图纪念帝国的盛时。这些趋势有可能通过传统自我意识的表述，或历史建筑的保护，或新的消费行业的涌现得到记录，它以历史、特权和自然为基础。帝国主义的空间操纵，从来不是一种全然安全的保证，不管是过去还是现在。直接的原因是，城市是种种“聚集”的场所，对失衡的帝国部署来说，它们也是充满了各种可能性的地方。这不仅通过鲜明的反殖民活动得到了证明，还通过身份和地方的协商得到了证明，它的出现源于移民的定居和混杂的文化形式。

在殖民主义条件下，政治上身份和差异的确立，以及通过一系列后殖民形态的协商，不仅在特定的环境中得以“实施”——似乎它们只是简单的“集结地”(Appadurai，1990：15)——而且通过“真实的”空间焕发出了活力。这既不是用决定性的力量拟定一个抽象空间，也不是处于社会关系之外的一个物质空间。或者正如多琳·马西(Doreen Massey，1994：3)所说的那样，空间是“一种不断变化的社会权力和意义的几何结构”的一部分，其中的物质和意识形态是同构的。这绝非一个既定的空间概念，而是一个困惑的社会/空间动态。它是——玩弄一下萨义德(Said，1993：6)的概念—— 一种“存在着冲突的地理学”。这些空间上的冲突，并不只是关乎一种明确的二元化的殖民主义建构的领土控制。这些冲突是由得到不同赋权的人们的共栖造成的，他们把这些意义归因于聚居地和地方。在其构成方式中，全球与地方常常共存。它们是在现代性的环境下所产生的迥然不同而又互相矛盾的地理定位的产物。这些冲突在适当的地方导致了混杂的区域居住，其中，自我与他者、这里和那里、过去与现在的分类，不断地互相涉及。

旅行活动日程

本书围绕着对当代第一世界四个地方城市变化的详细解读进行架构。大多数时候，我的关注点是当下(界定为20世纪80年代到90年代早期)，尽管过去以及过去的观念进入并建构了这个当下，这一点非常明确。这四个案例有两处位于古老帝国中心地带的伦敦——伦敦金融城和斯皮塔佛德，另两处位于曾被认为是大英帝国边缘的地方——澳大利亚的城市佩斯和布里斯班。这些地方也同样具有英帝国主义的经历。在综合这一城市旅程各个地方的过程中，我并没有建立一种严格的因果模式，更确切地说，没有轻率地建立一种具有比较意义的项目基础(Clifford，1992：105)。这不是一份简洁的英国风格朝着澳大利亚方向线性流动的研究报告，或者模糊地追踪土著从澳大利亚到帝国中心的反向流动。并置这些地方，我是想表明，这些帝国的计划为何在规模上是全球的，而其在当地的影响又是杂乱无章的。

无可争辩的是，相较于在一种特殊的殖民历史中我们自身特有的定位，我所选择的这四个澳大利亚和英国的城市，较少受到"抽样"测量过程的控制。[①] 因此，这一机遇颇合我的心意。我并不打算装配一个第一世界的城市——它代表着"整个大陆活动的核心"，一个第三世界的城市——它可能被当作一种"被局部限定的边缘"，并对它们进行比较（Lowenhaupt Tsing，1994：282）。我的城市选址组合，确立了一个帝国的框架，在这个框架中，核心和边缘的概念自一开始就是不确定的。首先，澳大利亚的城市选址归于第一世界或"西方"，虽然它处于特定的地理上的北美和欧洲范围之外。但是澳大利亚的例子也表明，在这类第一世界的城市中，还存在着一个经常被遗忘的第四世界——原住民的澳大利亚。其次，伦敦的选址表明，第一世界的城市——先验地归类为"全球的"——为何也是移民的城市，在其范围之内，它也包含着一个第三世界。这四个城市选址，分别确立了核心/边缘规则的例外情况，它塑造了某种方式，在这种方式里，权力的全球部署以及由帝国主义所生成的特权，已经按照惯例各司其职了。

针对这四个具体案例的整体研究，我的忠实度很可能成为一个顽固但可预测的经验主义地理学家的例子。但这种忠实是基于一种认识，相信通过对地方的详细呈现，可以了解（后）殖民时期身份和地方政治的复杂变化。这些对地方的详细记述，标出了"有倾

---

① 在本书的序言中，我对自己的设定是一位英裔澳大利亚人。

向性的力线”的范围，通过它，帝国主义得以持续，并在当代城市中受到了挑战(Frankenberg and Mani, 1993:307)。正如对地方性的关注一样，我并没有提议回避一种怀旧的地方主义，或一种空间化的相对主义。这类跨地方/跨民族的殖民主义趋势，以及更近的全球殖民主义，并不源于地方的灭迹或民族的减少。“资本的逻辑”同时以其帝国的和假定的后现代形式，已经通过差异、通过地方的特殊性开始运作了。因而，对地方的关注也就是致力于对全球的关注(Massey, 1993a)。

在利用这四个具体的城市场所来确立我的观点的过程中，本书不可避免地采用了旅行的形式，而且，它也确实是在一位地理学家指引下的一次旅行。我认为我的学科定位，充分注意到了地理位置的描述和绘制在帝国主义及其殖民影响中所起的作用(Driver, 1992)。这些地理位置试图关注并给予未知事物一种透明的感觉。与帝国主义的地理学实践不同，我的目的不是为了划定异域，或在一个不断生成的单一角度的男权主义姿态中建立一个空间(Bordo,1986; Hartsock, 1990)。本书的城市“观察”，试图发现未确定的地理空间和地方，以及当代不断变迁的边界位置。我并不想让这些地方变得简单易读，更多是想通过“城市文化主义者”这一形象的精神来接近它们，它们的任务是揭示:为什么那些熟悉的事物会变得陌生(Grossberg, 1988: 378, 根据 Morris, 1988a)。

旅行的隐喻现在很时尚(例见 Chambers 1994a and Robertson *et al*.1994)，正如钱伯斯(Chambers, 1994a:3)所提出的，目前批判性思维的趋势所引发的这种隐喻，有可能是“易行的”。尤其是主张男女平等的理论家们已经表达出对“旅行理论家”这一概念的关注，不是这一概念虚弱无力，而正是因为它可能非常富有说服力。莫里斯(Morris，1988a)指出，与权力有关的男权主义者的认知和统治方式，在旅行实践和旅行故事的写作中十分复杂地交织在一起(参见 Blunt and Rose，1994)。这不是一个简单的进入历史时期的妇女或旅行的差异问题。莫里斯认为，如“航行与地图”这样的旅行故事，“持续地形成了地点与时间合理使用的种种模式——从哪里开始，到哪里去，这两者之间可能是什么”(1988a：35)。另一些人则在争论旅行的隐喻很可能因为太游离了而无法适应，比如，处于受压迫地位的有色妇女，尤其是那些处于理论/政治种族歧视中的少数民族和妇女(hooks，1992；Wolff，1993)。对很多少数民族来说，旅行是一个充满矛盾的定位：一些东西是强加的，一些东西是把他们排除在外的，还有一些东西让他们触及了霸权主义的“恐怖力量”(hooks，1992：344)。

钱伯斯(1994a：3)认为，说到“旅行”，可能只是单纯的一种理论上的时尚，在大多数帝国主义模式中，它想要保持一种不断衍生的多样性。但在很多方面，旅行的游离特性，直接对把地方当作一种思考和进行当代批判性分析的方式产生了影响。在全球化进程加速和政治差异激化同样严重的情况下，从一个现在已经十分固定的有利角度来看，所谓的传统认知方式已经说得太多了。理论对流动性和研究很敏感，它是围绕着不同组合的人与地方来配置的，而不是简单地引人注意，除了我将要讨论的必要性。如 Trinh T. Minh-ha(1990：334 and 1991：188)提出的所谓的“流动性”，恰恰是权力配置转移所需要的，这种权力压迫了所有的妇女和有色人群。这种观点认为“旅行理论”可以有效地重新调配。它们可以把一个真实可靠的切入点变成当下矛盾境况的标志，这一点，区域与全球、“分裂的地方政治”与身份和地方，都同样有所涉及。(hooks, 1992:343)。

关于地方的讨论[①]

近期，新的人文科学范围内的自反性，已经与后殖民主义对知识的权利主张结合起来了，并生成了新的言说与写作的协议条款。尽管需要确保什么是绝对必要的，以及针对权力条款的有效调整，但这种结合的影响，还是夸大了殖民话语分析(这可以安全地获得，所有人都可以看到和阅读)、经验分析以及由殖民主义造成的他者化形态(这是那些“局外人”冒着风险才能看到和阅读的)之间的差异。本书有意识地跨越这个现在被无意义放大的差异。下面的章节中，我不会只限于对殖民主义者结构的分析，而是大胆地解释和阐述那些被归为他者的宗主国权力结构的协商。也就是说，我在呈现和阐述这些观点时，也是冒了风险的，并且在一种帝国的构想中把这些观点作为他者的标识。我充分地意识到这样的跨文化阐述“在政治上从来不是无辜的”，所以我不能——也不会——在一个不那么破碎的帝国主义者的世界中剥离自身的定位(Clifford,1992:97)。但我确信，这样的冒险把我的注意力放在了

① 这个小标题来自和 Ken Gelder 合写的一篇论文(Gelder and Jacobs, 1995a)。

殖民主义者权力的运用方面，而没有考虑到殖民主义是如何出现、并被那些寻求统治的人转变的，我可能不会主张一次反殖民的政治活动，也许只能简单地用来修饰“核心”。我可能调用“过渡空间”这样的后殖民概念，从而使我的跨越合理合法。我可能认为后殖民所协商的是“空间”，一般来说这既不是中心也不是他者，针对一种孤立的混杂性的行为，任何人都可以发言。这样的“空间”，是在殖民主义和后殖民主义的政治条件下产生的。而且就赋权这一问题来说，当混杂性的含义处于模棱两可状态时，就不应该为那些处于不可避免的政治压力之外的发言创造机会。应对这一政治条件，不能简单地说因为我没有“来自合适的地方”就不能发言，或者我不能说得太多，因为我们各自的地方是不相干的（Spivak and Young, 1991:228）。这意味着一个人的发言必须受到一种针对反殖民的政治责任的评判。

所呈现的这些地方及其文化政治产物的研究并不单一。为了避免单一性，不是单纯地指很多人以不同的方式看待一个地方，或确立一个现在非常惯用的二元法，就像萨义德在他的自我与他者的相互影响中所使用的“无调性（atonal）……对位（contrapuntal）”的概念（1993:59—60）。女权主义理论的主观性，尤其是要找固定的身份与差异概念的茬（Butler, 1990a, 1990b; Ferguson, 1993: 154）。针对身份和差异的特性，这一更加“机动的”方法，可以有效地用于思考身份和地方之间的关系。这一方法动摇了一种界线和既定的地方属性的概念，这里的身份，是指那些坚持居住在这里的人。它致力于取代设定的和易变的宗主国历史、他者的历史以及全球和地方复杂的啮合之间持续的互相影响。也就是说，它致力于取代萨义德所说的(1993:56)产生了不稳定居住条件的“重叠的地区”和“交织的历史”。在这种政治环境中,本质上的身份概念没有消失,但它们被理解为在某种权力部署范围内架设的定位结构。本书中使用地方来表明帝国权力结构适应的持久性,它们总是呈现出后殖民主义的种种逆流和某种未曾预料到的身份的轨迹,以及在这种可协商的政治差异范围内所产生的权力。

很多分析聚焦于有关都市空间的机构性话语:城市规划、保护报告、议会声明和规划调研记录。我还援引了兴趣小组提供的一系列的声明和图片,他们积极参与了围绕城市发展和变化的政治斗争。我的分析延伸到了狭隘的推论和具象的领域之外,它是由有关都市空间的这些争论产生的,并构成了一个更为广大的政治和经济环境。我所做的,并不是为了提出这些散漫的推论以及代表性的领域,它们与城市再开发的关系只是这类话语环境的附带影响。相反,我只是为了表明,这些散漫的推论和具象的实践,是处于与政治和经济力量相互建构的关系之中。总的来说,它们积极地创造了物质的和想象的城市风景。

与一种文本化的景观解读相反,本书有意识地面向一种地方的文化政治(见 Duncan, 1990; Barnes and Duncan, 1992; Duncan and Ley, 1993)。我明确地区分了这种差异,因为它涉及空间的文本概念问题,包括身份与地方的交会点以及后殖民政治机构的义务两个方面。在其极端狭隘的概念中,文本化的解读,凌驾于建成形态和想象的城市规划之上,这些事物本身就是权力的标志,“是统治阶级利益的一种具体体现”(Gottdiener, 1986: 214—215)。城市实体的人工产物、建成形态,在多种意义上取代了我城市旅行中的“主要景点”。与这些对象相比，我更多地关注城市空间生产复杂的政治条件，奋力思考城市空间是如何被使用的，以及它为什么如此这般很多年——抓取政治资源，动员不同的组织参与政治行动，生成一个接一个的愿景。这场旷日持久的政治生产，本身就是一种社会的和物质的形态，其影响不仅优于而且远远超越了空间领域内的争论。而且，一般来说，这些“示范性项目”研究的并不是那些已经存在的，而是那些尚未存在的。在这样的语境中，这种“项目”并不是那种用于“解读”的特定内容，而是“改变自身”(Morris，1990：12)。更广义地说，对“文本”地理学可读性的要求，与帝国构想所呈现的透明性也不那么协调(de Certeau，1984：92—93；参见 Demeritt，1994；and Gregory，1994：146—147)。地理上的帝国主义的种种关联，不只是用来放置于景观之中供解读(或其他)使用。它们存在于具象实践、建成形态和一系列其他力量轴线的某种“不透明的”交会点中，它定义了准确的历史语境，这之中，帝国主义或者中止或者持续。这里包括地理上不均衡的资本投资，合法而且公正的监管体制，以及各种通过抗议、暴力、讽刺艺术甚至直接定居而出现的空间界域化和解域化。

旅　行

本书的主要部分，提供具体的城市再开发特定地点的详细介绍，以及通过它们联系起来的身份政治。尽管每一章都展开了很具体的理论上的论点，我从一个十分普遍的讨论入手，这一讨论概述了我有关殖民主义、帝国主义以及后殖民主义的研究方法。针对城市语境中身份和地方的文化政治，我使用一种特定的参照来进行研究，从而创建了一种基础，也由此设定了具体的案例研究。

英帝国主义的空间构想，以强大的权力流动为基础，从被认定的“核心”到相关的被指定的“边缘”。文本中的案例研究是以反映早期英帝国主义空间性的方式来设计的。第一个案例研究取材于伦敦，大英帝国从前的中心。后两个案例研究取材于澳大利亚的城市，大英帝国从前的边缘。我对英帝国主义早期的某种空间逻辑轨迹的追踪，并不是打算重新描述核心和边缘的逻辑。在当代城市背景下详述这一不稳定的逻辑性质是比较可笑的设计。

每一个基于案例的章节都代表了不同的方式，在这些方式中，殖民主义和后殖民主义的文化政治与当下密切相关。在伦敦这一章（第三章）中，我追溯了围绕历史建成环境长时间的规划论争中体现出来的帝国理念，与一种近期的有活力的“全球”城市之间的相互影响。在第二个伦敦案例的研究中，我转向研究伦敦东区的斯皮塔佛德社区，这里现在居住着大量的孟加拉裔英国人（第四章）。在这一章中，我追踪邻里社区的变化方式，在绅士化和大规模再开发的形式下，在一个渴望“多元文化”的伦敦和孟加拉人的社区之间便产生了一种狭路相逢的紧张感。澳大利亚的第一个案例，我选取了佩斯，我调查了殖民时期城市发展压制原住民在土地方面利益的方式，并调查了原住民的神圣性在世俗化的城市空间中不可思议的再现（第五章）。最后一个案例研究，我论述了布里斯班新兴旅游业的文化政治，并重点论述了这座城市通过自然与本土性来积极地重塑自身的方式（第六章）。

这些案例研究几乎是彼此独立的，但依然有关联，而且不可避免地互相涉及。比如，“全球”城市伦敦的出现，以及由此导致的当地的种种变化（第三章），在一定程度上确立了针对斯皮塔佛德再开发争论的语境（第四章）。伦敦的章节还为澳大利亚的章节提供了重要的语境参数。如，20 世纪 80 年代政治和经济的重建，首先通过伦敦的实体而出现，并在全世界的城市中得到认可，包括澳大利亚的城市。同样，在伦敦的案例中，城市遗产的敏感性明显是更加广泛的规划常识的一部分，它也同样在澳大利亚的城市中起作用。在某种程度上，佩斯城市规划的争论（第五章），受到了全球经济和文化形态的影响。最后，殖民主义条件下（第五章）有关原住民的历史材料，为新兴消费行业中种族政治的探究确立了话语点（第六章）。

这些研究，不仅显示出殖民主义的多样性和适应性的调整，也显示出后殖民主义形态的复杂范围，它动摇、超越甚至偶尔公然抵制殖民主义的权力结构。走访过的地方，并不是一个静态的地址，而是一个处于不断变化的进程中的地方。这些地方充满了政治的变革：它被表述为冲突，通过平静的共识或一种自我和解的姿态。这些地方代表着一种中心与边缘、自我与他者、这里与那里都处于焦虑谈判状态中的地理学——一个存在着取代、互动和竞争的地方（Clifford，1992：101）。我确信已经设法证明了“全球”地理的“地方性”，它会表现出压力与分裂，这正是目前环境中帝国文化政治权力的一个富有批判性的空间。

第二章
（后）殖民空间

差异性无所不在，熟悉感处处浮现。

（*Clifford*，1988：14）

近年来，帝国主义和后殖民主义吸引了前所未有的学术关注度。本书的重点显然是文化，它的产生缘自文学研究，但其影响已经延伸至更为广泛的学科领域。毫无疑问，萨义德的《东方学》（*Orientalism*，1978）对这一敏锐的“帝国主义文化”研究确立了范本。正如威廉姆斯（Williams）和克里斯曼（Chrisman）所提出的（1993：5），萨义德的方法为这一领域的研究“正式揭牌”，称之为殖民话语分析。这样的研究显示出话语构成的方式对创造一种复杂的价值、意义和实践领域所起的作用，其中，界定为重要的和非欧洲人的欧洲本质，被置于一种次要的地位，但对于自我构成的他者，却是必需的。这种自我与他者的双重结构，对横贯全球的欧洲的领土、军事、政治和经济力量的扩展来说，是一体的，这一过程被认为是殖民主义和帝国主义。如萨义德（1995：332）所说：重要的是，身份的社会建构过程，不只是简单的“精神活动”，还“迫切地涉及……具体政治议题的社会竞争”，如领土、暴力、法律和政治之类。社会建构及其所产生的意义与实践，正处于帝国主义世界不公平的物质和政治形貌的核心。

由于有关帝国主义过程中权力与身份的联系，已经得到了详细的说明，被视为其权力结构基础的如此众多的概念化的二元对立，已经成了问题。两两相对的概念，如核心/边缘、内/外、自我/他者、第一世界/第三世界、北/南，业已让位于混杂性、离散、种族混杂、文化嫁接和边界等诸如此类的比喻。詹姆斯·克里福德(James Clifford，1994：303)把这种新的解析性语言的扩散称为一堆“难以驾驭的……术语”。这种新的语言，与一种被称为后殖民主义的视域密切相关，在很大程度上归因于那些来自/关于“边缘”的写作，以及谨慎地解构后结构主义的可能。这类术语为阐释一系列新现象(或新发现)提供了概念化的框架，它可能会被轻率地描述为对抗的或混乱的帝国主义。而且这类术语还为反思常见的帝国主义的统治结构提供了工具，其复杂性一度被整齐划一的二元化分类所利用。这种后殖民主义的批判调用了一种新的概念框架，它——当然不是否认帝国主义统治结构的效力——发现了它们时时担忧的偶然性和内在变化。这并不是否定自我/他者的二元化概念没有占据帝国的构想，而是表明这是一种极不稳定的设置，正如德里达(Derrida，1982)所表述的，这里面的自我/他者之类的概念，它们总是互相“求证”，而且明显地产生了破坏性的影响(Gelder and Jacobs，1995a：153)。

这些观点的共同点是什么？既不是正式的地缘政治的帝国主义的关注点，也不是单一的政治经济“世界”的关注点，而是一种对帝国主义文化及其形态的敏感性，它可能表现为反殖民主义或后殖民主义。比如，托马斯(Thomas，1994：42—43)认为，殖民话语研究，致力于激发殖民主义的意义和价值。有关帝国主义和后殖民主义的新观点的价值，远远不止是看到如何通过实用的社会结构部署而使文化“变得”更具有治理性(同上)。后殖民主义研究所做出的一个关键贡献，是证明帝国主义和殖民主义权力的脆弱性。后殖民主义研究显示出，这些文化的权力和统治从来没有充分地认识自己。它们总是担忧重新组合、重新建立和重新确认它们的权威，不仅要对抗反殖民主义形态的挑战，还要对抗它们自身内部的不稳定性。这并不是说帝国主义没有抓住并创造极其重要的物质和恼人的不平衡的地理区域，而是它影响到了这种统治的矛盾的文化政治，因此，其顽固而自适的权力需要，就能得到更好的理解。它也表明，殖民群体不但直接通过鲜明的对抗态度，还通过具有破坏性的殖民主义的居住结构来推翻这一权力的方式。

当然，认为现在已经是某种程度上的后殖民主义，还是很有吸引力的，正如术语本身所提示的，这种“后殖民性”仍然深刻地与殖民形态融合在一起。殖民结构不仅属于一个依然对当下起着不利作用的过去，还属于一个正在被怀旧般改写的过去，并富有创造性地适应了现在。正如后殖民主义趋势一直是由殖民主义所导致的一样，因而殖民主义趋势必要的植入，常常被乐观地认定为后殖民形态。我确实不是要在殖民形态、过去和现在的条件下设置一个可怕的陷阱。在本书中，我描述的文化和空间进程，指向某种焦虑的殖民主义的韧性。这种“后殖民主义”描述的未来，并不总是一致地“反对”殖民主义的残余和重生的形态，以及部分引人注目的对抗领域。我并不否认对抗的可能性，而是认为它是很多反对或摆脱超越殖民主义范围的一个关节。殖民地，不仅牵连到对抗，还牵连到共谋、调解，甚至熟视无睹。它是帝国主义者怀旧情怀的一种修正形式，它认为殖民地一直在有意识地参与对抗“核心”。

在帝国主义和后殖民主义研究领域中，存在的和看见的这些新方法的扩展，已经出现了其自身的困惑。殖民主义和帝国主义之间的差异是什么？什么是后殖民主义？用它来描述的社会状况有多真实？这一术语的界定是什么？对后殖民主义的强调或取代有效地阐述了种族政治吗？关注文化领域是如何对动摇牢固的权力空间起作用的？如何从地理或政治经济的视角来体现差异？在殖民和后殖民的规划中空间的作用是什么？以及我们应该如何从这些方面来重新思考城市空间？还有，空间地理学科，怎么才能从其殖民共谋的历史定位转移到有效力的后殖民空间叙事？在探讨这些问题的过程中，我引用了一些与接下来的地方性研究有直接相关性的例子，因而也有助于对接下来的地方性研究提供有相关性的文本。尤其是我的关注点限于大英帝国计划和澳大利亚殖民化的案例，以及在殖民地企业和作为一种场所的后殖民形态下城市的特殊作用。

殖民主义与帝国主义

有一次，在对一位英国听众谈到当代伦敦时，我选择把现在的伦敦归类为“后殖民的”。一位听众提出我真正的含义是“后帝国主义的”。我们同意它是“后”的，但“后”什么？我的殖民主义和他的帝国主义又是什么？我回想起这次交流，因为在一定程度上证明，帝国主义和殖民主义是如何通过地理意义上帝国本身权力范围的定位来区分的术语。这次交流，把帝国主义指定为“属于”宗主国的核心：指出了它的文化结构及其累积而成的驱动力，以及疆域的拓展。在这次修正性的交流中，19 世纪英国的疆域拓展显示出帝国主义在核心，而殖民主义在边缘，或者换种说法，帝国是目的，殖民是结果。①

像这些时时围绕着术语殖民主义和帝国主义的困惑，以及可能表现出来的它在当代的种种变体是什么，就如新殖民主义一样。爱德华·萨义德(1993:8)在殖民主义和帝国主义之间提供了一种有用的区分。他把帝国主义定义为一种实践，一种理论，一种支配宗主国中心统治遥远疆域的态度。在他的定义中，殖民主义，是与领土入侵和定居点之间密切相关的帝国主义特定的衔接。威廉姆斯和克里斯曼也提出(1993:2)，殖民主义是在一个更加持久的资本主义的帝国主义进程中的一个阶段，不断跨越，直到现在。正如萨义德所说，他们把殖民主义定义为一个阶段，在这个阶段，通过征服和占有其他人民的土地和劳动力为宗主国核心提供服务，资本主义积累能力的扩张得以实现。② 因此，殖民主义承担着对另一

---

① 当然，这类定位的区分极其令人担忧，正如在序言中已经表明的我自己的一些观点。所以，如在澳大利亚驻领殖民地，殖民者就是帝国主义者，但是作为帝国中心的一个代理机构(通常是作为一种等外级)，驻领殖民地声称，对于这一权力，地方所得超过全球所得。

② 肖哈特和斯塔姆(Shohat，Stam，1994:15)从这些定义中衍生出了一个有趣的题外话。对他们来说，殖民主义是一种历史性的持续，而帝国主义则是后独立经济扩张的一个阶段。

组人的统治权的确立与维护，这一组人被视为是从属的，而他们的领土，被假定为可用于开发的。这在19世纪的英帝国主义期间得到了清晰的体现，领土的扩张确保了提供给宗主国的原材料，并且为制成品提供了新的市场(King，1990a：49)。

因而，按殖民主义和帝国主义的定义，存在着一个默认的时间排序。萨义德提出(1993：8)"直接的殖民主义已经大范围地终结了"，但是"帝国主义……还在它一直存在的地方逗留，以一种综合文化领域的方式，包括具体的政治、意识形态、经济和社会实践领域"。在某种程度上，萨义德认为是在目前正式去殖民化的条件下高度殖民主义的意识形态、实践和经济的顽固坚持。他还暗示，一直持续的各种各样的文化和经济扩张，远远超出了与殖民有关的领土占用。新马克思主义者总结近期的全球资本积累，最著名的沃勒斯坦(Wallerstein，1974)的全球体系理论提出，一个全球的帝国主义，远比萨义德"逗留"的殖民主义更加重要而且全面。这类理论概述了以企业垄断资本和一种全球劳动力分配为基础的国际积累框架。这一世界经济，生成了以核心及各种依赖半边缘国和外围为基础的不平衡发展规则。

帝国扩张(即殖民的或"新的"全球的)的经济幅度不可否认，就像它们引发的不均衡的权力和特权分配一样。但严重依赖于这一逻辑行为的扩张，只是通过合并"世界"以及其中所发生的一切，重新以宗主国为中心，并进入核心的积累逻辑。这一逻辑的偶然性——它需要对付一个通常不那么愿意而且几乎总是处于变革中的外围——在狭隘的政治经济学的思考中显然消失了(Shohat and Stam，1994：17)。对产生一个"展开理性的世界历史体系的通用叙事”来说，世界体系理论是马克思主义能力的一个例证(R. Young，1990:2)。这类新马克思主义分析阐述的一种“世界体系”，是为了彻底解散那个体系，就如吉姆·布劳特(Jim Blaut，1987，1992a，1993)在反帝国主义作品中所体现的一样。但在革命之前——就为了革命的意义而言，世界体系分析详细说明了以欧洲为中心的扩展的一个综合架构，对此，差异性是互相牵制着的，而文化也只不过是一个脆弱的附属物。致力于对帝国主义地方文化的解释，是为了展示出这些企业的异构性和可变性。帝国主义通过数不清的欲望和需求得以激化，殖民主义也以各种形式得到了固定，殖民主义的形态幸存下来，并通过多种途径被重新激活。而且，在任何时候，帝国主义者视野中里里外外的竞争都是公开的。帝国主义总是会产生大量的不确定的形态，其中的一些在帝国的范围之外，并对动摇其权力产生了作用。

让我转到与英帝国缔造相关的案例上来，并阐述有关帝国主义内在变化的论点。科学而正当的社会进化理论，给了英国在全世界扩张的一个“自然”逻辑。按照进化论的术语，世界，是由“先进的”和“落后的”人居住的。正如萨义德(1978:207)所论，约翰·韦斯特莱克(John Westlake)的《论国际法原则》(*Chapters on the Principles of International Law*，1894)，力劝全球“未开化的”部分应该附属于“文明的”和先进的力量，并被这些力量占有。这一种族化的社会结构，为殖民主义条件下社会关系的确立提供了“意识”。也就是说，与只用等级体系的方式来分类这个世界上的人相比，社会进化的逻辑做得更多，它还通过这些区分使权力的运用合法化了。这样的分类是更大范围的一部分，西方人文主义把欧洲人置于历史的中心，并安排他们为“人类”的福祉承担责任。正如罗伯特·杨（Robert Young，1990：122）援引的弗朗茨·法农（Frantz Fanon）寓意深刻的著作，认为人文主义是帝国主义合法导向的组成部分。但这是一个矛盾的概念，建立在互相排斥和自相矛盾的“去人文化”基础之上，通过种种女性化或种族化他者的方式。霍米·巴巴（Homi Bhabha，1990a：71）评论道，如果西方持续进行其对“周边地区”的殖民计划，它就会因此而面对其矛盾的二重性，就如 “教化使命”同时也是“一种暴力征服力量”一样。

但这并不仅仅是需要呈现帝国主义内在的矛盾。我刚才概述的社会分类和判定类型，并没有统一地在其自身体现。从帝国的中心到边缘，他们采用了一条难以驾驭的通道，不断产生出独特的殖民主义形式（Thomas，1994：39）。一个永久领土上的殖民化有可能是必要的，至少在原则上，现有社会形态大规模的破坏，以及新的社会形态的建设，都在仿效帝国的核心——就像在澳大利亚的意图一样。或者它可能有计划地保持原住民社会的“完整性”，但被重新调整过了，以便为核心提供服务——就像在印度的意图一样（Taylor，1993：18）。如托马斯所论，印度的殖民征服，建立在地方知识和社会结构的一种适当融合的基础上，虽然被认为是独特的，但仍然被“文明化”了，而且很有效。相反，澳大利亚殖民地，是以原住民的土地关系与英国的财产观念不匹配这一观点为前提，它们更多地被置于“信仰”的范围，而不是合法的可承认的权利，为“无主”土地的征用开辟了通道（Blaut，1993：25）。

但即使在一个帝国分类体系内部，也常常存在着一种内在的动态竞争的意识形态和道德伦常。比如，作为一种无人占领土地的澳大利亚大陆的类属，无主土地(*terra nullius*)，绝不是一个一致持有的观点。关于澳大利亚殖民地原住民的权利，在殖民地领土范围内以及帝国的核心，存在着激烈的争论。1837年，年英国下议院专责委员会(British Commons Select Committee)承认，“任何土地上的土著居民，对他们自己的泥土拥有无可争辩的权利：一种绝对而且神圣的权利”，但又以反对的态度注明，这一权利在澳大利亚殖民地不予承认。把无主土地理解为一个新兴国家的幻想更合适一些，是殖民者面向未来重建的一部分，而不是作为英帝国意识形态常识的标志。即使在澳大利亚殖民地内部，关于原住民的领土权利，他们自己的认识也存在着分歧：因此，虽然是在原住民之前占领的菲利普港(Port Phillip)殖民地签订的一个条约，但这类“交易”的有效性还是被新南威尔士州驳回了。

托马斯还阐明，在任何一类殖民主义的“模式”中，都存在着以殖民象征为基础的重要变化，即在他们的合作关系或服务中，他们是探索者、移民、贸易者、政府官员或一位妇女。正如他所说：

> 如果只对一些假定来自宗主国的单一呈现加以扩展，就无法了解殖民主义的动态，而对跨越被动空间的关注，也没有通过认知和行为加以调和。殖民计划经由行动者得到了解释、调和、采纳和发布，行动者们的主体意见是割裂的——一半是这样，一半是那样，有时候背信弃义，有时候又几乎是完全站在他们保护和统治的人民“一边”，并抵制一些宗主国机构的利益集团。
>
> (Thomas, 1994:60)

因而，帝国主义可能是被明显十分僵化的意识形态所激发，它使西方成为中心，并使某些社会统治关系合法化了，但是这些意识形态陷入了破碎而偏执的个性（殖民者和殖民地）实践中，他们被迫在殖民的建设中结合在一起。“帝国统治”的最终结果是利用了广泛的接触，包括赤裸裸的压迫、“同情与和解”，以及“敌意、怨恨或抵抗”（Said，1993：47）。

帝国主义与空间

有关帝国主义和殖民主义的讨论，已经不可避免地牵涉到空间的思考。在爱德华·萨义德 1995 年重印的《东方学》一书的“编后记”中，他提出，帝国主义批评者的任务，是把“历史和社会意义的斗争”与“对领土控制的斗争”这一“极端的重要性”结合起来（1995：331—332）。对萨义德来说（1993：271），帝国主义是一种地理暴力行动，通过这一行动，世界上几乎每一个空间都被开发，被图绘，并最终被控制。帝国主义的扩张确立了具体的空间部署，在这一部署中，想象中的地理愿望化为确定的政治连接、经济依赖、建筑板块和景观改造的物质空间性。

在帝国规划中，空间构想的作用，可能在空间的绘制和命名活动中体现得最为明显。哈利（Harley）已经证明了在帝国计划中地图绘制活动和“已知”空间生产之间这一有说服力的关系。图绘的任务也许被当作一种“清白的”科学范畴更好，但地图绘制从来都不是单纯的复制环境。它们是“一种特殊政治体制地盘占有天性”的组成部分，是最为显著的帝国主义（1988：278）。正如哈利（同上:283)所说,它们是"通行的政治'交易'……是存在于景观之中的法律效力"。霍根(Huggan,1991)认为,在殖民化进程中的地图绘制活动,依赖于用一种稳定而可知的技术(或一种希望),用于表征那些由未知的人们居住的未知土地上的现实。

在某种意义上,地图成为帝国构想空间性的超定能指。但想象中的和实质上的空间性的交会点,也在其他的殖民计划领域得到了呈现,以在城市建设中最为突出。成功的殖民资源的开发需要在殖民地建设城市。这些对殖民地的管理、地方的生产和消费场所,以及作为商品和服务流通的渠道,起着功能性的作用。对殖民地和帝国主义历史形态中的第三世界的城市,已经有一个长时期的传统的研究(参见"概述", Simon, 1984; Yeoh, 1991; Alsayyad, 1992; King, 1992)。在这一广泛而且理论多样性的领域里,主题之一是建筑风格的转换,以及作为殖民地统治方案一部分的规划实践(例见 Ross and Telkamp, 1985; King, 1990a)。按照沃勒斯坦的世界体系理论,另一项工作涉及在一种新兴的更广泛的资本主义制度依赖中,对殖民地/第三世界城市作用(Friedmann, 1966; 以及更近时期的 Timberlake, 1985)的描述。如安东尼·金(Anthony King,1976,1990a)提出的,殖民城市发展理论解释了政治、经济和文化的进程,这些进程引发了殖民地领土上新兴城市的出现。金认为,殖民地的城市是把现代资本主义文化转变为新世界的重要场所。这可以在这些城市的建筑形式和规划中见到,这些城市常常模仿帝国故土的城市风格。殖民地城市还在技术力量的部署中作为重要的场所,从而对土著人口进行分类和控制。这里的市镇规划变成了一种机制,通过它,殖民地的精准裁决、文明以及现代化，都在当地逐步而全面地得以实现。重要的是，它以理想城市的名义，全面促成了殖民地的领土扩张和置换，而最为严苛的种族隔离政策也开始实施（King，1990a：9）。

殖民主义并不是只涉及把宗主国的城市化进程转换为殖民地；它们也同样是一种反向的运动。如金（同上，7）所论，“大都市区的城市主义和城市化，不能与殖民地域的扩展割裂开来理解”。这涉及的远不止是这一进程所带来的帝国城市异国风情的盛行，或者看到为帝国的胜利而建造的纪念碑。对初级生产以及资源开采来说，外围城市的使用促进了——也确有必要——处于帝国核心的工业化和商业化城市中心的发展。这一时期在帝国的城市中产生了新的社会和物质配置（Rex，1981：3）。分类并加以统治的殖民思路及实践，通常与新兴城市工业化过程中下层阶级的管理有关。在帝国城市中发生的重要变革，转而产生了与其自身背离的趋势，诸如反城市运动之类。前工业社会的乡愁——如威廉·莫里斯（William Morris）的社会主义及早期的运动保留着城市历史建筑的风貌——也是前帝国的乡愁，而且经常以这样强烈的方式来表达。①

尽管金对城市化的文化及其与帝国主义之间的关联很敏感，他的理论是在全球化资本历史的世界体系描述这一范围内

---

① 如，在威廉·莫里斯的反城市小说《乌有乡消息》（*News from Nowhere*，1986[1890]）中，他所写的对世界经济及其在城市中所产生的作用的反抗，给出了特定的参照。

来定位的。[1] 按照资本主义世界理论的建构来看，城市空间极富吸引力。德·塞都(De Certeau，1984：95)认为，"权力的语言是其自身的'城市化'"，而且城市是作为"针对社会经济和政治策略的一种总体的几乎是不可思议的标志"。正如爱德华·W. 苏贾(Edward W. Soja)所说，似乎先进的资本主义政治经济学的知识，不可避免地引领着城市。城市化成为"一种有启示作用的社会象征，通过它来阐明在日益城市化的世界经济环境中战后资本主义发展的动态"(Soja，1989：94)。正如苏贾把洛杉矶构想为典型的后现代城市，在一个不无关联的项目中，马克思主义者把城市(第一世界和第三世界)构想为全球化资本的示范场所。

世界城市化的理论——作为文化的传播论者或新马克思主义者——倾向于把城市视为帝国领土部署必需的任务，从而使空间失去活力。不能说这样的论点执迷不悟，但更多的是这一帝国领土概念的范围和规模远离了对帝国主义产生重要影响的技术空间。布伦达·约(Brenda Yeoh，1991)用了新加坡的例子，表明殖民城市并不只是由顺畅的帝国殖民土地的空间性产生的。更确切地说，她指出了殖民地领土扩张的愿望是如何由非常精细的空间技术力量来决定的，比如城镇规划的管理和监控一类。而且，对于由这类城市的殖民地居民所引起的具有颠覆性和抵抗性的行动来说，正是这一局部的清晰的空间力量构成了关注的焦点。

---

① 安东尼·金早期的著作(1976)对殖民地城市建构的偶然性相当敏感。而他最近的很多著作，明确地对由帝国和殖民地的历史所塑造的当代城市中日益复杂的身份和地方的关系保持了警觉。就城市发展的世界体系理论来说，他很多著作中十分突出的主题与殖民地、帝国和全球的城市开发密切相关。

关于澳大利亚殖民定居点的空间历史，如何把一种被激活的空间性纳入殖民地和帝国进程的文本中，保罗·卡特(Paul Carter)的方法给出了一些重要线索。对卡特(1987:46)来说，空间是通过“在历史……发生的期间，建立一种空间上的和概念上的坐标点”来创造历史：提供一些商定的参考点，以及定位“这里”和“那里”的建筑。这种管理形式在网格状空间模式的殖民城市规划中尤为明显。这些规划，把城市秩序中一种合理的空间性置于某种“未知的”(不合理的)原住民/自然的空间性之上。就澳大利亚的土地而言，城市网格状的交通运输标志着帝国管辖权的抵达，但卡特恰当地指出，这种管辖权的交易是偶然的，也是模糊不清的。他并没有完全否认权力和图绘/命名之间的关联，但他确实指出了包含在帝国空间构想中某些不明确的期望。如果国家的地图和测绘是人与地方实质性进程一部分的话，那么，之所以如此，是因其神奇的作用域如此令人担忧地与实地紧密地铰接在一起，只需要通过页面的设定和旅行就可以填补空白。这些相当棘手的遭遇对实现完美的、有想象力的规划很有影响；用卡特的话来说，可以把“朦胧”的空间转变为(现代的/帝国的)地方“清晰的轮廓”。

卡特认为(1987:xvi and xxii)，帝国的历史仅仅是一段失去活力的空间(空间作为一种“空的”间隔，一种自然的赋予)“阶段”。而富有活力的空间产生出一种空间的历史，这对卡特的帝国主义历史之外的规划是根本性的。和很多地理学家一样，我把卡特的历史修订视为一个标志性事件，或者说，使用了卡特偏爱的专门术语——“空间的偶然性”(同上，143)。但是，与一种真正的后帝国主义或后殖民主义的视角联系起来，在创建帝国的历史规划中，所要求的不只是“重新”激活空间的叙事和构想。我们会看到，这种挑战，是在当下提出这一空间的敏感性，并承认当殖民主义试图在“朦胧”的空间上刻画“清晰的轮廓”时，这就是一个尚未完成的计划。移民运动、对土地权利主张的激增、无处不在的对帝国主义的怀念，所有的，都指向当下的“朦胧”空间。

后殖民的界定

殖民主义和帝国主义一类的术语存在着疑惑，也存在着滥用，并把隐含的意义附会在术语后殖民主义上面。这类术语不仅指的是官方的政治地位，还涉及某些主体立场、政治进程、文化联系和批评视角。矛盾的是，二战后的去殖民化过程把以前的殖民地从19世纪的殖民部署中解放了出来，可能会被认为是后殖民性最小的意义象征。正式的独立运动是通过帝国主义本身推动的。正式的后殖民时期的地位，是帝国核心对殖民地领土权力让步的一个结果。通常新殖民主义的结构为这类去殖民化的态势提供了充分的先决条件（R. Young，1990：122）。当代的移民安置和领土的再扩张废除了地理上的殖民主义。然而侨居的组织、新独立国家的公民和土著居民们，依然面临着新的殖民形态的压力，并在统治者意识形态的框架下生存，且由帝国主义带来了很多带有偏见的做法。历史地看，后殖民主义意味着一种解放，它频频地越过现有权力关系的限制。

作为一种正式的政治和历史环境，后殖民主义模棱两可的特质通过澳大利亚这样的民族国家得到了很好的证明。也许把澳大利亚描述为一个“可放弃的驻领殖民地”最为妥当，它是按照转移帝国权力的准则建立的，从核心到殖民地本身，几乎一成不变(McClintock, 1992:89)。澳大利亚不是第三世界的一部分；它是一个相当成功的西方国家，相对来说，它是经济上独立的占主导地位的核心国家。作为一个先进的或第一世界的国家，澳大利亚历史和经济发展，及其在全球资本主义关系中的位置，意味着其(后)殖民时期与它的宗主国差不多(Williams and Chrisman,1993:4)。虽然澳大利亚一直有抛弃其殖民地标志的趋势，但它仍然是英联邦的成员，英国女王仍然是正式的国家元首。澳大利亚的确在为成为一个共和国的信念而奋斗，并最终成为一个更加完整而正式的独立国家，但它明显地始终是一个被内在的殖民主义形式打上了深深烙印的国家。在第一世界范围内的澳大利亚还有一个第四世界——原住民的澳大利亚，这是一个显而易见的事实。

对澳大利亚的土著居民来说，后殖民主义的“后”还有很长的路要走。诚然，在如澳大利亚这样具有自我意识的多元文化国家中，由于一系列的来自全世界的(亚洲、非洲、南美、中东及其他地方)移民定居者的存在，殖民者最初的政治联系和殖民地的关系正在偏离中心。这些新的定居者，并不是没有他们自身的殖民主义经历，但他们往往消除了澳大利亚英国殖民统治的特异性。澳大利亚的“后”殖民政治在民族国家范围内得以实施，并愉快地走向了多元文化主义：这通常是由殖民者的暴力掠夺造成的不可调和的责任感与一个更加世俗而且最为美味的(食物是其最伟大的标志之一)多元文化的澳大利亚一较高下的地方。面对多元文化的驱动力，在像澳大利亚和加拿大这样的民族国家中，作为土著居民

(不是任何一种形式的定居者)的主张，在原住民/第四世界的政治运动中得到了重视。居住者的以及还没到来的人的声明，成为土著居民在日益离散的现状中通过斗争获得优待的手段(Clifford，1994:308)。因而，澳大利亚可能被一些人视为一种后殖民的国家，但对另一些人来说却感觉是彻底的殖民国家。正是这种前殖民时期的领土类型表明了所谓后殖民主义正式的历史条件限定，以及在后殖民主义状态中无比乐观的“后”。

澳大利亚的例子说明，帝国主义和新殖民主义被取代的历史时刻难以捉摸。但这并不是一系列形态存在的前奏，这些形态可能在意图或影响方面是后殖民的。在澳大利亚，一个民族国家的范围内现有的后殖民或反殖民的形态，不“需要”去体验“独立”的历史姿态，而且，事实上，“独立”根本就不是为殖民地提供的一个选项。正是这类条件的存在引导米什拉和霍奇(Mishra and Hodge，1991:407)在什么可能被认为是明显“对立的后殖民主义”之间做出了有用的区分，发现了独立后的殖民地和民族独立主义者的主张，以及一种“有同谋关系的后殖民主义”是“有共生关系的后殖民形态”的一种类型，它在像澳大利亚这样的驻领殖民地作为一个永远的“阴暗面”存在着。

如果术语后殖民性已经投射到帝国的中心地带，它现在越来越问题重重了。伦敦很可能是一个现在已解除了英帝国外衣的大都会核心城市，但是，有很多迹象表明，帝国主义的基本意识形态是靠这个城市维持的；它塑造了当代的经济地位、地方的阶层划分、种族政治和民族主义者的表达方式。在这里，帝国的轨迹，可能会持续决定像伦敦这样的城市在新的全球和区域部署中重新定位自己的方式。比如,伦敦,可能在一个新的全球和区域的经济秩序中表明它的地位是一个全球城市,正是因为它能够在19世纪其全球的殖民化期间,精准地实施各项功能开发。在像伦敦这样的城市,空前的后殖民移民和定居所产生的移民社区带来了熟悉感,但现在权力的部署被地方化了。事实上,全球城市(包括伦敦)很多新的劳动力部署,在很大程度上已经把那些重新上工的人归为可供殖民地经济剥削这一类。这种移民社区在英国有各种各样的投资。他们的身份认同感是由多样化的聚居区构成的。孟加拉国和英国差不多,锡尔赫特(Sylhet)和斯皮塔佛德差不多,对这一相关案例的展开在第四章完成。在这一新的"种族景观"(ethnoscape)中(Appadurai,1990:7),矛盾重重的新社区被挤推在一起,用一种焦虑的情绪眷恋着那个昔日的统治者。对外国人的恐惧感,以及对一种令人信服的帝国过去的温情幻想,可能表现为种族主义的政治,统治和取代已经确立,不是在遥远的海岸,而恰好是在国家边界的范围之内。

至此,我已经指出正式的后殖民主义的条件限制,它表明这一术语常常"过早地获得了赞美"(McClintock, 1992:87)。在提出"快乐的(fröhliche)后殖民主义"拒绝帝国权力结构的持续有效性期间(1992:340)——而权力结构正是此时此刻帝国的欲望(过去和现在)存在的方式。事实上,思考也许是有用的,就像巴巴(1994:6)所做的那样,后殖民主义政治的存在,不是超越了殖民主义的标志,而恰恰是在"新的"世界秩序中持久的新殖民关系的一种暗示。如果情况就是这样,那么,后殖民时期在哪里?

后殖民主义,也许最好被概念化为一种在历史上分散的集合形态，它通过谈判商定殖民主义条件下意识形态、社会和物质结构权力的建立。阿什克罗夫特(Ashcroft *et al.*，1995:7)等甚至说，如果没有历史上被称作殖民主义的先决条件，就不可能有后殖民主义。在某种意义上，它们正在声明某种显而易见的事物：当然，一个是另一个的判别条件——一个总是被另一个影响(Hutcheon，1995:134)。从早期的殖民遭遇，到当代时刻一个遍及全球的帝国主义，已经有过反殖民的运动和成果，这些都动摇了殖民主义。这些不仅可能被认为是反殖民的民族主义，还可能被当作是更加分裂的对立而不稳定的形式。

弗兰肯贝格和马尼(Frankenberg and Mani，1993:295)认为，术语后殖民主义，从必然性和或然性上都有全球化的趋势。① 针对这一术语与"第一代移民知识分子"的写作关联如此紧密的方式，他们提出了质疑，所以，这些作家的经验，逐渐开始代表各种背景的后殖民情景。术语后殖民主义的真正麻烦，也许由麦克林托克(McClintock，1992:86)做出了更好的判断，他认为这一术语概括了多样化的历史，并把这些历史再一次连接起来，即使逆向流动至欧洲的核心。这是暗指某种可能性，即被包含在后殖民概念范围之内的那些缜密的构思及实践，可能根本不是有关殖民的——甚至还可能对它漠然置之。在这个意义上，作为后殖民时期的他者的

① 坚持后殖民术语扩展定义的例子是阿什克罗夫特、格里菲斯(Griffiths)和蒂芬(Tiffin，1989:2)，他们提出，后殖民主义包括"所有受到从殖民化的那一刻一直到今天的帝国进程所影响的文化"。在这里，殖民化事件之后的殖民主体所做的每一件事情，都成为现有的双重空间的一部分，既是唯一的、也是永远的殖民主义的产物，而且又在一定程度上自动地对抗了殖民主义。

行为标志和表述，为之提供了一种隐含的策略上的敏感性。一个代理机构，永远是为了支持或对抗核心而出现的。麦克林托克把这视为一个过程，凭借这一过程，通过它们与中心的折射（否定）关系，各种各样的殖民主题文化从而具有了可知性。因此，麦克林托克一直在暗示，也许存在着一种可供选择的认识他者的方式，一种把"世界上"众多的文化释放进一个独立的、得到"明确"区分的空间中的方式。像这样一个引人注目的概念，它可能在一定程度上是由某种怀旧之情来驱动的。很难想象一个空间没有以某种方式被殖民主义触及，或者说，很难想象文化没有在一定程度上由其在现代必要的定位而构成。即使我们还没有超越最后的"后"，但我们肯定超越了最后消失的部落。阿皮亚（Appiah，1992）在非洲文化创作的背景中论到，"我们已经互相浸染……不再有一个全然等待救助的、土生土长的、纯粹的非洲文化……就像……不存在一个没有非洲根基的美国文化一样"。果真如此的话，那就要给现代主义的二元论注入新的活力，对此，阿皮亚说道，我们必须学会在没有的情况下生存。

毫无疑问，所有问题都涉及后殖民时期理论的本质，就像涉及后殖民时期条件的本质一样。后殖民主义作为一种理论和分析的视角，包括了一系列不同的观点：基于历史的殖民话语批判，人类学其自身的殖民共谋关系的重要修订，诸如离散之类的形态描述，殖民时期人的文化产物研究，尤其是那些来自边缘的人，他们自身言谈的种种不同的表达方式。然而各种后殖民时期的批判研究，分享了一个共同的政治计划（尽管是不均衡地实现的），这个计划就是反殖民。安尼·麦克林托克认为，后殖民时期理论的意图是挑战线性“发展”的逻辑及其“二元化的环境”。但是她也指出，术语后殖民时期自相矛盾地重新确立了一个二元化的殖民回归定位，这一术语被西方历史主义的逻辑所“困扰”，而且当它“预示着一个时代的终结时”，它也“用了同样的线性进程方式来推动那个时代”（McClintock，1992：85）。

这样一种张力可以在霍米·巴巴的著作中发现，他的后殖民计划包括对二元化的自我/他者一种至关重要的解构。巴巴的理论以殖民主义为背景，但他的计划没有在明显的反殖民的状态中持续地成为一种被激活的差异性，或追踪一种意向性的对抗形式。巴巴关心的是殖民主义其自身所具有的脆弱性。通过一种心理分析的方法，巴巴详细阐述了这一富有想象力的主题，潜在的或无意识的他者，以及殖民主义的建构。他提出，殖民的权力，凭借包含在自我与他者概念中的识别准则得以建立，它没有在差异之上产生一种明确的权威控制，或者成功地抑制差异。当然，这些建构总是会导致越界，总有一些事物游离在二元化的秩序之外。这种无法控制的越界，为殖民主义所拥有的权威的解除建立了一个充分的基础，这种矛盾心理，确立了殖民主义急于再次“获得”（但永远推迟）统治权的必要性。巴巴首先在殖民统治的主体性中通过模拟方法来阐述这一观点，也就是说，他们是模拟统治者的他者。与其说模拟提供了殖民化文明意图的认知证明，不如说它确立了一种偏颇而扭曲的呈现形式，这种形式对殖民者的胁迫远远超过了它所支持的。在这个意义上，巴巴废除了萨义德的（1978：77）《东方学》的假设，即殖民话语是“完全由殖民者拥有的”。巴巴用一种抗争性的殖民统治空间取代了平静的征服。

毫无疑问，巴巴关于殖民主义者话语的精神分析视角，有效地阐释了由萨义德开始的批评传统。就巴巴对殖民主义剥离殖民地权力保证的矛盾性认识而言，他的分析视角是后殖民主义者的。但是，巴巴的后殖民分析未能免于批评。托马斯(1994:49,51)提出，关注“自我-他者关系的心理动态……不能被赋予……历史的特质”，并倡导一种更加“具有社会和历史基础的殖民主义文化价值属性”。托马斯暗示，先验的适应性的精神分析视角，将会受到历史特殊性的挑战。罗伯特·杨(1990:146)还认为，巴巴自相矛盾地展开了一种分析框架，这一框架没有以欧洲中心论的历史起源为参照。因而，这些批评一直认为巴巴在他的殖民主义批判的精神分析基础结构中，重新展示了一种殖民主义者的姿态。

巴巴著作里的后殖民性，被其所具有的殖民主体机构的矛盾性所质疑。对一些人来说，在把主要的殖民形态设定为适当的后殖民的过程中，机构的表现或意图是至关重要的组成部分(Slemon,1991)。如，在阿皮亚(1992)有关非洲文化产物的讨论中，他提出，后殖民性比可探索的非洲与殖民文化的混合产物所蕴含的更多，是一种更具混杂性的视野。对他来说，后殖民主义中的“后”，是指一种“空间净化的姿态”，也就是说，这些被积极地加以思考的形态，超越了殖民主义。在巴巴关于殖民主义的解读中，后殖民的影响是由殖民主义自身有竞争力的矛盾性所产生的，而不是殖民机构。罗伯特·杨(1990:147)认为，即使巴巴的模拟概念——这里面殖民的主体充当了伪装的殖民者的保护人——也是把机构置于模棱两可的循环的殖民结构中。按照巴巴的理解，殖民主体的模拟表现在对殖民主义的颠覆，不是因为它可能是一个有意识的（侵吞）据为己有的行为，而是因为它有一种威胁力，这种威胁力是由殖民主义自身的妄想产生的。那么，这就恰如杨所指出的，它是“一种缺少主体的机构”。

由于巴巴的模拟观点提出一个殖民合并机构，他的混杂性概念试图让它回归到殖民过程中。在《奇迹的符号》（Signs taken for wonders，1985）一文中，巴巴的思考转向了由殖民时期的矛盾性所导致的混杂性方式，一种不可避免的“分裂的征服”。混杂性，并不只是混合在一起，它是一种对话的动力，其中某些主导性的文化元素在殖民时期被盗用，并以一种颠覆性方式进行了重组。用巴巴的话来说，混杂性与“占有的标志……一种被赋予了权力象征的争论”（1992：63）有关。这样的颠覆是一种不可思议的回归，在这里，被否定的与被压制的主体性与常识，“开始进入主导性话语，并离间其权力基础——它的识别规则”（Bhabha，1985：156）。混杂性的概念揭示出，后殖民的影响，不再是殖民主义者建构无意识的副产品。它们是殖民时期的一种有创造性的重塑，经历殖民时期，服务于一种后殖民时期的当下/未来。通过混杂一种后殖民时期的效力而回归到殖民时期，这些人引导了一个颠覆性的、指向殖民地中心的回归。

罗伯特·杨（1990）和贝尼塔·帕里（Benita Parry，1987）都注意到，巴巴的“殖民机构的复苏”仍然经常在殖民话语的“字里行间”中出现。他们的反应表达出同样的疑惑，即，各种记录在案的公然反对殖民主义的历史故事，被一种有关联的破坏性超越取代了，它们与居住在殖民地有关。坦白地说，也许非常简单，这是因为巴巴的主要关注点是殖民话语领域，而不是反殖民的话语和形态。正如威廉姆斯和克里斯曼(1993:16)所指出的，这种类型的所有视角，都把殖民主体性定位为“主要的”和本土的，或在帝国话语体系中定位为次要的“主体效应”。这些批评也因此而涉及巴巴评判政治争论分析的失误，甚至被表述为破坏性的策略，而最引人注目的表述为集体暴动。要使巴巴含混的殖民时期越界的政治重新与机构政治产生联系，在追求反殖民视角的条件下，这是一种必要的(道德上的)策略。

这一挑战，显然不是去否定殖民主义导致的其自身的脆弱性——或者说历史特定性会取代(或反证)巴巴的观点。而是说，巴巴含混的(后殖民的)多余的殖民主义概念，是一种更加宽泛的后殖民形态的组成部分，这些后殖民形态，以各种不同的方式在不同的场景下得到了表述。巴巴正确地指出，殖民主义的不稳定性是由不明确的破坏性带来的，殖民话语本身的矛盾性为之提供了可能。但这些不稳定性也可能在尖锐的反殖民运动中出现，也就是说，特定的民族特性，可以很好地调动一种前殖民时期身份的本质主义概念。进而言之，所有的身份协商，都被置于非常特定的权力阶层以及特殊的政治和经济框架范围内。正如钱德拉·莫汉蒂(Chandra Mohanty)所认为的，在第三世界妇女斗争的语境里，主导性的基于身份的认识，一直需要置于实质性的日常生活的政治之中(Mohanty，1991a:10—11)。这种杂乱构成的身份概念存在着实质性的影响并不是独有的，但那些受到帝国主义影响的人们彻底不平等的物质生活，也必定会揭示后殖民研究中某种至关重要的道德和伦理上的功能。

后现代空间与(后)殖民

威廉姆斯和克里斯曼(1993:13—14)指出,备受争议的后殖民主义和后现代主义之间的关系,还需要“冗长而细致的叙述”。这一叙述关系与本书异常密切地联系在一起,它不仅把其帝国的关注点视为殖民地的过去,还视为城市的现在,这一点,频频地被解读为一种“后现代性现状”的示范场所(如,Harvey,1989;Soja,1989)。毫无疑问,后殖民理论上的修正,受到了后现代理论的有效沾溉。解构宏大的叙事、混乱的二元对立、明确的边缘化知识的后现代方案,密切地追随着后殖民时期批判规划的目标。同样,通过关注话语与权力、社会化的建构与分裂的主体,以及难以掌控的政治意义(反讽、戏仿和模拟的作用)之间的关系,这些不同的视角被联系起来了(Ashcroft *et al.*,1995:117)。作为理论,后现代主义和后殖民主义好像是一回事,就后殖民主义而言,可以通过早期它与被称为殖民主义状态的这一过程的联系使自己得到区分,就像女权主义与父权制之间的联系一样。在后现代和后殖民理论视角之间,这种重叠业已产生出其自身的话语分化,这里面的主张是由哪一种最早出现、哪一种具有“真正的”政治活动,以及其中的一种对另一种有什么作用形成的。

比如琳达·哈钦(Linda Hutcheon)认为,就像女权主义一样,后殖民时期的政治,无法乐享后结构主义者所致力的偏离主体性的舒适环境(Hutcheon,1995:130—131)。至少,她指出了暂时固定身份概念的必要性,同时去质疑霸权主义政治方案中的差异,并赞同“否定的或疏离的”主体性。克拉潘扎诺(Crapanzano,1992:90)发起了一场声势浩大的讨论,提出用痛苦的沉默的历史来反对后现代的理论视角,也就是说,殖民主义,成为后殖民时期围绕着表面、景观、多音与复调等“游戏性”政治的一道序幕。在这里,克拉潘扎诺似乎低估了他归类为“游戏”现象的政治潜力。正如哈钦的自注,后殖民主义确实通过反讽、模拟和混杂的“游戏”与它们自身联系起来,这些策略/影响,在其动摇殖民地的能力方面很有力量(参见 R.Young,1995)。

还有人认为反殖民的和非本土的文化产物,已被纳入后现代主义的西方霸权的解构之中(如 Adam and Tiffin,1991:viii)。这表明,关于差异的一种后现代的敏感性,直接就是以欧洲为中心的扩张主义的另一种形式,这之中,有关边缘化的经验与文化的产物,现在变成了一种手段,通过它,核心认识了/解构了它自身。伽亚特里·斯皮瓦克(Gayatri Spivak,1988b)在她十分重要的《庶民有发言权吗?》(*Can the subaltern speak*?)一文中,详细阐述了这一矛盾的说法。在这篇文章中,通过研究一种常常令人恐慌的无差别的差异性,她概括了她与后结构主义者一起力图去解构宏大叙事的政治困境。她认为这一点建立了“民族同化主义者”的条件,在这样的条件里,可以解读为差异性,并显示出一种西方破坏性“认知”方式的特征(同上:280)。这里的差异性,被解释为用于复制“西方主题”的路径,虽然用一种不恰当的方式来总结自己的过去。

斯皮瓦克对后结构主义理论的不满,不仅仅是认为它在其自身的利益中利用了差异性。斯皮瓦克对后结构主义背离宏大叙事也不满意，这意味着它对处理如全球资本主义一类引人注目的事物无能为力，她和莫汉蒂一样，仍然认为一些事物对理解(后)现代世界中的权力与特权的本质至关重要(同上：272)。有意思的是，如果斯皮瓦克是在从后现代境况下一些最活跃的全球理论家中寻求满足感的话，她可能会发现——就如女权主义者罗莎琳·多伊奇(Rosalyn Deutsche，1991)和梅根·莫里斯(Meaghan Morris，1991)所做的那样——一个十分陌生的场景。

近期的当代全球资本主义的研究提出，在更加分散、更加无序、更加灵活的条件下，陈旧的核心和边缘的部署，已经从根本上得到了重新的安排，但资本积累的形式却越来越全面。詹姆士(Jameson，1984，1991：157)认为，垄断资本主义(帝国主义)在这一新的资本积累体制中"突变了"。帝国的入侵(显著表现为技术支持的商品化)是快速的，全方位的，而且明显是跨国的。因而，对詹姆士来说，"旧帝国版图消失"(R.Young，1900：117)的时候，就是后现代性的时刻，并把我们扔在一种没有方向的、无法图绘的"巨大的全球跨国公司"和偏离中心通信网络的情景中(Jameson，1984：84)。实际上，詹姆士本人对这一新的空间性和社会复杂性，以及不可图绘的现状的担忧，引导他提出了一个"可以认知的"、重新图绘的"世界跨国资本空间"(Jameson，1984：89)。

由于全球经济的重建，日益分裂的缺少控制的劳动力分配，以及激增的审美型经济消费，戴维·哈维(David Harvey，1989)后福特时代资本主义的"图绘"把它呈现为一种标识。在某种层面上，哈维认为传统资本的空间性在时空压缩的后现代性条件下，经历了一种根本性的变革；不断产生出新的区域贸易和政治联盟，新的信息流和新的迁移与定居模式。沉重的殖民地领土的控制权似乎被晚期资本主义的掠夺逻辑重新定位了。但是这一逻辑仍然有着十分熟悉的空间和社会特征。跨国产业取代了垄断产业,但它也详细说明了一个熟悉的对廉价的第三世界劳动力和资源的地理剥削。在以前的核心国家中,制造业被服务业和以消费为基础的产业所取代,它常常逐步而全面地占据了被工厂和工人阶级们放弃的空间。哈维的后现代性观点既熟悉又陌生。

在这样的全球重建的叙事中,第一世界的城市抓住了一个特殊的地方,能同时作为这一变化的场所和象征。事实上,后现代性可以把这一新型的城市宣称为——"全球"城市(Friedmann and Wolff,1982; Sassen,1991)。全球城市——如洛杉矶、伦敦、东京和纽约一类——是由其对扩展的控制、综合的跨国金融服务构成的。对全球的银行和金融运作来说,这些城市是节点性的地方,而对跨国公司总部来说,这些城市又是舒适的居住地。当然,后现代性没有局限于这类超级城市,各种各样的第一(和第三)世界的城市,现在被解读为体现了晚期资本主义积累方式的特点;诸如景观化的消费场所、建筑仿品、绅士化的邻里社区,以及被重新改造为旅游目的地的制造业场所等。

基思(Keith)和克罗斯(Cross)认为(1993: 8),充满异国情调的后现代城市可能常常颂扬种族认同,但种族化和种族主义仍然保留着"一种殖民时期和新殖民时期开拓中的禁忌遗迹"。然而,在他们继续争论的时候,即使是最具后现代性的城市,也有了一种围绕着种族化的价值观念来组织的"权力结构"。比如南非的现代城市就是通过殖民主义产生的,并对其稳定性构成了威胁。通过种族隔离，这些城市中汇集的种族多样性团体，一直受到严格而持续的空间及社会监管(D.Smith，1991；Crush，1992)。在英国的城市中也是这样，在殖民主义条件下，统治与剥削关系的确立，决定了战后移民和定居点的本质，即，哪些人来到了当代城市定居，他们如何成为当地劳动力市场的一部分，以及他们生存的环境如何(Rex，1973；Rex and Tomlinson，1979；Miles，1982)。在当代的英国城市中，精细的差异性的帝国建构引发了空间上的隔离和种族上地理位置的劣势(Gilroy，1987；S.J.Smith，1989，1993)。这类例子表明，殖民地和帝国城市的种族化控制，依然保留着有力的当代城市特征，它们就是正式的后殖民时期或后帝国时期。

基思和克罗斯(1993)提出，一些非常有影响的后现代城市研究，以一种"无言的"沉默方式涵盖种族内容。但这不是哈维或苏贾采用的方式，而是两位更有影响的后现代城市研究的作者，他们忽视了种族。这些作者确实抓住了后现代城市种族化的本质，既有审美价值，同时也是劳动力管理制度。事实上，在一种社会现象的基础上来建立的城市后现代性叙事，也是社会的两极化——出现了一种更加宽泛的定义(超出了阶级)，而且这两派作者们所持有的观点泾渭分明。如，拉希(Lash)和厄里(Urry)认为(1994：145—146)还出现了一个"新的下层阶级"，这里面存在着"大量的移民流动"。在社会两极化的争论中，由于目前更加彻底的全球化和被粉饰的资本主义不平等，导致复杂的种族政治转化为各种不同的阶级分化形式。一种分裂的、有倾向的、而且常常是强烈的政治分化，被(误)认为是一种静态的、结构性的优势和劣势的结果。通过这种策略，种族政治从历史的分化机制中摆脱出来，而且种族主题被掌握着理论上的身份政治的机构拒绝了。这并不是简单地说，在这些后现代城市研究中没有足量的种族，而是说这一种族化的文化政治失去了活力。

相反，保罗·吉尔罗(Paul Gilroy)认为这一充满冲突的城市空间与种族文化政治深度相关：

> 我们必然面临“种族”文化政治所揭示的城市生产意义的冲突，并在定义城市生活是什么的争论中，把这种已经被定位的“种族”建构意义置于恰当的位置。
>
> (1987:228)

不可否认，后现代性的条件，意味着即使最顽固的马克思主义者，也承认文化——即使不是一种文化政治——已经被纳入了他们对资本主义制度下工人的认识。正如詹姆士告诉我们的，文化是资本主义的一种“新逻辑”。我们得知，晚期资本主义产生了一种独特的“符号学”社会，并通过一种材料和表征的结合来加以“调整”(Lash,1990)。对詹姆士来说，几乎没有任何一个生活领域(非自然的、非无意识的、非文化的)没有被惊人的资本扩张所触及(Jameson,1991:48—49)。在詹姆士的叙述里，先前独立的文化领域被用来服务于资本积累逻辑，一旦陷入困境，就表现为一种混杂的、假象的和商品化的非本真文化。文化——至少在詹姆士所说的第一世界中——不仅服务于身份被展现或被协商的这一流程，还服务于(现在)这一资本积累的符号学动机。

詹姆士刻画了一种失去活力的文化领域，其中，差异被归入无缝的“多维空间”的同质性(R. Young，1990：204 N.49)。但他考虑到掠夺资本主义的同质性概念实在问题重重，在他其他的后现代性研究中，晚期资本主义被描述为存在于一种复杂而矛盾的与地方相关的部署中。不可否认，全球化正在出现，但在一种看似矛盾的反射条件下，地方的特殊性和社会的差异性与以前一样被强烈地联系起来了。迈克尔·瓦特(Michael Watts，1991：10)提出，全球化没有“标志着差异的消除”，而是“地方、地方性和差异”的重新建构和重新验证。因此，如近期的经济重建，常常结合着劳动力市场特定的文化差异(例见 Massey，1984)。同样，不同的地方性通常把独特的自我形象阐述为地区推销策略(例见 Sorkin，1992；Kearns and Philo，1993；Urry，1995)。这些例子指出了后现代性在服务于其自身的消费偏好时制造差异的方式(见 Urry，1995)。这不是一种有影响力的政治上的差异。

要满足一种被激活的文化政治，这些多维空间的后现代性视野是无能为力的，它更可能依赖于对未受浸染的他者的怀念，以及它对资本主义革命性取代过程中所起的作用。① 但正如阿尔让·阿帕杜拉(Arjun Appadurai，1990)所说，全球化不是一种单纯意义上的掠夺。产品进入第三和第四世界通常都本土化了，然而这些

---

① 这一研究在詹姆士对“第三世界文学”和“跨国资本主义时代”之间关系的清晰阐述中被明确地联系起来了(1986)。这篇文章受到了艾杰斯·艾哈迈德(Aijaz Ahmad)的强烈批评，因为它暗示了第三世界人民面临的选择，一方面是民族主义，而另一方面是全球化(后现代性)。这不仅毁掉了第三世界人民以及其他试图应对全球化(不是所有的后殖民主义都是民族主义者)的人们可能获得的很多其他的可能性，而且还否定了任何积极加入通信和商品的全球化组织中的可能性。

盘旋着离开其本土产地并进入国际市场的本土化产品，常常没有在反帝国的谋划中体现一种建设性的作用，并允许它们在全球化的语境中得到扩展（同上，15）。阿帕杜拉认为全球化不仅清除了地方性，而且它还有助于确立针对差异来呈现新的全球化状况。其后现代性的后殖民研究用于阐明：如果一种活跃的文化政治产物和身份联系被纳入后现代性状况的研究，那么有着些微差异的情况将首先被表现出来。

詹姆士（1991：48）“把……文化行为置于大规模资本存在之外”的愿望，使他走上了一段怀旧旅程，这一旅程通往一个不再存在的世界。比较而言，钱德拉·莫汉蒂（Chandra Mohanty，1991a：2）则认为，一个空间上分散的种族化和性别化的边缘性，不再是从地理上来界定（当她谈及第三世界时），而是存在于与移民社群的模糊联系中，以及横跨全球的有着复杂构成的重新定居中。这类差异性空间越来越难并入由詹姆士提出的那些有凝聚力的可视化数据之中。它们在复杂的地理迁移和重新定居中呈现，这些人所在的地方，也许能也许不能与跨国的种族、部落、宗教甚或民族身份的空间共存。它们在政治地域中呈现，在这里，地方化的身份，可以通过不断全球化的现代性压力来得到积极的扩展。它们在反殖民的姿态中呈现，这一姿态拒绝西方的注视。詹姆士的目的，不仅仅是制作一个新的后现代性的“认知地图”（它是对帝国的留恋），而且这一无序的地理上的呈现，对优于地图的“极限距离”来说，可能也不再适用了。一个更加舒适的视角——不断创作出更加详细的关于地方性的描述——恰恰就是我们需要去了解的全球和地方、第一世界和第三世界（包括第四世界）同时被图绘进当代城市“缝隙栖息地”的方式(Chambers,1994b:245)①。

身份、历史与城市空间

殖民主义和后殖民主义的本质,迫使我们去思考打破地方性/全球化二元对立的方式,并探讨在地方的微观政治学中这两者的“共栖”(Massey,1993a:64)。在社会类别的形成和不公平的权力运作之间,地方性是一种活跃的并有建设性的力量。这不是一种简单的对抗全球化的政治,也不是一种简单的对初始的回归。帝国主义,无论采取哪种方式,都是一个全球化进程——它的出现跨越了区域和国家,但即使在其最极端的劫掠形式中,它也需要从内部和整体上来把握地方性。帝国主义者意识形态和实践的嵌入,不只是一个社会或文化问题,从本质上来说,它也是一个关于地方的问题。这可以从通过地方形成的——毫不夸张地说——种族化建构方式中看到。凯·安德森(Kay Anderson)尽管没有讨论到帝国主义本身,但已经论及在第一世界的城市中针对种族分类的霸权统治在内部和整体的社会建构中都在起作用(K. Anderson,1991:28)②。

帝国主义也因地方性而式微。这在反殖民的形态中得到了最为明显的表达,它刺激了针对地方性的优先要求权(原住民族权

---

① 金(King,1990b:82)的观点正好与此相反。他认为,要了解城市,需要脱离“从内部来领会”的舒适视点,并开始设计一个“不太舒适的”“从外部来领会它们”的方案。从一个具有观察力的角度来感知后殖民主义理论上和政治上的焦点,重新运行的全方位视角的确是“不舒适的”。

② 安德森的著作比较早地坚持在空间研究中采用萨义德的东方学概念。

利)，或力争夺回地方的控制权(就像在一些民族性或地域性中的表现一样)。在这类反殖民的斗争中，地方性被当作一些纯粹的残留物来激发也许更好一些，这些残留物还没有受到帝国主义力量的影响。在这样的形态中，地方性被用于归化社会性建构中的身份，并在反霸权的道路上重新标注上边缘性(Probyn，1990：178)。因而，存在并贯穿于地方的身份联系，不仅是身份上的一种赋予，它还一直是一种战略——政治解决(Massey，1994：8)。也就是说，当民族主义者或原住民主张吸收起源和本质的概念时，这种连续性或稳定性，在某种意义上是由政治化语境本身产生的。而这很可能表明这种关于起源的说法，现在将通过全球化的通信和联盟得到进一步的阐述。起源的说法，在一种灵活的和可协商的地域定位中是一个要点。在这一意义上，即使有一种可以用图绘来表示的与地方相连接的身份政治，但要映射出“地方的政治”，也是相当不容易的(hooks，1991：145；参见 Keith and Pile，1993a：6)。

在地方性方面，正是由于可能看到历史——包括帝国的和前帝国的历史——是如何存在于地方之中。不只是一些古老的遗迹，还有一种主动的、有影响力的占有。关于这点，一个恰当的例子是由被指定为遗迹的地方提供的，如一些历史建筑或其他的文化场所之类。虽然这些是遗留下来的文物，但它们通过种种流行的价值观以及赋予它们的官方认定的方式，在当代获得了一种积极的影响力。遗迹不断形成的过程就是一个政治过程。重要的地方可能被纳入了国家认定的景点，而其他的则可能被认为有损于国家形象而被禁止或被毁坏(见 Hobsbawm and Ranger，1983；Wright，1985；Colls and Dodd，1986；Samuel，1989)。另一些对立的地方在转变为官方认定的遗迹的过程中可能得到了清理，并实现了去政治化。哪个地方成为或不成为遗迹的一部分，以及哪一处改造过的地方进入到这一认定过程，对于充满火药味的身份和权力斗争来说，这是一个关键的竞争场所。这些遗迹不仅代表了重要的价值和信仰，而且把这些地方转化为遗迹的过程，就是一个对身份加以定位、讨论和争辩的过程，这些地方的社会秩序也得到了挑战和重建（Karp，1992：5）。遗迹并不是一种简单意义上的主流价值的重建和定位。它是一个富有创造性的动态过程，在这个过程中，为了当前的目的，一种多样性的历史竞争被认定为遗迹（Bommes and Wright，1982：265；Wright，1985：129）。

在最近的一些后现代城市景观分析中，遗迹已经成为一个典型示例，这里面的文化是一种晚期资本主义的逻辑。针对富有历史意义的地方性，历史上的市中心贫民社区的绅士化、建筑历史主义和遗迹场所的消费（如购物中心和主题公园之类），频频成为贪婪而精明的资本欲望的注解（Jager，1986；Zukin，1986；Hewison，1987；Thrift，1989；Urry，1990）。如沙伦·朱津（Sharon Zukin）认为，城市的更新和重新增值的过程解除了"旧城市固有的职能"，以与当地有关的生产为基础，并用"新的文化占有模式所涵盖的"消费空间来取代它们（1992：221）。用这种观点来看，地方性或乡土化通过全球专有的势力，脱离了真实的起源观点，直接成为"历史景观造成的错误"（Boyer，1992：204）。[①] 就如，朱津竟然认为"就像

① 参见基思和派尔（Keith and Pile，1993a：7，9）论及佐金有关身份和地方关系语境中的概念化讨论。

市场已经全球化了一样,地区也已经消失了"。[1]

真实的地方性和富有侵略性的全球化二元对立,有其自身不确定的怀旧感。在最好的情况下,地方性残余的完整性提供了抗拒的信心。而在最坏的情况下,地方性被认为是对全球化压力的屈服,是一种缺少抵抗力的调节空间(Marcus,1992:313)。关注地方性的全球化入侵,隐藏了某些自相矛盾的方式,在这些矛盾的方式中,过往的历史掌控了构建地方的复杂资本和权力领域。哈维(1993:11)在思考与定居有关的"真实性"含义以及与商品性有关的折衷含义时,认为这些是"包含着他者的对立面"。尽管这些有助于远离一种对身份和地方海德格尔(Heideggerean)式的本质主义认识,但要设想哪些含义或联系可能未被折衷是很困难的(I. M. Young,1990:233)。事实上,它也许表明地方性(真实性)与商品性(侵略性)之间的差异似乎不再合理。正如杰克逊(Jackson,1991:225)所阐述的,"侵略性"与"真实性"的悖论显而易见,要认识当代城市条件下的遗迹开发,它把握了最大的可能性。

马西(Massey,1993a:64)论述道,当代对地方性意义的关注(这里面还包括了遗迹的形成)是有问题的,因为人为的地方化的地方性,以及与它有关的界定和描述,从来没有也永远不会真实地存在。在早期(假定的地方性与非商品性)历史性与侵略性(假定的全球化与商品化)遗迹之间的二元对立,可能非常需要用一种更加动态的、常常与地方性无关的概念来取代它,在这里面,永远是这一种对另一种的占有。当遗迹政治通常是有关地方性、有关具

---

① 这和梅罗维茨(Meyrowitz,1985)"消失的地域"概念有相似之处。

体的地方时，它就绝不是来自更广泛的空间性中一个被封闭的过程。认定的遗迹被纳入了国家的构想。地方性的场所与全球的商品化进程联系起来了。特定的土地权利抗争可以影响全美和全球原住民的权利运动。邻里社区的地域化可以形成重建全球范围内移民社区身份的基础。身份的政治毫无疑问也是一种地方的政治。但这不完全是地方的局限性或既有的本质，它是一种缺少约束的差异与竞争的地理学。

第三章

协商中的主体：后帝国主义城市中的地方与身份

逻辑有它自己的范围……城市不在其中。

(*Royal Commission on Local Government in the Greater Londom*, 1962)

20 世纪 90 年代初，英国上议院达成了一项决议，坐落在伦敦金融城中心 Bank Junction 的一个相对比较小的地块获准开发。毫无疑问，这是一处高端房地产。五条主要的大道在 Bank Junction 交会，这里同时还是伦敦市长官邸所在地(伦敦市长的家)，英格兰银行和交易所也位于此处。这种交会形成一种视觉上和感官上的枢纽，在英国，这里高大的建筑作为该市历史上金融和商业中心的纪念物而耸立着。1904 年，尼尔斯 · M.隆德(Neils M. Lund)在他的画作《帝国的中心》(*The heart of the Empire*，图 1)中描绘了这一城市空间的繁荣与喧嚣。因此，就像现在一样，这种交会是英国通过其全球影响而造就的重要的标志性场所。在当下的后帝国时期，它是一个帝国空间。上议院的决议有效地终结了一场始于 20 世纪 60 年代的开发争议，它已经见识了 15 年中在这一房地产获得过程中的花费，两个方案得到了顶级建筑师的认可(他们都没有活着见证他们设计的命运），在两个存在着争议的公众调查中，遗迹的改造与新建筑的开发所形成的鲜明对照成为主要议题。

图 1 《帝国的中心》，尼尔斯·M.隆德作于 1904 年，描绘了标志性的 Bank Junction，拥挤的 19 世纪帝国权力的中心。画作采用了从 Hawksmoor 上面的 St. Mary woolnoth 俯瞰的空中视角向西看，经过市长官邸（左边），面向圣保罗大教堂。这种 19 世纪的三组商业建筑通过大教堂本身的一种延伸，从视角上把圣保罗和 Bank Junction 连接起来了。这些正是在再开发时期被拆毁的那些建筑。（市政厅艺廊授权使用，City of London）

有关帝国的这一标志性中心的争议，起因于一宗高端房地产地块的开发，它正好处于我们可以看到的金融城与周边地区极其高速而剧烈的重建与房地产投机的时期。在伦敦金融城这一案例中，船坞区/金丝雀码头的改造正好获得了明显关注，成为在先前收回投资的地方再次进行大规模投资的一个实例（例见 Brownill，1990；Wilson，1991；Coupland，1992；Bird，1993；Keith and Pile，

1993a)。同时开发还把注意力放在了不同规模的城市中心空间绅士化上面，以满足与重建有关的新兴社会和阶层形态居住与生活方式需求（例见 Wright，1985；Samuel，1989；Wilson，1991）。在这种出现明显变化的语境中，把关注点锁定在想要进行改变的开发地点争议方面，而不是锁定在以惊人的速度发生方面，似乎是矛盾的。这一规划传说，形成了这一章讲述欲望空间的焦点，一个在“变化”和“维持”之间挣扎的地方（Pred，1986；以及 Pryke，1991，并参考伦敦市的一些具体资料）。这一有争议的 Bank Junction 的改造提议，以及它们在 20 世纪 80 年代伦敦金融城领域政治活动中的“缺席”，可以说，近期的城市变革与那些已经出现的变化一样多。

在这一为时长久的重建传说中，Bank Junction（过去的，现在的，以及已经被提上日程的）获得了一系列来自不同利益集团的有目的的投资：开发商、地方当局（伦敦公司，Corporation of London）、各种当地的企业，最重要的是强大的环保游说团体。由这一规划争议产生的话语，并不只是关于形式和伦敦金融城这一部分的功能，而是旧的对新的的战争，或是小型企业对抗大型企业的战争。在城市的一种富有想象力地重申身份和地位的过程中，这一被高度曝光的规划争议成为一个节点，涉及这个国家和世界其他地区。在半个世纪内，伦敦经历了从最早的伴随着一种全球影响的一个帝国中心，到少数几个赋予特定权利的“全球城市”中心（King，1990b，1991a；Sassen，1991）。20 世纪 80 年代的伦敦城，既是一个后帝国的城市，也是一个“后现代（化）的”城市。伦敦从一个由帝国赋予自信的城市，变成了一个更加富有竞争力的城市，偶尔不稳定的状态，是由新的全球和区域联盟造成的。

这一章中，四个以地方性为基础的案例研究的第一例，我考虑把这一历时长久的针对这一地方的斗争，作为在更加不确定的后帝国时代中一种探索帝国情怀传播的手段。罗宾斯（Robins，1991：23）认为，“帝国长久以来是作为英国文化中心和想象中心而存在的”。当然，在伦敦金融城，帝国的想象不是由它的过去来限定的。它是一种富有生命力的记忆，它通过各种实践和传统立足在当下，并且依然对构建城市的未来起着作用。地方在眼下扮演着重要的角色，在这里面，帝国的记忆依然活跃。比如，在当前条件下，努力去保护历史建成环境，也是在努力保护代表着帝国威力的建筑物和城市场景。帝国的怀念并不只是与保护主义者的利益紧密相关。新的建筑框架，如针对 Bank Junction 拟议的方案，也有可能激发一种帝国的回忆，即使它们似乎表现出来的是对建成环境遗址的漠视。而且，不管是遗迹还是新的建筑规划，都是积极的场所营造活动，在这些活动中，社会和经济的视野被联系起来了。因而，帝国的怀念，以一种多重记忆的方式通过地方起作用了。它们在规划方案中体现为保护既有的，同时也展望可能出现的。但在这类场所营造活动以及经济与社会秩序、现实与想象之间，它们也经常表现出一种不和谐的共振。对消失的帝国来说，Bank Junction 这一关于遗迹的论战，涉及一种富有生命力的历史如何在城市的（以及国家的）调整中有所助力。

霍米·巴巴认为，在“被讲述的国家”这一语境中，那种被构建的身份，既来自有浪漫主义思想的快乐的文明中心——一种内在的地方性，也来自一种他者的种族/空间恐惧——一种外在的全球性（1990b：2）。在巴巴看来，地方和全球并不是分离的，而是持续地互相涉及。双重的地理意义上的全球/地方，并不只是一件全球影响地方的事物，它还是一件地方需求——这一需求并不是地方为了构建其自身——的事物。对身份意义的追索，并不是对地方性本质的一种平静回归。它一直关乎一种“经验的区分”，它可能设定这样一种想象的移动状态中的回归，但也可能激发外在的憎恨（Carter *et al.*，1993：xi；Salecl，1993：103）。在帝国的鼎盛时期，这一区分通过地图的威力和影响得到了部署，在这里面，帝国的自我与他者安全地拉开了距离。对英国来说，经验的区分不再用类似于过去的方式来加以整理。这也并不是说英国现在到处都是过去殖民地的他者（我将在第四章中阐述这一问题），但它还是表明，在“新的世界秩序中”，英国打造了新的全球和区域联盟。这里面最清晰也最切题的，就身份和地方的政治来说，在当代伦敦金融城起作用的，有可能被认为是回归欧洲的英国后帝国主义。在当代伦敦金融城，帝国的怀念和欧洲所需的创造性区域联盟结合起来了。

伦敦金融城的差异聚集

德里达（Derrida）在他有关欧洲制度的讨论中，把一种“自身的文化看作其他的文化、一种双重属格的文化和区别于自身的文化”。在德里达的概念里，身份是由特定时刻建构的，在那里，“差异依然聚集”（1992：10—11）。20世纪80年代的伦敦金融城的确是“不断聚集差异”的地方。然而，绝不仅仅如此，这在两个不同的有叙事性的地方表现出了明显的迹象，这些地方开始增加与伦敦金融城有关的流通货币。一方面，这个城市被像萨斯基娅·萨森(Saskia Sassen,1991)这样的评论家挑选出来，作为新的城市体制下"全球城市"的典范，这一新的城市体制超越了狭隘的以国家为基础的城市等级体系。在这样一种描述中的伦敦，尤其是作为金融中心的城市，这样的阐述立足于国际化和金融行业以及服务业的扩展，包括由放宽管制并改进通信技术所促进的一种重新模式化的外国投资。伦敦金融城被归于金融和商业的空间。[①] 看上去，伦敦已经成功地从全球地理意义上的帝国，转向了全球地理意义上的"跨区域市场组合"(同上,327)。

另一方面，在新的城市设计运动中，20 世纪 80 年代的伦敦金融城变得复杂起来了，这一运动，倡导恪守一种原始的建筑形式和一种本土的、乡村风格的都市景观。之前，媒体上威尔士亲王十分轰动的个人解说，他公开的介绍，与一种更加稳健的干预措施，在规划和建筑领域结合起来了。他有关建筑和规划的视图，通过维多利亚和阿尔伯特博物馆(Victoria and Albert)的展览，引起了公众的注意，一份电视文件和一本书，都冠名为"英国的愿景"(*A Vision of Britain*)(HRH The Prince of Wales 1989)。亲王的建筑方案被设计成隆重的本土风格，顺应着英国建筑和都市景观自然与整体的品质。他关于建筑设计的"十大戒律"得到了适当的推介，类似于一个神秘的民间传说——一种从土地获得灵感的建筑学智慧，一种"非专家"的视野(同上,75—153)。怀特(Wright,

---

① 在 20 世纪 80 年代期间，当 Bank Junction 的论战激化后，伦敦金融城的居住人口只有 5 864 人，而日常的工作人口差不多有 30 万人，几乎人员总数的 30%(绝大部分是单身汉)都从事着与银行和金融(伦敦公司,1986)有关的业务。

1991:239)提出,查尔斯王子“使他的国家听起来像是一片白人乡巴佬的土地”。在其反响中可以感受到,他的愿景既是地方的,也是国家的;赞赏地方性是为了重建这个王国的主要建筑规则。除了造福于独特的英国(一些人可能会说英国人的)风景和国家之外,还要保护地方性和社区,承认普通的地方和人民的权利。威尔士亲王的原则包含着一种重要的对规则丧失的担忧,就如对不可控的地方赋权可能性的担忧一样,他们对稳定性的向往也同样抱有忧虑。他援引了各种建筑示例来支持他的论战,而伦敦金融城,尤其是其卡纳莱托(Canaletto)教堂尖顶天际线在战后的变形,对他有关本土化城市设计普遍丧失的论点来说,极为重要(见Daniels,1993:12—13)。

塑造不朽的作品

围绕着 Bank Junction 这一地块改造三十余年的规划争议,已经成为伦敦历史上独特的、历时最长的规划论战。自 20 世纪 60 年代初以来,开发商彼得·帕伦博(Peter Palumbo),通过他的房地产开发公司——城市土地财产信托公司(City Acre Property Trust),采用把以最高建筑质量标准建设的有名望的办公楼放在此地的做法,由此获得了 Bank Junction 一组维多利亚时期建筑的改造权。① 他提供了两种主要方案。第一种方案,1962 年通过,但直到 1982 年才取得正式规划许可,是由路德维希·密斯·凡·德·罗

① 彼得·帕伦博后来被授予爵位并被委以领导艺术委员会的重任。

(Ludwig Mies van der Rohe)设计的一幢18层的现代化办公大楼，堂而皇之地冠名为“府邸广场方案”(Mansion House Square scheme)(图2)。第二种方案是一幢五层楼的后现代办公楼，由James Stirling, Michael Wilford and Associates联合公司的James Stirling设计，被称为No.1 Poultry方案(图3)。两份提案，都需要拆除维多利亚时期的建筑街区，其中的八幢是保护建筑，都处于特定的保护区内(图4,5,6)。通过为这些保护建筑提供保护

图2　现代主义艺术家密斯·凡·德·罗为Bank Junction设计的方案，最初是在20世纪60年代通过的。府邸广场方案只在名义上发布了周围的都市景观。它差不多花了帕伦博二十多年的时间来获取所有的开发地点。到现在，保护及都市景观规划，已经成为地方当局和规划方案应对激烈的反对意见时的“共同观念”。(来源：Lloyd, *et al*, 1976)

以及保护区立法，城市地方当局——伦敦公司——决定拒绝给这两个方案发放规划许可，理由是，它们可能严重损害这一地区的历史特质。通过咨询分管环境的国务大臣，在现有规划立法条件下，帕伦博使用他的法定权利，可以质疑地方当局的决定，可以对这一决定“提出异议”，并要求就这一有争议的领域进行公众规划咨询。

图 3　James Stirling 和 Michael Wilford 为 Bank Junction 设计的方案，其规格和样式受到了周边建筑物的启发。方案的命名法“No.1 Poultry”，随意地把这一大视野纳入了一幅“安然的”街景画。这一方案是由建筑师呈现的，但常常受到指责，认为这一方案有一种“军国主义”的感觉。飞机掠过头顶，也许它意在表明城市的全球性，但这个城市有太多的灾难性回忆，比如，纳粹德国空军毁灭性的飞行线路。（来源：James Stirling, Michael Wilford and Associates）

图 4

图 4,5 Bank Junction 开发地块上一组主要的 19 世纪建筑物，是英帝国主义鼎盛时期作为办公大楼和商用空间修建的。尽管离伟大的纪念物还差得很远，但这些建筑物代表着由帝国生机勃勃的贸易和商业所带来的更加普遍的城市面貌的变化。图 5 为拆迁后留下的空白。

图 5

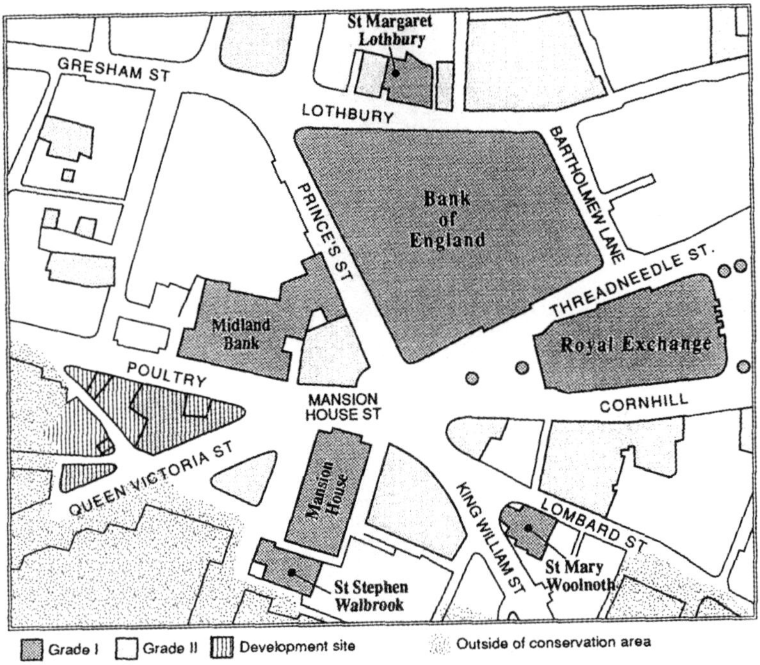

图 6　Bank Junction 交会处的保护建筑：Soane 的英格兰银行，Dance 的府邸，TIte 的皇家交易所和 Lutyens 的密德兰银行，是交会处四幢最壮观的建筑物。从这个交会处略微退后一些，是 Hawksmoor 的 St Mary Woolnoth 和 Wren 的 St Stephen Walbrook，它有彼得·帕伦博捐赠的亨利·摩尔(Henry Moore)的雕塑作品。这一地区完全可以用保护区的法律来覆盖，它既认可这些独具特色的建筑的历史价值，也认可这些建筑彼此之间的都市景观价值。

针对 Bank Junction 的部分改造提案，在 20 世纪 80 年代进行了两次公众咨询：1984 年密斯的大楼，1988 年 Stirling 的方案。第一次密斯大楼的咨询被规划许可否决了，但帕伦博受到鼓励提交了一份新的方案。No.1 Poultry 方案得以通过，但又再次进行了一次公众咨询。第二次的咨询结果是反对授予规划许可，但是这一建议被分管环境的国务大臣驳回，规划许可被批准了。这一决议受到了环境保护论者的挑战，但它只能通过请求上议院司法委员会的司法委员，让其确保 Bank Junction 的改造最终是安全无虞的。

伦敦公司对获准的规划许可的拒绝，在某种意义上是针对所提供的保护立法条件下义务和选择权的一种回应。虽然公司对帕伦博方案的反应意见不一。20 世纪 60 年代后期，当帕伦博首次拿出他为这一中心地块设计的现代化办公楼构想时，他只获得了临时规划许可。当他申请完整的规划许可时，差不多已经过去了十五年，在他最终获得大部分地块的开发权之后，在争取建筑许可优先取舍权的过程中，他遭遇了伦敦公司的阻力。

图绘帝国

20 世纪 80 年代中期，当帕伦博申请开发他的 Bank Junction 地块的完整规划许可时，环境保护论者和伦敦公司联合起来捍卫已经被遗产当局认定的“国家级建筑艺术作品”(English Heritage 1988)。那些反对拆除和新建筑开发的，在某种程度上，是担忧这些建筑物消失，这些建筑物承载着历史的功绩并作为保护文物登记在册。而且，对这一开发地块上建筑物的集体价值以及与周边地区的关系，差不多也有着同样强烈的担忧。这关乎这一地区都市景观的品质，尤其是这一开发地块上比较小型的维多利亚式建筑与周边城市景观之间的视觉关系。伦敦公司加入了都市景观专家 Roy Worskett 提供的咨询服务，起草并提出拒绝这一规划许可的具体方案。

自20世纪70年代以来，伦敦公司大力推行对城市历史性都市景观品质的保护。为了实施其保护政策，公司规划部门受到了诸多城市景观研究的深刻影响，这些研究由专家们承担，而这些专家来自在伦敦工作的大量历史建筑保护游说团体。《拯救城市》(*Save the City*)报告把若干城市范围划定为值得特别保护的地方(Lloyd *et al.*，1976)。由于被划定为保护区域，这些区域随之被赋予了规划的合法性。保护区的划定，补充并储备了国家级独有的保护建筑名单，它们在城市核心得到了隆重的呈现。在20世纪80年代中期，保护区域几乎覆盖了城市70%的地区，这些区域被指定用于保护城市历史性都市景观的品质(Corporation of London，1986)。1986年，城市的地方规划，在其保护文件/都市景观规划方法中得到了突出体现。“城市的建筑、天际线以及风格各异的都市景观”全都得到了“保护和改善”(Corporation of London，1986：126)。这已经通过限制楼宇高度、发布风格指南得到了实施，并且在反对拆迁和新建的同时鼓励修缮。

把“都市景观”理念整合进伦敦金融城这个地方，以便与更加通行的潮流保持一致，它把保护的重点从独特的建筑物上转移开了。在构造和形象表达方式方面，都市景观考虑到了城市环境的视觉感受：把城市视同绘画，“就像处理一首乐曲一样，是以一系列的和声和对比为基础的作品……城市与视觉艺术是相通的”(R. Anderson，1988：405)。在这类测定中，关键点是“连续视景”：这是当观察者通过空间移动时，城市景象元素在视觉上互相影响的方式。都市景观规则偏爱“无拘束的”“偶然的”“自发的”，但其创意和主张，要努力通过在城市空间中的主动介入才能实现，或者以保护的方式，或者是加上一些确定的建成形式（Lowenthal and Prince，1965：193）。目前，都市景观在英国以及其他的规划体系中已经成为一个常识性概念。[①] 讽刺的是，把都市景观理念转化成了城市政策，由此创建了一个规划体系，然后又用这一体系来管理可接受的视觉上的"混乱"。

作为一种规划途径的都市景观，最初是由英国期刊《建筑评论》（*Architectural Review*）的编辑休伯特·德·克罗宁·黑斯廷斯（Hubert de Cronin Hastings）发起并推进的。[②] 他积极推动城市景观一种"视觉上的规则"，源自18世纪的乡村风景，在他的观点里，"英国拥有这种景观美化传统最为显著的审美特质"（de Cronin Hastings，1944：5）。通过戈登·卡伦（Gordon Cullen，定期给《评论》杂志写稿的作者之一）的作品，发布了一套正式的都市景观准则，都市景观概念后来享有了更加广泛的规划声誉（Cullen，1961）。黑斯廷斯认为，英国城市是由其"无限多样性"来刻画的，规划的任务就是要鼓励"打破陈规"，并"不走寻常路"。"自然的"、视觉上混乱的——黑斯廷斯把这种状态称为"不规则之美"（sharawaggi），在一种适用于不规则园艺的"东亚"术语之后，他认为规划者的责任

① 保护区域的开发政策通过1967年市政设施法（Civic Amenities Act 1967），针对"珍藏版的地方风景"确立了具有保护性的机制，为都市景观的理念赋予了正式的规划地位（环境部，通告23/77和8/87）。

② 黑斯廷斯在《建筑评论》上发表了他的观点，作为编辑记录，偶尔也用Ivor de Wolfe这个名字。他有关都市景观和景观美化的观点被尼古拉·佩夫斯纳（Nikolaus Pevsner）和其他作者在杂志上反复引用。

就是要更加注重承传(de Cronin Hastings,1944:5)。[①] 这场争论针对的是"由景色本身所蕴含的方式"的改进,这一概念的形成,是以地方的"场所精神"(*genius loci*)、内在特性以及当地的本土品质为基础的。

都市景观理念的形成及推进,直接与现代主义理念的规划与建筑产生了对比,它在两次战争之间的欧洲大陆兴起,并开始在英国出现。黑斯廷斯认为,都市景观,与英国精神和审美以及"久远而古雅"的英国品位十分投契(de Cronin Hastings,1945:165)。正如署名为 I.de Wolfe 在 1949 年所写的一篇文章中所说,黑斯廷斯所提出的这一城市设计规则,可以确保一个有着独特品质的英国式"国际风格的区域发展"(de Wolfe,1949:355)。这样的理念,反映了黑斯廷斯自己"激进的"自由主义和民族主义的结合——他对个人主义和英国自由资本主义"自然正义"的承诺(de Cronin Hastings,1945:167)。战时语境下,黑斯廷斯有关城市设计的宣言,有着十分明确的重大意义。都市景观的倡导者,意在从精神上和物质上保护并强化战争期间受到威胁的英国风格。都市景观反对 20 世纪 30 年代现代派的规划教条主义,其自身已经成为欧陆法西斯主义的标志(Esher,1983:42)。通过限制对城市审美范畴的干预,它开始对全面的、由政府主导的规划产生了影响,这一结果的出现被认为是对独立私人资本的挑战(Howells,1985:29)。

---

① 关于 sharawaggi 的语源学阐释,黑斯廷斯指出,早在 1685 年,当威廉·坦普尔爵士(William Temple)描写乡村景色时,这一术语就开始在英语中使用。坦普尔认为这一术语是中国的。黑斯廷斯也认为 20 世纪 40 年代 出版的 H.F.Clark 有关园艺和风景的著作中使用了这一术语。clark 认为这一术语是日本的。

马勒斯(Matless,1990)曾经论述到英格兰乡村的案例,正如保护所谓的文物这一直接明了的进程一样,有序地调整“本土化的无序”进程,也与英国风格的呈现紧密地结合在一起。在有关 Bank Junction 改造的争议中,开发场所及其周边都市景观的评估,把这个地方的状态阐述为帝国中心的标志。也正如都市景观理念的产生一样,延伸至“异域的”欧陆规划意识这一概念持续存在,在 20 世纪 80 年代这场规划论战中,也对都市景观进行了评估,这一理念的确立,是为了在反对欧洲妖魔化的环境中,表达一种本土化的帝国记忆。

作为中心的意愿

沿着 Cornhill 向西漫步进入 Bank Junction,有大约 15 个步幅的一条小短道,在这里,圣保罗大教堂的穹顶在天际线上若隐若现。在伦敦公司反对 No.1 Poultry 方案的改造争议中,从 Cornhill 这一角度管窥教堂的穹顶,被认为是 Bank Junction 地区“最醒目也最有意义的方面”(Worskett,1988:4)。No.1 Poultry 方案把什么都考虑到了,唯独忘掉了这一管窥视角,只留下部分穹顶可见(图 7)。在伦敦公司的案例中,这一既有的穹顶视角被认为是缺少 Bank Junction 建筑物附着的视觉效果,尤其是那些出现在显露出来地点上的。现存的维多利亚式建筑 Mappin 和 Webb 塔楼与穹顶相互“构建”并“协作”,产生了一种“宏伟而富有动态艺术的视角”(同上,54)。

环境保护论者对从 Cornhill 管窥圣保罗大教堂穹顶视角的捍

图 7　从 Cornhill 狭窄的街道上看圣保罗教堂的局部视角，有可能会被拟定的开发阻挡。反对意见认为，保护教堂的这一视角违反了现有的当地规范。开发商认为 No.1 Poultry 方案可以打开一个新的穹顶视角，处于建筑物中央的圆鼓可以在“没有”大教堂穹顶的情况下造成同样的效果。（来源：Roy Worskett，1989）

卫，是缘于长期而广泛的对城市这一宏伟建筑在视觉上绝对优势的敬仰。圣保罗教堂是 1666 年伦敦大火后雷恩（Wren）重建城市教堂的伟大建筑。其作为城市幸存标志之一的地位，在 1940 年 11 月 29/30 日的夜晚——城市在二战中第一次面对德国的直接攻击——获得了新的效力。差不多 1/3 的城市组织在这次攻击以及随之而来的狂轰滥炸中被摧毁。当这一区域的北面、东面和东南面在战时轰炸中变得满目疮痍的时候，圣保罗教堂的穹顶几乎依然完好无损。在德军轰炸下的穹顶画面变成了英雄般的伦敦幸存下来的一个符号（Daniels，1993）。综观伦敦公司战后改造和重建城市的方案，不断地提及需要对圣保罗教堂穹顶视觉上主导地位加以保护和强化。早在1934年,伦敦公司就承担了它的第一个任务——研究与圣保罗教堂相关的高度控制,其限制条件在1935年形成决策(Kutcher,1976:161)。

如今,圣保罗教堂的穹顶视角,既来自远处,也来自城市内部,在作为标志的同时也得到了保护(图8)。来自Cornhill视角的那一瞥,仅仅是以"城市中心"本身作为立足点。作为反方方案的No.1 Poultry设计,它把18世纪的穹顶、19世纪的帝国中心及当代巧妙地连接起来了:

> (从Cornhill的角度来看),不仅仅是从远处看圣保罗教堂的角度。它还是Bank Junction、市长官邸、Mappin和Webb三角、大都市与帝国间的关系……这是一个理想的视点,它赋予了作为帝国经济中心的伦敦以某种意义,也赋予了帝国精神的和非世俗的意义。
>
> (English Heritage,No.1 Poultry cross examination 1988)

与Bank Junction所体现出来的纪念意义一样,圣保罗教堂"超凡的"影响力为当今帝国经济的世俗世界提供了道德上的宽恕。约瑟夫·康拉德社区(Joseph Conrad)在《黑暗的心》(*Heart of Darkness*,1902)中写道,帝国主义"不是一件完美的事物",它唯一的可取之处就是"它背后的理念"。Bank Junction的论战,同时也是一场保护从精神上恢复帝国中心的战斗。在这场战斗中,"帝国的理念"再一次远离了它肮脏的过去,并置身于当前这一风光如画的前景中。

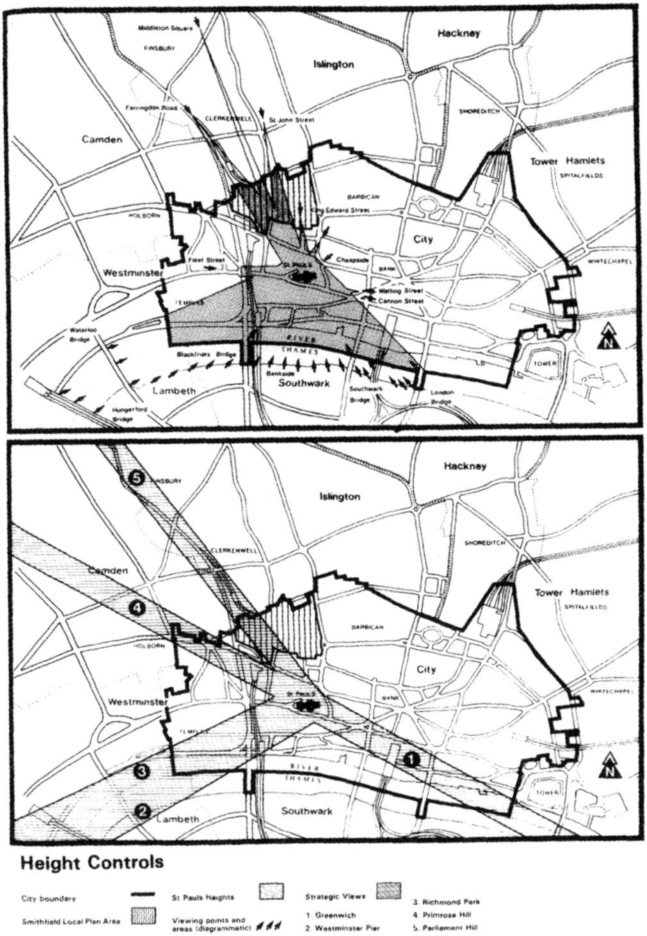

图 8　伦敦金融城规划中的都市景观逻辑，并不只涉及地方性、不同规模的邻近建筑之间的相互影响。它还要在各种各样的高度控制规则中来呈现它最完美的表达，这些已经通过的规则，是为了确保圣保罗大教堂的穹顶能够在城市内部和城区外围都依然可见。保护圣保罗教堂穹顶的视觉优势，这对争论的双方而言，都是议题——保护这一开发场所现有的建筑和重建这一场所——的重要组成部分。（来源：Corporation of London，1993c）

在这场反对 No.1 Poultry 改造的都市景观争论中，所担心的还有开发地点上现有的维多利亚式建筑和其他邻近 Junction 的建筑之间更加直观的视觉关系，诸如英格兰银行、市政官邸、皇家交易所之类。在开发地点上多样化的及小规模的建筑物，被认为与周边建筑的纪念意义有着明确的关联。伦敦公司的鉴定证人把较为拘谨的维多利亚式建筑与较为宏伟的周边建筑之间的关系和一种“文艺晚会”联系起来了，在这里面，维多利亚式建筑就是明星的“配角”(Worskett ,1988:56)。开发地块上的建筑物这一“从视觉上辅助”的特点，被认为是对这一区域品质最为突出的贡献，并涉及了“视觉上的主从关系”(同上,39)。

诉诸城市层级结构概念，是都市景观说法的一个共同特征(Cullen,1961)。它呈现为一种良好的秩序，这一秩序提供了视觉上的多样性，为正确理解城市形式提供了一种必要的文法类型。尽管如此，都市景观概念——和其他形式的景观概念一样——是一种社会建构，这种建构纳入了权力的运作(见 Daniels,1989)。在 Bank Junction 这一建成环境中，包含在都市景观原则中层级化的“好方法”超出了它们的直接参考点，并校正了所期望的社会秩序。威尔士亲王有关城市设计的观点，在接下来什么是很大众的而且很有影响的这一方面，当地的都市景观讨论，与一种理想化的社会秩序之间，一种更广泛的共鸣是很明显的。威尔士亲王认为建筑上的层级结构尤其重要，是他关于建筑设计的“十大戒律”之一。为了强调城市层级化的必要性，亲王针对社会秩序制定了一个指导性的文件，说明其应该被确立的理由。在他的观念中，都市景观的层级结构是一种常识，因为“通过一种简单的行为规划共识使文明生活变得更加愉快了”(HRH The Prince of Wales,1989:80)。在这里,从延伸到建成形式层级价值之外的某种意义上的怀旧,到一种社会和道德秩序,再一次通过国家以及用纪念形式来体现的帝国这一象征性场所而得到了明确的保留。

那些对重建的争议,开始变成一种特定的想象,作为其明智观点的不容置疑的证据。在公众咨询场合后面所持有的宏伟而怀旧的证据,是尼尔斯·M.隆德创作于世纪之交名为《帝国的中心》(见图1)的画作。在这幅画中,Bank Junction是城市的一个视觉中心,它见证了帝国的生活。这是一个充满活力的地方,很显然,它源于从原材料交换而获得的财富,这些原材料来自殖民地核心的制成品。开发地块上不起眼的维多利亚式建筑在隆德的画作中起到了关键的视觉上的作用。它们通过圣保罗教堂穹顶在视觉场景中的延伸,把一个人的视线引向了穹顶,随之越过帝国的边缘。当政治上的叛乱者认定在帝国的地理边缘是安全的时候,Bank Junction的论战激活了城市的记忆:这是当伦敦金融城作为一个全球帝国中心觉得安全的时刻的记忆,这里的社会关系——包括国内的和国外的——都开始有利起来。然而,都市景观的争论,地方规划当局和环境保护论者是在确立一个标志性的地域,它能够表达曾经作为帝国城市中心的道德、礼仪、阶层和秩序的价值观。

帝国幻想

在战后那些年,伦敦从一种帝国的国际性——其金融业务与殖民地的生产与贸易模式密切相关——转变为一种新的全球的国际性(King,1996b:9,83—87)。欧洲共同市场(以原产国所持有的离岸货币交易)在向全球化城市的转型中已经变得至关重要(Plender and Wallace,1985:26;King,1990b:91)。比如,在1965和1981年之间,城市欧洲货币市场的规模从110亿美元涨至6 610亿美元(Stafford,1992:33)。这一市场确保了城市依据国际规则维持并调整其金融主导地位的资源。并不是城市所有的行业都喜爱这样一种扩张,尤其是证券交易所的运作,被认为是妨碍了城市与其他金融中心的有效竞争。证券交易所的变革发生在1986年10月,以"金融大改革"(Big Bang)的形式。固定佣金制度被废除,把单一资格贸易考虑在内,也就是说,经纪人/交易员既是他人的代理,同时也代表他们自己在股票中的买进和卖出(DEGW,1985:8)。无限责任需求——它先前限制过那些可能加入交易所的公司——也得到了提升。这种"放宽管制"伴随着一种以技术和通信为基础的金融行业的重要改革。以显示屏为基础的贸易被引入后,它在某些行业催生了24小时交易。放宽管制的影响以及有关金融行业的新技术成为特征。比如,股市成交量从"金融大改革"前的日平均6.5亿英镑到"大改革"后的日平均超过11亿英镑(Clarke,1989:125)。"金融大改革"之后的兴奋期在1987年10月那场股市危机后得到了缓解。FTSE[①]下降了创纪录的250点,据估计,城市里差不多有3 000个职位没了。除了这次危机,还有银行和贸易、放宽管制和新技术的国际化影响,城市在其新获得的"全球"地位中依然保持畅旺。

---

① 富时指数,Financial Times and Stock Exchange。——译者注

这些各种各样的重建，把改革的压力置于城市内部现有的社会组织和商业实践之中了（Harris and Thane，1984；Budd and Whimster，1992）。伦敦金融城永远都既是世界性的，也是英国的（Cain and Hopkins，1993：127）。在通过其金融活动所带来的阶层、种族以及针对不同性别的社会问题研究范围所确立的界限之外，它还一直容纳了各种差异：老派的穿条纹套装的人，受过牛剑教育的人，以及通过结构复杂的行业和俱乐部运作的商人（Lisle-Williams，1984；Cassis，1988）。在 20 世纪 80 年代期间，这种信念被一种快速的变化动摇了，它有了新的投资参与者，新的金融机构和综合性大企业，新的职能和一种不断变化并不断扩展的劳动力。如，在城市中一个突然涌现出来的欧洲债券市场激励了非英国的银行利益集团的发展。1914 年，只有 30 家外国银行；到 20 世纪 30 年代，已经扩展到 80 多家，而到 20 世纪 60 年代早期，已经超过 100 家了（Goodhart and Grant，1986：9）。从 1961 年到 1971 年，城市中外国银行的数量翻了个倍，在接下来的十年，又翻了个倍。1987 年，在城市中有 453 家或是直接的或是间接的外国银行代理机构（King，1990b：89）。思里夫特（Thrift，1987，1994）和威廉姆斯（Williams，1987）已经概述了与“金融大改革”相关的城市劳动力的重建，并认为其快速扩展的方式与高薪水和加速的工资增长相关。城市新劳动力管理部门有可能持续按照传统的阶层形态来进行管理，但年轻工人向城市劳动力的流动很有可能越过了常见的阶层、种族和性别的界线（参见 McDowell and Court，1994）。

城市传统金融实践的重建，有一种特殊的地理学表达。金融行业新的实践越来越依赖基于计算机的交易以及信息技术，这导致了对全新建筑模式的需求，根据从地面到天花板高度的不同，针对双向式的交易，采用电缆和大面积开放的内部设计（Pryke，1991）。同时增加的还有对建筑环境中高品质办公空间的需求，要有一种能够与租赁者的企业形象相衬的建筑风格。对办公空间越来越多的个性化需求无法通过现有的城市设备来满足。在接下来的1986年六个月的“金融大改革”期间，可使用的办公空间跌落了大约23%（Richard Saunders and Partners，1986）。租金反映了对应的办公空间的短缺，在1988年年中，城市中心的租金达到了空前的高度，每平方英尺60英镑，特殊场合的租金收入每平方英尺达到70英镑。为了满足这些新的需求，直接开放了一股房地产开发的热潮。

帕伦博对他有关全球城市地位基础的提案以及这一不断增加的对大量办公空间的需求表示赞同。他很有可能还在期望地方当局——伦敦公司——对这一逻辑做出积极回应。伦敦公司未能抵抗住城市寻求变化的压力。比如，1982年，68.9万平方英尺的办公空间获准开发，“金融大改革”之后的1987年，伦敦公司批准超过1 250万平方英尺建筑面积的开发，或是在传统意义上的核心，或是在其控制之下的周边地点（Corporation of London，1993a：3）。地方当局的情绪看上去似乎对开发很感兴趣。但是城市的发展精神有限制，它与伦敦公司关于城市如何能够更好地保持其作为一个“全球”中心的地位这一观点紧密相关。

伦敦公司试图找到它与其他竞争者的不同点。1986年伦敦金融城规划阐述道：

伦敦金融城……以其业务专长而闻名，还有它的历史财富和建筑遗产。这三个方面结合在一起，给予了这个城市世界级的声誉，这是伦敦公司立志要去培养并维护的……这一宝贵的城市格调使得它和别的国际性商业中心区别开来了。

(Corporation of London，1986：3)

保护并强化城市的地方特色，被视为其全球地位的一个非常重要的"支撑点"，同时能富有更多的吸引力而不是威慑力。遗产——正确的保护和改善——被认为是能够推进城市自身在一个新的全球市场中保持其独特性的一种方式，并能够有效地通过竞争去应对以码头区重建形式出现的近在咫尺的挑战——作为统一的欧洲金融社区中心法兰克福崛起的可能性，以及东京和纽约这样的"全球性"竞争者。

新的通信技术与20世纪80年代的城市改造，认可了一种前所未有的空间灵活性(Pryke，1991)。接近核心，一直以来就决定着城市的空间模式，现在已经没有必要了。"金融大改革"之后，投机性开发位于或超越了城市的外缘，因为各种各样的倒闭以及交通和制造部门的重建，这些地方的开发投机商可以利用大量变得可用的地方(见第四章)。针对Bank Junction的第二次改造方案提供了一个适中(12.5万平方英尺)可租用的办公空间，其时，差不多有800万平方英尺的城市办公建筑在进行中，还有750万平方英尺也已经获得了规划许可(Valuation Office，Inland Revenue，1988：29)。金丝雀码头和其他拟定的码头企业振兴区开发，再加上这种增量，差不多有1 200万平方英尺的办公空间(London Planning

Advisory Committee，1993：45—46）。

不容置疑的是，地方当局的保护意识及其针对城市建成结构的改造规范，对伦敦金融城这一核心区域内开发机会的减少做出了贡献，对城市外围的推进速度也是如此。改革后的城市商业实践所需的新建筑开发规模并不容易在城市核心获得，它几乎完全被指定的保护区域覆盖了，这些地方的建设——与金丝雀码头的开发一样——在地方规划政策严格的高度控制之下几乎是不可能的。如一位为开发商代言的人所说，当“传统的中心被冻结为一种历史性纪念地”时，“一个新的城市商业中心”正在边缘被制造出来（Baker Harris Saunders，1988：9）。因此，把地方当局的保护倾向解读为恪守一种本土风格，其影响也许可以非常有效地动摇它所追求的保护。这并不仅仅是全球资本的占有力（或新技术的机会）正在离开传统的城市地理范围。它还敦促在一种语境中去保护一种历史性的建成形式，这些地方新的开发机会是由开放城市边缘的土地提供的。

帕伦博在20世纪60年代时的想法，也许可以在20世纪80年代成为现实，并最终在20世纪90年代初期获得上议院司法委员会的批准，不仅是他那已经显得有些过时的密斯·凡·德·罗的办公楼，还有他的整个开发战略。这里面包括他对城市中心宝贵的坚守，还有他在城市中心大量投机开发压力下作为一位罕见的开发商非同寻常的地位，这压力来自一个新的房地产投资和开发联盟（Healey，1990：9；Pryke，1994）。而且，帕伦博与改造这一高端房地产最后的斗争持续了一段时间，这段时间正是房地产市场从繁荣走向衰败的时期。在20世纪80年代后期，伴随着房地产开发行为的紧缩，供给过多的信号不断涌现。到 1989/1990 年时，城市里差不多有 958 万平方英尺可供使用的办公空间，库存到了 14% 的历史高位，据推测，当新的建筑开发完成的时候，库存还可能达到 17.5%（Valuation Office，Inland Revenue，1990：47，1991：49）。城市中大量可供出租的单元也增加了，因为有很多"金融大改革"之后完成的规划。在 1989/1990 年，有 41 个办公单元，超过 5.1 万平方英尺可供租用，还有 18 个超过 100 万平方英尺。与此同时，办公空间的使用率在不断减少，到 1990 年，有大量措施激励使用出租房屋，诸如较长免费期之类。[①] 在 1990/1991 年期间，很多较大的房地产投资和开发公司消失了，包括像Rosehaugh和 Speyhawk 这样的大玩家，因为城市中心区域的租金已经降至更加适中的每平方英尺 27—30 英镑。正是在这样一种紧缩环境中，帕伦博的开发提案最终得到了来自上议院司法委员会的批准。帕伦博不仅错过了繁荣期，他还不得不在一个不断紧缩的阶段来实现他的梦想。

Bank Junction 的开发商以及他的对手们对这一地块也许有着不同的构想，但是他们有一个共识，就是坚定地把这一地块看作城市中心的标志。这可以在开发商从强硬的现代主义的密斯·凡·德·罗方案到后现代风格的 James Stirling 的 No.1 Poultry 方案这一转向中看到。这是一种战略上的努力，为了在这一历史性的核心区域实现他的开发野心，帕伦博调整了他对当地环境的建筑和

① 由于较老的办公楼库存和"故意毁坏"行为，使用率变得非常之低，故意拆除建筑物，使之无法使用，从而降低持有成本，已经成为很平常的事。1991/1992 年间的 697 件房地产交易记录成为十年中的最低指数（Valuation Office，Inland Revenue，1992：50）。

规划意识方面的冲动行为。新的 No.1 Poultry 方案符合当地的限高条例。开发主要局限在现有的街道模式中。设计本身呼应了现有的建成形式。那些 No.1 Poultry 方案的赞成者们认为,这一设计是受到了这一核心区域环境和历史特质的启发。Stirling 专家鉴定证人认为他的设计"平等地"而且"确实是公平地"对待了 Bank Junction 周边的有纪念意义的建筑。由于这一方案有可能会阻碍自 Cornhill 看向圣保罗教堂的视角,建筑物中央的圆鼓呼应了穹顶的外形尺寸,而且高塔上有一个平台,还可以给它一个新的视角。这一设计有意识地努力去复原所有的 Junction 地区的品质,它把当代的某种帝国式的怀旧赋予了这一特殊地域。

帕伦博对 Bank Junction 区域特质的尊重,也可能是一种十分聪明的遗产借用,因为作为一位开发商,总希望自己的愿景成为现实。但是,要看到这场争论在开发 Bank Junction 地区中的影响是很困难的,原因就是当代资本投资的战略部署。帕伦博最直接的驱动力是他想在城市中心看到这一时期一种有品质的建筑,这一点,他与他的对手是一样的,把城市中心视为帝国辉煌与稳定时代的记忆。为了达到这一目的,他愿意等上三十年,花费巨大的专业服务费用,并放弃了他对该房地产投资的投资回报。当对立的一方全方位地参与"应战"的时候,他们都是通过被全面认可的都市景观语言和逻辑来推出他们的案例。他们是用不同的方式来激活帝国中心的记忆,不仅通过外部的世界性,还有本土的地方性。这也是一种帝国的理念,从它的全球性中返回,并在当地把它本土化。

大陆的纠缠

身份的建构不仅仅是以一种内在的向地方的转变作为标志。同样重要的还有通过对他者这一概念的恐惧来做出的区分。这一区分的标志成为一种工具，通过它，不同的利益集团都卷入了Bank Junction地区改造的斗争中，事实上，他们在认同这一地区以及这座城市的重要性方面是没有异议的，反方的表现也是如此。对帕伦博的反对者们来说，由于新建筑物的存在，开发方案本身对当地景色来说是“异质的”。通过把这一方案归结为更广泛的社会范畴的他者性，从而阐述了这一“异质”状态的严重性。

德里达在欧洲本身的构成中洞察出了一种确定的双重性。或者是“探索、发明和殖民统治的起点”，或者是“居中的，盘绕的，甚至是在岬角中心的正中点，沿着希腊-德国轴线的压缩”(Derrida，1992:20)。现在英国的印象只是模糊地作为欧洲的起点和殖民统治的一部分。它与重新建构的欧洲经济联盟角的关系尚不明朗。欧洲在1992年争取到了《马斯特里赫特条约》(Maastricht Treaty)的终结，这是欧洲怀疑论者在右翼的英国杂志《旁观者》(*The Spectator*)上面提出来的，自豪地把英国描述为“在欧洲边缘随心所欲地进行贸易的国家，永远在努力撇清与欧洲大陆的纠缠”(Davies，1992:12)。英国也许更多是作为一个帝国脉动的中心，但这个国家与欧洲大陆有一种不明确的、有时候还是敌对的关系——尤其是与德国核心之间。转移到欧洲的政治和经济联盟，意味着英国又一次面临其欧洲的他者。在英国和德国“岬角中心”

之间的这一相遇，也在奋力争取 Bank Junction 的改造中由它自己做出了证明。这里提出的“异质”的特征，是说把它们改造成了“德国式”的，由此激化了一种熟悉的德国式叙事来对抗英国。

帕伦博针对 Bank Junction 的第一个提案，府邸广场方案（见图2），与德国有一种非常清晰的关联。建筑师密斯・凡・德・罗是德裔。但是密斯・凡・德・罗的外国人身份和他的府邸广场方案，不能用一种简单的方式把建筑师和他的出生地联系起来。作为建筑师的密斯早年在德国度过，但失宠于希特勒，逃到了美国。事实上，直到20世纪60年代密斯受到委托设计柏林的国家美术馆才回到德国。但作为一种真正意义上的国际风格，其设计用于这种国家纪念物的是早期的一个委托，为古巴圣地亚哥的百加得朗姆酒（Bacardi Rum）设计一个失修的总部（Balfour，1990：224）。密斯为 Bank Junction 做的设计受到反对者的抨击，并不是因为建筑上隐约的德意志风格，更多是因为密斯的建筑风格主张“跨越民族性的樊篱”（Marks，1984：39）。正如一位支持府邸广场方案的人所强调的，密斯“不是一位美国建筑师，也不是真正意义上的德国建筑师，而是在各种意义上都是一位国际性的建筑师”（Pawley，同上，引自49—50）。

密斯的建筑风格被认为是在两次战争期间在欧洲大陆上涌现的一种纯粹的“国际风格”。密斯的愿景，用任何标准来看，都是其自身的帝国主义者的一种回响。在他的建筑哲学中，在任何地方投射一个“理想空间”都是可能的（Balfour，1990：55）。对密斯来说，只有“真正的”建筑能够“触摸到时间的本质”——这个，对他来说，不是指历史，而是指超越了一种地理上推定的次序（Mies van der Rohe，引自 Johnson，1978：203—204）。府邸广场方案的反对者们认为，在密斯的作品中，“严重”缺乏任何“空间的感觉”。伦敦公司指出，密斯缺少对城市的熟悉感：在呈现他的方案之前，他只到访过这个城市两次（Corporation of London，引自 Marks，1984：50—51）。

正是由于缺少对地方性的感受，密斯那隐约的德意志风格再次被确认，并被归咎于府邸广场方案。就把一种微小的英格兰本土主义转化为一种好战的、排除对德国他者的恐惧感来说，威尔士亲王的建筑理念提供了一种指引。威尔士亲王坦率地谈到帕伦博的 Bank Junction 方案，并给密斯的大楼贴上了“玻璃树桩”（glass stump）的标签（HRH The Prince of Wales，1989：66）。更为特别的是，他把帕伦博的构想可能对城市的都市景观造成的严重破坏比拟为二战时的纳粹德国空军（HRH The Prince of Wales，1987，引自 Jencks，1988：47）。[①] 在英国，环境保护论者和建筑学界新的传统主义者始终把伦敦大轰炸（the Blitz）作为终结英国建筑的标志（Amery and Cruickshank，1975；Esher，1983）。战争期间毁坏的城市为大规模的重建打开了一条通路，其中的大多数都是走的国际路线，与 20 世纪 30 年代欧洲大陆涌现出来的建筑师之间有一种清晰的承传。这种“异质的”建筑特色都快被解释为是对英国国土的入侵了，就像二战时的空袭一样（HRH The Prince of Wales，1989：9）。由于公开提倡都市景观规划，Tugnutt and

① 正如赖特（Wright，1991：236）所说，这表现出了一种自相矛盾的对立，因为很多极其赞同亲王建筑观念的城市认为他对现代主义的敌视表现与希特勒一样坚定。

Robertson(1987:16)认为，现代派规划学说，"大规模地从欧洲输入"，其影响力被他们称之为"第二次轰炸"。

1988 年，当 No.1 Poultry 方案面临公开规划咨询的时候，欧洲新一轮政治和经济领域的重建已经启航。帕伦博第二次开发方案的论证章程，被置于一个以显著的英国对欧洲政治和经济联盟的关注为标志这样一个时期，尤其是对新的欧洲局势中德国优势地位的担忧。货币联盟的走向更加重了英国的这一忧虑。这些忧虑很难在城市中体会到，城市中的具体忧虑，是它可能把它在金融业中的主导地位让位给法兰克福——德国央行所在的地方，就法兰克福本身而言，是一个有声望的金融中心。伦敦公司一个近期的调查揭示，欧洲的看法，特别是德国的优势地位，在某种程度上是错位的。在大多数重要的金融活动中，伦敦依然保有一种强大的地位。[①] 但这个调查报告提出，很多城市的利益集团认为法兰克福是"迄今为止出现的最大威胁"，因为它积极地经营一些传统上集中在城市的金融业务(Corporation of London，1994:27)。伦敦公司的报告甚至做出了十分模糊的比较，认为有"更多的人在大伦敦从事金融和商业服务(70 多万)，超过法兰克福的总人口(接近 60 万)"(同上，19)。根据这份报告，有关城市的一种最糟糕的状态，可能是涉及一种单一的欧洲货币，它把英国货币排除在外，可能由以德国为主的中央银行来管理(同上，29)。

科克利(Coakley，1992:53)认为，英国对于经济联盟的担忧，在

① 伦敦依然是国际银行贷款最为活跃的中心，尽管呈下降趋势。在外国股票交易中它依然是最大的世界中心，总计占差不多 60%的营业额。它保留着最大的外汇交易中心，还有一个绝对控股的债券市场(Corporation of London，1994)。

某种程度上是围绕着两种极其不同的经济模式提出来的：银行主导的德国模式和证券市场主导的盎格鲁撒克逊模式。它是由知识来推动的，不管城市的金融和银行的角色如何变化，欧洲的经济集团还是由德国马克来主导，在目前，就是以法兰克福为基地的德国央行。举个例子，保守党政府对欧洲货币联盟的抵抗是围绕对城市银行和证券行业的关注来架构的，有人认为要参与到这一金融市场很困难，新的市场机制和清算与结算系统只与单一的币种有关(Crawford，1993：281)。尽管通向更加复杂的欧洲联盟的路径对英国来说十分崎岖，这也许可以通过与欧洲汇率机制(Exchange Rate Mechanism，ERM)相关的英镑危机得到更加清晰的证明。英镑进入 ERM 简直是愁云密布，它可能意味着失去了货币政策的独立性。英国全面进入 ERM 是在 1990 年，其时英镑处于一种由政府本身支持的过度膨胀的汇率兑换状态。[①] 英国政府想保持英国货币上浮的意愿还不充分，到 1992 年 9 月 15 日，英国货币逐渐走到了它的下限，当市场对德国央行主席的报表做出反应的时候，它已经跌出了下限，重新改组是必需的，而且它要求大量的货币贬值(同上，290)。在外汇交易市场处理投机行为之前，英国货币已经浮出了 ERM，英国和德国的利率开始集中于一点。尽管这一时期英国货币比较幸运是一个事实，但也与当地英国的政治目标有着

① 英国货币设定了一个重要的比率 DM2.95(上限和下限设定为 DM3.132 和 DM2.778)，这一标准是由英国财政部选择的，考虑到了较高的膨胀率。由经济评论家解读这一比率，以为这个城市似乎估值偏高。根据金融媒体的估算，自 1990 年 9 月开始干预，以保持英国货币的基本比率上升，总数达到差不多 30 亿英镑，包括来自德国央行的强制性干预。

明确的关系，这次危机广泛地被解读为在德国央行的掌握下英镑败于马克的一个证明。

英国(苏格兰的)建筑师 James Stirling(见图 3)这种有意识“地方化”设计的逻辑，也许是值得期待的，它可以规避“异质性”的指责。尽管 Stirling 的 No.1 Poultry 方案不仅抛弃了“异域感”，而且越来越严重地关涉欧洲重建中英国“危机”这一语境，其异域感的状态再次被归结为一种特定的、让人联想起战争隐喻的“德国性”。No.1 Poultry 方案被反对派们描述为“有侵略性”，甚至是“军国主义”(Worskett，1988：160—161)。在规划咨询过程中，James Stirling 常常遭受交叉查问，与叛国罪审判十分类似：

> 伦敦公司：你说这前端没有压制市长官邸，但它难道不是一件让人回忆起德国防御的作品吗？
>
> James Stirling：No.1 注意到了你没有把它称作英国的掩体而是德国的。
>
> 伦敦公司：我并没有以一种贬损的方式提到德国……德国掩体更强大。
>
> James Stirling：看来你很了解德国的掩体！
>
> (个人记录，No.1 Poultry 调查，1988)

而事实证明 James Stirling 对这一建筑模式有着非常深刻的体会，在交叉查问的压力下，Stirling“坦白”道，他在战后确实陷入了粉饰这类防御掩体(虽然是英国的)的状态中。即便是帝国公众咨询观察中也发现，要驳斥这条线索的质疑是很困难的。他给咨询会带来了一本关于英国奥尔德尼海峡群岛(Channel Isle of Alderney)建筑的书,给他们展示了一张照片,“奥尔德尼的眼中钉”。它是一个德国人控制的塔,双方的办案员都承认这一建筑与Stirling的提案两者在风格上有一种惊人的相似(同上)。反对开发的一方认为,当Stirling被誉为建筑设计的“三巨头”时,他最为出色的建筑作品是斯图加特的新国立美术馆(图9),还有一些他在英国比较有名的设计是因其设计故障而闻名。帕伦博的反对者们认为James Stirling是一位“叛国者”,他的建筑设计风格更适用于被妖魔化的德国他者的品位和气质。帕伦博有关再开发的愿景被认为是国家颠覆行为——由欧洲的核心德国发起的对城市正中心的攻击。

与Bank Junction争论本身相比,James Stirling的建筑与一种妖魔化德国的交集更广为人知。1988年,罗孚(Rover)汽车发起了一场新的广告宣传活动,叙述的基础是表现一种新的欧洲商人特征。在广告的电视版中,描述了两位欧洲商人开着一辆很拉风的红色罗孚车穿过斯图加特的街道。由于直接加上了“对话”字幕,观看者知道他们互相说的是什么,其实字幕完全没有必要,因为这是一个单行脚本。两位坐着罗孚车的商人停在James Stirling设计的新国立美术馆前面。行人转向罗孚车并问道:“英国建筑师?”这个广告利用了一次直接竞争,在德国汽车制造商BMW和英国汽车制造商罗孚之间发生的针对特定汽车区位的市场竞争。在罗孚的广告中,英国人对新的欧洲局势中德国优势的焦虑轻松地得到了化解。这里的德国文化和资本被英国人占领了。这一有限的充满想象力的广告游戏是一个逆转,以Bank Junction的论证机制和普

图9　受到限制的重建形式和创造性的发挥，与 James Stirling 的斯图加特新国立美术馆的传统建筑风格结合在一起。建筑评论家 Charles Jencks 称赞 Stirling 是我们这个时代最伟大的后现代建筑师之一。Jencks 是在一个明星云集的阵容里代表开发商出席对 No.1 Poultry 方案的公众咨询的。帕伦博是现代建筑艺术的热心支持者，据说拥有由密斯、赖特和勒·柯布西耶(Le Corbusier)设计的房屋。(来源：Gardiner，1990：22)

遍情况为依据。Gavin Stamp，在 No.1 Poultry 案例中言论更加直接的环保主义者之一，用了罗孚广告中“英国建筑师?”这句话作为对 James Stirling 的 No.1 Poultry 方案恶毒评价的标题，它还出现在《旁观者》上(Stamp，1988：20)。他对罗孚广告宣传语的引用，容许他把规划咨询范围之外的、认为 Stirling 的建筑风格对伦敦来说有“异质感”的观点联系起来，并象征性地与一种德国优于英国的叙事联系起来。无论是关于 James Stirling 设计那些排外的反对者们，还是罗孚的广告代理都没能预见到，在 1994 年，后者的母公司——英国宇航公司(British Aerospace),会出售80%的罗孚控股份额给BMW(*The Times*,2/1/1994)。

罗孚的命运与Bank Junction开发方案的命运产生了共鸣。帕伦博在努力实现其理想的道路上所面临的漫长而昂贵的规划斗争,足以让他的对手们能够在一个开放的环境中来加以认识。三十年的开发梦,建筑方面的规划和诉讼费,意味着当最后获得上议院司法委员会的批准时,帕伦博需要寻找共同投资者。1993年年底,帕伦博得到了与迪特·博克(Dieter Bock)——总部位于法兰克福的Advanta公司的主席——50∶50的合资伙伴关系。博克与帕伦博的私人合作关系,确保了一个据估计现阶段需要5000万英镑投入的开发方案最终会取得成果。No.1 Poultry的组建是由Advanta和帕伦博共同出资,到完成时,也是由双方承包并拥有(*Architects' Journal*,9/22/1993:10)。在一份报道中,读者们想起当威尔士亲王把Stirling的设计比作一个巨大的"20世纪30年代的收音机",同一种方案不仅得到了迪特·博克的资助,还赢得了"赞美"(The *Independent*,9/22/1993)。这一开发传奇最后的过程也许能充分地说明城市房地产投资中一种更加普遍的趋势。一份以伦敦市房地产交易总量为基础的特许监督员的近期报告表明,德国在伦敦市房地产的投资大约占38%,英国是39%,剩下的留给了其他外国投资者(Jones Lang and Wooton,1994:4)。也许对"入侵"的担忧已经是进行时了,对伦敦地方特色的热爱——在一种重要的物质意义上——也已经被全球性的他者"占领"了。

殖民的回归

1992 年 4 月，爱尔兰共和军（IRA）在邻近 Baltic Exchange 的 St Mary Axe 引爆了一颗炸弹，致三人死亡，并对邻近建筑物造成了严重损害，尤其是商业联盟大楼。一年以后，它又轰炸了一个靠近 Wormwood 和 Camomile 街道交界处的一个地方，给香港和上海汇丰银行伦敦总部造成了极大破坏，爆破的窗户来自伦敦的最高楼——国民西敏寺银行塔楼（NatWest Tower）。第二次爆炸带来了大约 10 亿英镑的损失，还有 1 人死亡，42 人受到伤害。

北爱尔兰受到了最为悠久而且极其严格的控制，而且，在正式的后殖民时期，有着明显的英帝国主义的残余。在这个时期，前英国参与治理的帝国中的大多数最终都消失了，但对北爱尔兰的干预却愈演愈烈。像对伦敦金融城的这一类攻击并不是 IRA 行动的一个新特点，过去的几十年，IRA 频繁地轰炸英格兰的一些地方，当然，也包括 1984 年在布赖顿那场臭名昭著的对英国保守党会议的轰炸。

在新一轮军事行动中选择伦敦金融城作为它的目标，IRA 并不只是想攻击帝国中心的标志，它还想动摇在新欧洲中英国摇摇欲坠的地位。第二次爆炸碰巧遇到欧洲重建与开发银行的年会，有一千多位来自世界各地的商人和银行家受到攻击。一位城市银行家评论说，IRA“选择了一个最好的日子来损害城市的声誉”（*Sunday Times*，4/25/1993）。关于爆炸事件的报道列出了大量可能造成的危害，这种令人吃惊的城市脆弱性的展示，有可能会影响到其被选为欧洲中央银行所在地的机会。城市利益集团的反应比较克制，仍然相信这个世界是“生意照做……因为它是英国的金融和商业中心”(Corporation of London，1993d)。

伦敦公司对爆炸事件的应急反应，依然失策地与其最重要的环保主义者目标保持了一致。公司规划办公室提议，国民西敏寺银行塔楼的危害提供了一个拆除这一建筑的机会，应该用一种更符合伦敦特质的东西来取代它。鉴于两次炸弹都很有可能是由大型交通车运进伦敦的，他还建议，爆炸事件表明城市中需要更加严厉的交通管制(*Sunday Telegraph*，5/2/1993)。伦敦公司认为，爆炸事件是伦敦在金融活动中行为的一个直接后果，提示伦敦公司要加快思考“降低城市作为一个经济目标”的脆弱性，并把它建造成为一个“宜居”的地方，包括居住空间、行人专用区和受限制的交通流。

尽管 IRA 对伦敦的攻击被认为是一种反殖民主义行动，它是一种严重的反英国人行动，城市遭受了直接的爆炸力量攻击。最为严重的第二次爆炸的全部力量由香港和上海的汇丰银行感受到了，它也是沙特国际银行、the Bankodi Sicilia、南非约翰内斯堡黄金和白金矿业公司综合投资和巴纳多兄弟、Taai 银行和阿布扎比投资局的总部。遭受损害的还有阿布扎比国际银行、法国东方汇理银行、德意志银行和日本长期信贷银行(*Guardian*，4/26/1993)。轰炸一个明确的英国或英帝国的中心，在 20 世纪 90 年代的伦敦金融城是很困难的。但很有可能轰炸这些“非家园型”目标与轰炸英格兰银行、皇家交易所和市长官邸所具有的象征性力量是一样的。正是由于这类国际商务的存在才形成了当代伦敦的基础，并确保其削弱控制帝国的想法转化为一种新的全球语境。

伦敦金融城的爆炸事件触发了大规模安全运营组织的出现，它向当地工人和投资者一类人保证，这个城市是安全的，也是有保障的。在伦敦发生的第一次爆炸导致了“滚石行动”(Operation Rolling Rock)的实施，它在伦敦街头增加了穿制服的警察，并在各个城市进入点设置了流动的、短期的路障。第二次爆炸激发了一种长期的战略规划来保护英国金融和商业活动中心。第二次爆炸之后不久，一位高级商人建议，作为“世界”引领者的金融之都，应该竖立一个现代化版本的中世纪伦敦墙，用不锈钢制作的安全门(*The Times*,4/27/1993)。伦敦公司反对这样严厉的安全措施，但与城市警察联合起来，在城市所有的道路进入点都设置全副武装的警方路障(图 10，11)。这种安全计划被称为“铜墙铁壁般的保护网”(Ring of Steel)。第二种战略被称为“摄像监视”(Camerawatch)，鼓励私有企业安装它们自己的视频监控设备，并与中央控制系统连接起来。“摄像监视”的目的是确保城市内部的公共区域“一年 365 天，一天 24 小时”都得到控制(City of London Police,1994:2)。安装指南由伦敦公司发布，以保证监控相机“在视觉上不引人注意”，而且不会对“城市街道的品质和环境”产生消极影响(Corporation of London,1993b)。

在迈克·戴维斯(Mike Davis,1990)关于当代“堡垒城市”(fortress city)的分析中，他认为城市生活的军事化，是中产阶级对在城市中产生的种族或犯罪差异化的一种反应，这种差异化是由不平等的经济和政治结构调整带来的。戴维斯认为，洛杉矶的监控和封闭空间变成了清洗和隔离行为。伦敦的“铜墙铁壁”及其

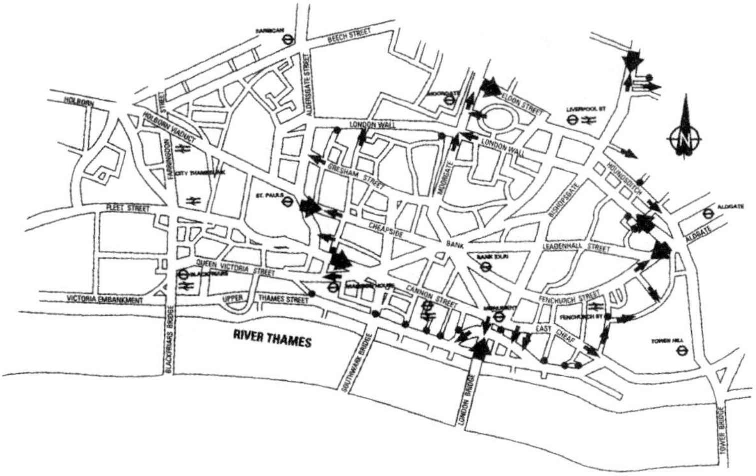

图 10　伦敦公司通过限制城市交通流的进出来应对 IRA。“铜墙铁壁般的保护网”与其长期坚持的降低城市中机动车流量的环保主义志向一致。（来源：Corporation of London，1993e）

“摄像监视”监控系统是对残余的殖民困境一种战略上的应对。它专门针对 IRA，要让它们永远离开城市，即便如此，城市也不可能再回到那种帝国构想中的“纯粹”空间了。它更多是一种保卫城市的战略，这样它才可能继续调整它的路径，成为一个能满足不断提升国际化需求的“全球城市”。事实上，“重新筑墙”的伦敦市试图确保一个安全空间，因为城市的发展不会、也不可能受限于传统地理学上的平方英里，而是正在穿过这些“围墙”进入到邻里社区之中。

图 11　伦敦市“铜墙铁壁般的保护网”使用的材料是塑料柱式路格，由临时武装警察提供支持。

纪念物可以由历史文物构成，或者也可以新造。在 Bank Junction 这个规划故事中，就如何在不再有明确定位的中心建立一种城市纪念物，存在着一场论争；作为一个正在衰落的帝国，或是一种不可预知的全球体系。这些参与者很显然对这一开发场所有着不同的观点，他们争论时使用的语言和逻辑惊人地相似。在这场论争中，没有任何团队怀疑 Bank Junction 在这座城市里的重要性，也没有任何团队质疑这个国家在国际上地位的重要性。最后，反对方只就立碑纪念这一伟大地方的不同方式展开了讨论，它在国际上的地位正处于转型之中，而且可能受到威胁。这场规划“论战”，实际上可以被解读为一场历时三十年的仪式的重现，并验证一座城市的能力。在这一经济环境中，富有想象力地转变帝国的理念在继续进行，并形塑了它走向未来的方式。帝国的城市也许能够从疏远的帝国关系中更完善地构建其“纯粹的”自我意义。20 世纪 80 年代的伦敦必须构建其自我意义，也许有些危言耸听，但中心地带周围充斥着各种新的、全球和区域秩序中的他者。

Bank Junction 地区改造的论争表明，全球和地方、新的和旧的、市场和本土如何互相影响，并成为在一个飞速变化的时期重新商议城市的地位和身份的工具。把“新的”和较少的嵌入、较为肤浅的毁灭全球的力量，或者，充其量也就是一种恰当的真正的地方性的模拟等同起来，是暂时的。同样，把“旧的”和微小的、地方、可能更真实的嵌入，或者说也许是抵制并置在一起，也是暂时的。Bank Junction 的论争打乱了这种比对。在这里，地方性对变化的“抵制”与保守派对特权阶层的怀念及对纯粹帝国理念的渴望产生了共鸣。这里的“变化”本身变成了一种怀旧的姿态，它指向了一个时刻，就是城市坚定地以其地理上围绕着 Bank Junction 地区作为其中心的时刻。这里对保护和改善当地建成形式的坚守，实际上对历史地理意义上的权力去中心化，以及中心地带被一种令人担忧的他者“入侵”也产生了影响。

第四章
伦敦东区的贸易：移民、定居与地方

有形状的时候就会有映像，有光亮的时候就会有阴影，有声音的时候就会有回响，谁能说出一种不幸在哪里终止，另一种不幸又从何处开始呢？

（*Ackroyd*，1985：217）

据报道，1987年，威尔士亲王有过一次"伦敦东区考察"，到了斯皮塔佛德的城市中心区域。他以英国社区企业联盟（Business in Community）——现在英国运行的众多新型的私人/公共社区发展计划之一——的赞助者和发起人身份对这一地区进行了访问。对伦敦来说，斯皮塔佛德是某种经济和社会意义上的他者。这里的财富不是由股票和证券交易产生的，更多时候，这种不太安定的生活是靠小规模的服装加工、零售或餐饮来维持的。斯皮塔佛德是陶尔哈姆莱茨区（Tower Hamlets）最贫困的小区，也是伦敦最贫困的自治市。这一地区有着英国最高水平的住房压力。超过80％的居民在公共住房里生活，而且在现在的住房类型和家庭规模之间存在着持久的失配问题，导致了过度拥挤。17％的失业率远远超过全国平均值。斯皮塔佛德的人口至少有61％（5，397）是孟加拉人（Erens，1993），有一些估算还高达80％（London Research Centre figures,引自 Community Development Group,1989:19)。无论从什么角度衡量,斯皮塔佛德都是英国孟加拉人高度集中的地区之一。继 18 世纪来自胡格诺派的教徒(Huguenots)、19 世纪中叶的爱尔兰人以及后一个世纪的波兰人和俄罗斯犹太人之后,他们是最近通过一系列难民和移民组织来到斯皮塔佛德定居的人。1987 年,当查尔斯王子开始他的环游全国之旅时,他遇见了一个地方,他认为这个地方不像英国,用他自己的话来说,更"像一个第三世界的国家"(*Guardian*,7/2/1987)。

在 19 世纪帝国主义的鼎盛时期,英国殖民地的他者,居住在远离帝国中心地带的地方。从地理上来说,有助于保护自我和他者之间这种清晰的帝国划分,但从经济和构想两方面来说,在英国国内都是通过自治同盟来划分的。早期的去殖民化时期以及战后的殖民地人口进入英国本地劳动力市场的转移,把帝国自我的他者带回了"故乡"。正如斯图亚特·霍尔(Stuart Hall,1991a:24)所评论的:"当他们降下国旗的时候,我们上了香蕉船,直接航行到了伦敦……到了世界中心的中心。"斯皮塔佛德这个地方可能被认为是——从形式上来看——一个去殖民化的产物;它甚至有可能被认为是某种意义上的后殖民。然而对那些正在把从前的边缘移至从前的核心的人来说,后殖民性的这种反转似乎有一种不太确定的感觉。这类迁移的逻辑——哪一个团体迁移,他们迁移至何处——是围绕着一种特定的权力、劳动剥削和由帝国主义所形成的契约关系来构建的。也就是说,尽管战后/独立后的时代,这些向英国的迁移可能被视为"外来者",但他们是"在一个已经把他们囊括在内的系统内部的移动"(A.M.Smith,1994:135)。这一迁移的结果，诸如这些移民团体的生存条件，他们表明自己兴趣爱好的能力，以及他们在新的家园里的需求之类，可能离所说的后殖民还很远。

这些安置已经越过了核心与边缘之间的界线，制造了“直接而又紧张”的遭遇战(Robins，1991：25)。这种接近度，促使帝国主义者再次就不稳固的权力、差异和距离布署进行协商。这样的协商一直是遥远的殖民化土地上日常事务的一个特征，但帝国中心地带这些不稳定的影响大半被人为地缓冲了。目前，这些殖民规划中的他者，都位于伦敦市内特定的地区，不会被放置在一个大家都知道的地方，而是在一个安全的距离内，作为国家构成的补充。战后的安置产生了一种特殊的种族和国家政治。事实上，A.M. 史密斯(Anna Marie Smith，1994)对英国战后的种族政策进行的解构式解读清楚地表明，在一种有形的帝国边缘进入中心的时刻，像因诺克·鲍威尔(Enoch Powell)这样的政治家就开始了用帝国主义的军威来取代一个民族的叙事进程，并用一种本土的和纯英国式的民族叙事来代替它。也就是说，英国的权力对帝国的人民和资源的依赖被解释为偶然的和意外的，因而在殖民地对中心的占据中表现为某种不确定的权利，这使得他们不仅是“外来者”，还是“一种内部的敌人”。鲍威尔努力想要使国家围绕着它自身来调整方向，在一个当自我正前所未有地面临着作为他者的补充的时刻，这是战后英国种族主义的一种视角。在当代，这类种族主义以多种形式得到了明确的表达，并成为移民社区日常生活的一部分。

身份协商的进程，因帝国的失落而产生的不稳定感，以及随之而来的迁移定居，都在当代的斯皮塔佛德有着明确的标识。这一章就要着手解决这两种截然不同的(但并不是全无关联)城市转变类型——绅士化和大规模的城市改造,以及它们所激化的地方和身份的政治。斯皮塔佛德于20世纪70年代开始住宅楼宇的绅士化进程。这一适度的、区域规模的改变为20世纪80年代大规模的与伦敦有关的改造让了路,使得热衷于投机买卖的人也蜂拥而上,跨越了传统的边界。斯皮塔佛德大量被闲置的相对廉价的地块,很适合简单而快速的现场组装和经济型的快速通道的建设。到20世纪80年代末,斯皮塔佛德有60多英亩的土地(约占这一地区的20%)已经被指定为大规模开发用地。从城市东部发起的这一投机行为的先驱者们提议,把斯皮塔佛德的水果和蔬菜批发市场放在新的地方,划出一处10英亩的开发地块,打算用来提供办公楼,并为不断蔓延的城市服务。紧接着的规划是改造Bishopsgate商品市场和挨着的Truman酿酒厂地块(27英亩)。在一个总数大约为37英亩的区域内,这两处开发单独提供了大约250万平方英尺的办公空间(以及其他用途)。

孟加拉定居者、住房绅士化和大量的开发商的共同在场,激化了一种时时发生冲突的种族和国家的政治。吉尔罗伊(Gilroy,1987:288)认为,对种族政治的思考是理解"城市意义产物"的基础,也是基思和格罗斯(1993:11)所阐述的"定义城市生活是什么"的基础。城市转型进程在一定程度上意味着,通过它,一种种族化的权力体系结构——物质的和意识形态的——在运行。这不是简单的某些"帝国主义者"用大资本来清除地方性的一个案例。殖民地重建的这种反响,更多是一种迅捷的帝国主义领土扩张、边界拓展和"外来者"侵入的反映。当代的城市转型,更类似于与一个区域的地方特色的结合，而不是从种族上来清除它。这也许在把文物调用为当代城市变革立法框架组成部分的不同方式中可以清楚地看到。通过遗迹认定和有助于体现历史的建设态度，有着明确的场所型概念的物质形式和建筑风格占据了优势地位。自我与他者的观念逐渐进入了公共领域，物质景观也通过遗迹得以形成。

围绕着这些城市转型而出现的斗争，产生了一种充满冲突的身份政治，这里面，各种各样的利益集团时常调用矛盾的概念，斯皮塔佛德象征着什么样的邻里社区，以及是什么构成了“正当的”斯皮塔佛德社区。它经常导致一种对立的推论范围，这之中，顽固的英国式观念在传播，多元文化的流转和表征得以标识，英国的孟加拉人概念开始形成。出现在斯皮塔佛德的自我/他者、核心/边缘的结合，并不意味着总是会导致因诺克·鲍威尔所指的“纯粹的”种族主义结果。斯皮塔佛德的改造所激化的这场政治谈判，其中明显的种族主义是一系列地域性竞争过程中的一种形式，这种地域性竞争过程还包括更敏感的边缘化及迁移进程（Goldberg，1993：46）。然而，这一改造阶段也为斯皮塔佛德的孟加拉定居者创造了一些重要机会，在一个新的国家建设自己的家园。因而，这是一个政治方面的例证，人们——包括英国人和孟加拉人——如何在“离散的身份和混杂的历史中”安居（Chambers，1994b：246）。

城市帝国主义

像伦敦这样的大都市，已经长时间地被打上了帝国主义语言和逻辑的烙印。这不仅仅是作为帝国威力伟大的纪念地——就像在伦敦所看到的那样。帝国主义者的运转方式和意识形态还塑造了一个城市剥夺空间，在 19 世纪帝国主义伦敦的鼎盛时期，东区码头处理核心和边缘之间的商品贸易，工厂把来自边缘的原材料变成当地或国际消费需要的产品。伦敦东区是帝国经济中的一个通道；帝国的产品是由东区输送的，但它所创造的财富却到了别的地方。

在帝国还属于工业化和城市化的时期，相当具体而又持久的社会虚无主义叙事开始依附于城市。谈及 1844 年的英格兰，弗里德里希·恩格斯（1971：31）警告一个世界将分裂至其“构成的原子”，一个多世纪以后，赫伯特·马尔库塞（Herbert Marcuse，1964）仍然确信城市的居住者们是“单向度的人”（原文如此）。两位作者分享了这一信念，并由很多其他城市评论家们做出了详细的论述，即，在现代性的条件下，存在着一种破坏性的日常生活的殖民性，以及一种从“可管理的安全的礼俗社会”向一种商品化的“官僚社会”的转变（I.M.Young，1990：236，参见 Gregory，1994：403）。这种受到持续考验的失落感已经导致一种长期的追寻，寻找一个未被现代性的“死亡之吻”“触及”的时间和地方（Berman，1982：29）。如，在《乌有乡消息》中，威廉·莫里斯想象了一种未来，那是一个回到前工业时代的未来，在这个时代，贫民窟变成了村庄一般的聚落空间，以南部英国的乡村景色为蓝本。当然，威廉·莫里斯设想更多的是一个不那么悲伤、不那么都市化的未来。他那种独特的英国社会主义视角，引发了第一次有组织的试图保护城市和国家历史建成形式的运动——古建筑保护协会（the Society for the Protection of Ancient Buildings）（Morris，引自 Thompson，1976：228）。

类似市中心伦敦东区这样的地方，被随意地用作城市恐怖主义叙事的要素。在19世纪大都会构想中，东区曾经还作为一种威胁存在。工业发展以及由帝国主义带来的大规模城市化持续的危害，斯皮塔佛德这样的邻里社区为英国提供了铁证。最“黑暗”的伦敦东区扮演了一个本土化的他者角色，用以抗拒帝国资本自身所形成的一种“杀伤力”(R. Williams，1985：229)。亨利·梅休(Henry Mayhew)把东伦敦人设定为野蛮人和外来者，因为查尔斯·布思(Charles Booth)的东区调查，完全彻底地把它标注并量化为贫穷者，试图使这一阴暗但又“无可避免的灾祸”能够被了解并可加控制(引自Raban，1988：153)。伦敦东区在中产阶级中所造成的担忧，只能通过各色社会改革家们的积极努力来得到抚慰。

当19世纪的评论家们把东区推举为一种城市生活误入歧途的模板时，20世纪中叶的城市规划专家们却把它看作一个还残留着一丝希望的地方。在20世纪五六十年代，当英国的社会学家下决心再次调研可能不断异化的大都市“社区”问题时，伦敦东区是他们详细查看的地方。这一开创性工作始自杨(Young)和维尔莫特(Wilmott)《伦敦东区的家庭和亲属关系》(*Family and Kinship in East London*，1957)研究，但很多其他转向伦敦东区的研究者们，通过对日常生活中的贫困、白人、工人阶级等人类学的记录，核实了城市社区中的生存者。恢复一种和平的、白人的、中产阶级的社区愿望，可能多于对城市现代性的怀念。这些恢复正是处于英国城市被战后殖民地移民所改变的风头上。它们预示着更多的灾难又回到了白人世界，就如因诺克·鲍威尔这样的种族主义者反移民言论和政治所主张的一样。事实上，在接下来的撒切尔时期，它们确实是种族化的市中心——和伦敦东部地区一样,变成了再度流行的"城市危机"话语的焦点,以及一种帝国主义者控制干预的新方式(Goldberg,1993:46)。但并不是说这类地区提供了一个恢复舒适的白人社区的场所,而是说它们象征着这类恢复已经没有可能,而在一些人看来,更象征着可能带来的对英国民族的破坏。

近期的城市中心更新和变革进程,如绅士化和大规模改造,划分伦敦东区西区的那条惯常的边界改变了(Schwarz,1991:77)。在这一改变中,勇敢的(也是狡猾的)有远见的人进入了市中心贫民区,全力收购廉价的和可能是"无主"的住房,并大力探查废弃的土地,同时通过复原和重建努力,对它们进行修饰,这样整个的邻里社区就更值钱了,也更"文明了"。在当代城市中心,"边界"这一概念只对"合理的和合法的征服过程"起作用,"都市先驱者、都市定居移民、都市牛仔"都是这一地方帝国主义"新的民族英雄"(N. Smith,1986:16—17)。尽管这些城市"被更新了",但这一"富有生产力的"新世界是由那个"缺少生产力的"旧世界打磨出来的。

土地闲置

18 世纪,斯皮塔佛德适度的住房存量一直被保护这一历史建成环境的倡导者们所认可(图 12)。由于工作场所的复折式屋顶,这些住房的建筑风格独具特色,这种复折式屋顶被早期法国的胡格诺派教徒用作他们的丝绸纺织企业的工房(Survey of London,1957:4—5)。在斯皮塔佛德,第一个持续保护的成果是在 20 世纪 50 年代,当这一地区被选为《伦敦调查》(Survey of London)的研究

图 12　斯皮塔佛德存量的乔治王朝时代的房子以其独特的复折式屋顶而闻名，这是胡格诺派纺织工人们工作的地方。在这条街上，绅士化的生活和服装车间相混杂的模式十分突出。

对象时，这一组织的建立是为了系统地记录城市的历史建成结构。据调查，斯皮塔佛德留下的贫困、衰败和“恶名”，使得这一地区几乎没有受到20世纪城市改革的影响，这样便保证了乔治王朝时代的房子得以安全地幸存(同上，1)。在重新评估斯皮塔佛德价值的过程中，贫困与衰败被置换了，重建一种看起来很繁荣的景象被纳入了考量，还有早期法国胡格诺派纺织工人们“良好的”社会状况，这些纺织工人以其对鲜花和笼鸟的热爱而闻名，还有他们对智慧的追求(同上，7)。乔治王朝时代的房子代表了一种更加优雅、更加繁荣、也更加可接受的有异域特质的斯皮塔佛德。一场突然涌现的文物审美把衰败和不讲究描述为“亲切的”，并认为“正在腐烂的砖块”不仅能表达出“社会的衰退”，还能辐射出“一种更加初级的阶段”(Wright，1987：12)。这一建筑上的价值由《伦敦调查》标出了界线，形成了斯皮塔佛德正式文物价值认定的基础。1969年，关于斯皮塔佛德，地方规划当局已经指定了三个保护区域，到1976年，这一地区的绝大多数乔治王朝时代的房子都被列入了保护名单(图13)。

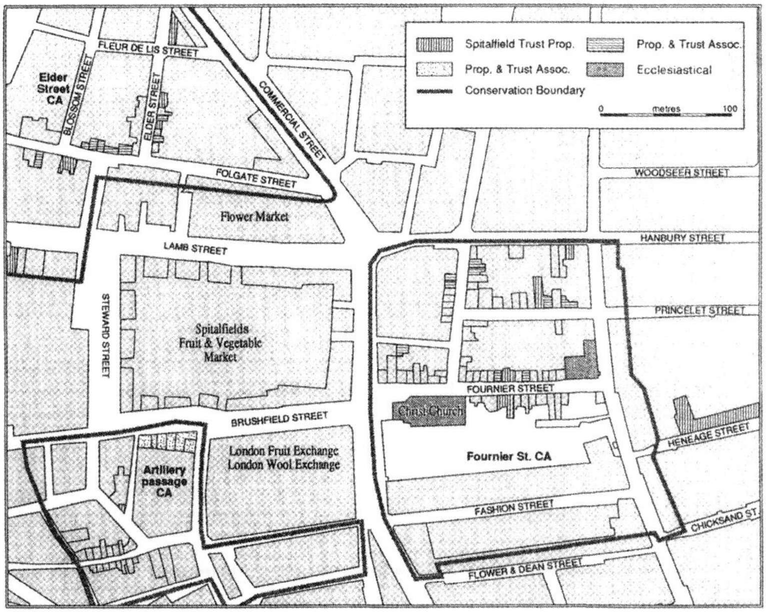

图13　被保护区域和住房包围的斯皮塔佛德市场，它们都上了英国古迹署正式的保护建筑名单。处于这一环境中的市场，被视为一种异质的并具有对抗性的土地使用。

《伦敦调查》认定斯皮塔佛德的230处建筑具有文物价值。到1977年这些建筑只有140处还留存着，有很多在贫民窟清除或一次次地拆除中消失了（*Spitalfields Trust Newsletter*，1978：1）。在20世纪70年代后期，这种消失再次触动了对斯皮塔佛德感兴趣的环境保护主义者。英国力图保护这一建成环境，可以用威廉·莫里斯所主张的社会主义方式。但随之而来的，就像现在一样，这一目标主要涉及"一小部分有教化情结的人"（May Morris，引自Thompson，1976：241）。[①] 再次对斯皮塔佛德产生保护兴趣的也不例外。这次努力始于20世纪70年代中期，在英国剩下的为数不多的未独立的殖民基地。当斯皮塔佛德的乔治王朝时代的存量住房保护转向一种令人痛心的状态时，吉尼斯黑啤酒（Guinness）的女继承人、达弗林（Dufferin）侯爵夫人和艾娃（Ava）的一个小型朋友圈正陶醉于北爱尔兰乡村别墅的周末。于是就有了这样一个决策，将成立一个叫做"斯皮塔佛德历史建筑信托基金会"的慈善机构，用于拯救这一地区（Brien，1981：6；Blain，1989：6）。信托基金会发出的第一份委托给了有前瞻性的开发商，包括信托基金会自己认可的一些伦敦最有名的市民，包括《建筑评论》的特刊编辑，一个大型的伦敦出版公司的主席，一些作家和电视制片人（*Spitalfields Trust Newsletter*，1977）。

① 在后来的如乔治小组（Georgian Group，1937年建立）这样的组织机构之后，社会主义者的保护基础开始式微，维多利亚协会（Victorian Society，1958年建立）逐渐成为会员的中坚成员，并只把注意力放在建筑物的建筑风格的优长方面。但"新的环保主义者"团体如"拯救英国的遗产"（SAVE Britain's Heritage）之类的，自20世纪70年代以来，拓展了一系列认为值得保护的建筑，并把保护与"社区"振兴结合起来，保护建成环境的初衷得以保持。

信托基金会更多是把它自己视为一个游说团体。这是非政府、非营利组织的一个早期例子，社区开发信托和资金本身联合了公共的和私有的资源(Bailey，1990：150—151)。这种信托基金会把游击式的激进和商业式的精明混合成一种形式。它的成员隐伏在濒危的房子中，组成各种代表团，并在建筑刊物和大众化报纸上发布他们的成果(图 14)。由秘密行动小组扮演的“睡袋里的飞虎队”，一旦看见敌人的推土机即将来临时就立即占领濒危的建筑物。这被构想为一场“战役”，目的是拯救被遗弃的和被忽视的斯皮塔佛德(Girouard *et al*，：1989)。一个没有生命力的地区，这一“帝国的”概念是斯皮塔佛德地区信托基金会成立的一个前提。一个早期的信托基金会的成员描述了他对这一地区的第一印象：

> 盯着闪闪发光的鹅卵石，从任何方向看过去，我所能看到的全都是早期乔治王朝时代的民用建筑。这种景色像一幅早期的照片，采用了长时间的曝光，时间也被定格在这一瞬，没有生命力：淡淡的紫色和玫瑰装饰着砖块，冠状玻璃在每一扇窗户上闪着光，每一栋房子都很单调但很庄严，几乎没有被改变过，所有的细节都完好如初……宏伟的丝绸商人的住房，尽管油漆斑驳，但依然令人敬畏，破碎的栏杆和一种四处弥漫着的被遗弃的氛围……所有这些房子……全是空的。其中的一些把微弱的注意力固定在前门，提醒来访者该人或该业务已经关闭或转移到其他地方了。其余的被贫困潦倒的人所占据，都是被从前的占用者遗弃的，后来被强制收购了。
>
> (Blain，1989：2)

图 14　拯救乔治王朝时代的房子(从破烂的到腐坏的)环境保护者运动,包括了直接的行动方针,如隐伏在濒危的房子中,并对媒体善加利用。“飞虎队”对那些处于威胁之中或待售的房屋时刻保持警觉。这场运动集中了一些不太可能的模式。比如这一团体中的一些隐伏者是建筑方面的作者,如 Dan Cruickshank,还有拉斐尔·塞缪尔(Raphael Samuel)“历史工作坊”(History Workshop)——一个“来自底层的社会主义者的历史”团体——的一些创始成员。(来源:Spitalfields Historic Buildings Trust)

在19世纪,海外帝国主义、英雄主义都是通过领土占有作为回报。在20世纪70年代的斯皮塔佛德也是如此。信托基金会进军荒凉的伦敦东区地域,为拥有了斯皮塔佛德最宝贵的财富——乔治王朝时代的房子——而得意扬扬。信托基金会确立了一个行动方案,以保证乔治王朝时代房子私人交易的安全性。一些是由信托基金会自己做的交易,使用捐款或低利率的贷款,通过社团成员和与城市有关的金融机构及商业世家的关系来保证安全。1977年到1987年间,信托基金会差不多有40宗房产交易。这里面有一些是修复和再出租,其他的是出售给合适的买主。信托基金会同时还鼓励选中的买主到私人市场去交易。在信托基金会早年的运作阶段,它的时事通讯读起来更像是房地产中介手册,提醒潜在的买主可供交易的房产资讯,并管理可用于维修的资金。上了"广告"的房地产会就其独特的乔治王朝时代风格做出悉心周到的描述:大量的原生态的实木镶板的外表;质地考究的楼梯井;富有创意的窗口板;或更不必说复折式屋顶的高品质呈现。1987年,基金会在十周年庆典上夸口说,它们直接或间接地为"早期近80%乔治王朝时代房子的修复以及这一独有的乔治王朝时代的'飞地'的幸存"做出了不可磨灭的贡献(*Spitalfields Trust Newsletter*,1987)。正如一位基金会的成员曾十分恰当地指出的,基金会的动作不太像一个保守的保护组织,更像一个"非正式的城市中心开发组织"(Blain,1989:9)。

基金会在寻找不寻常的住房买家。那些可供买卖的乔治王朝时代的房子,都被非正规地管理着,或正式地被基金会所有,他们想细致地充满信心地把乔治王朝时代的斯皮塔佛德复原到它18

世纪那样的宏伟风貌，因此，不得不对这一组织的野心满怀同情。基金会通过公共宣传手段来控制迁移进这一地区的人。修缮后的乔治王风格的斯皮塔佛德，其最早的一批定居者，或者是直接邀请来的，或者是口口相传的，或者通过阅读基金会的住房时事通讯——针对环保主义者、建筑师和艺术家圈子的限量发行物——到来的（访谈，斯皮塔佛德信托基金会成员，2/22/1989）。为了保证新的拥有者遵守基金会特有的、经过充分调研的乔治王朝时代的审美观，它确立了一系列严格的维修和重建条款，并建立了一个专家库，“以威廉·莫里斯为榜样”，联合了一批可靠的建筑师和手工艺工人（*Spitalfields Trust Newsletter*，1979：1）

贺加斯和漂流的灵魂

“拯救斯皮塔佛德”，取决于有财力的参与者和具备审美能力的采购者。这个基本原则的确立，不仅是为了重新评估斯皮塔佛德的建筑价值，同时也为新的绅士化“社区”奠定了基础。信托基金会在十周年历史庆典上阐述了这一社会愿景：

> 在信托基金会的早期阶段，[做出了]一个十分英明的决定，试图吸引那些有活力的单身汉或夫妻，这些人不仅愿意使他们的房子保持原样，还把振兴这一地区作为他们的优先考虑；换句话说，对这些狂热的爱好者们来说，住在一栋18世纪20年代装修风格的联排别墅里变得比住在什么地方更重要。
>
> （Blain，1989：18）

持续进入这一地区的人口，有在家工作的从业者（艺术家、建筑师和作家），经济独立的居民，还包括比例十分突出的无子女家庭。进来的居民中，种族混杂，不只是英国人，但主要是来自欧洲的白人。信托基金会密切关注这一现象的进程，他们的时事通讯极其热烈地进行了报道，并有意识把重点放在乔治王朝时代的房子进入到“合适的”买家手中的数量上面。时事通讯会通知它们的读者，谁迁移进来了，包括他们的“认证信息”，无论是作为一个得到认可的环保主义者、意气相投的建筑师，还是差强人意的先锋派艺术家和作家。信托基金会全力争取其修复工作能依照一个严格的审美准则来保证建筑风格的真实性。当地居民、一度是信托基金会成员的社会主义历史学家拉斐尔·塞缪尔提出，其所有的关于“真实性”的强调，基金会已经创建了一个领域，它具有“一种无法回避的技巧元素”，这里的住房被改造成了“修补艺术的陈列馆”（Samuel，1989：162—163）。

景观的复原在斯皮塔佛德的一栋房子上得到了最为清晰的表现，它既是一处寓所，也是一个展览馆。在这里，一位付费房客被放进了文明的胡格诺派纺织工人日常的家庭生活中。录音对话和音响效果通过管道安装进入了每一个房间。现在撒满整个桌子的是很久以前从玻璃杯里溢出来的葡萄酒和吃了一半的水果，土陶管散乱地躺在壁炉前面，真实的尿液还残留在床前尚未排空的壶中。一幅贺拉斯的画作，悬挂在壁炉上方，随时验证着这一景观的真实性。此处，一种熟悉的有教养的法国种族特点被调和进了本土化的新乔治王朝时代式的英国风格的表达中。

与斯皮塔佛德的很多新社区一样，这一展览馆/居住地的创作者公开为信托基金会这一社会的以及建筑上的成就自豪：

> 走过那么多地方，这是我从没见过的最有意思的一群人……我们与孟加拉邻居们友好相处，和每一个人相处，就是因为我们全都这么古怪。而且作为一个社区，它忙于生产各种东西，并忙于各种事务，这样下去它可能会有点像布卢姆斯伯里(Bloomsbury)，如果我们获得更多生产的话。因为，你知道，这里有画家、作家、摄影家……想在某一天捡到一张纸是相当困难的，也不会以某种方式接近我们中的一个人。
>
> （访谈，斯皮塔佛德居民，4/14，1989）

为了应对未来的评估，对新社区来说，展览馆/居住地包含着一种建筑风格上的追忆。更衣室的中心装饰品是一种代尔夫特精陶花砖围住的壁炉。乍看过去，壁炉，人们可能会觉得它大约是1727年的，但近距离观察，一瞥之中，又有一种十分现代的感觉——两位迷恋保时捷车的新斯皮塔佛德人把车停在修复后的乔治王朝时代式的平台前面。第一次装饰大约是在1981年，贴砖描述了新斯皮塔佛德的民风（图15）。在它正要消失之前，这种满怀热忱的缅怀社区的纪念意义本身就是值得肯定的。斯皮塔佛德这种绅士化的陶瓷拼贴画，大部分看上去是这一地区犹太风格和孟加拉风格的重现。在胡格诺派教徒占有期的乔治王朝时代的斯皮塔佛德，与当代新乔治王朝时代式的占有期之间这一历史时期，可以用一幅拼贴画的展开图来完美地描述它，它显示的是在一所有着破碎窗户的旧砖房外面，站着一个无家可归的人。这一“空着的”构想比信托基金会“拯救斯皮塔佛德”的构想还要妙。

图 15　斯皮塔佛德的一栋房子里，用代尔夫特精陶花砖围住的壁炉，有意识地纪念一个绅士化社区。装修这处住房的是两位伦敦的艺术家 Gilbert 和 George。

社会意义上的和建筑风格上的新乔治王朝时代式的小群落设计，对斯皮塔佛德有着巨大的影响。1978年，可以售卖的房产均价已达15 000英镑，但在其他的环境中只有3 500英镑，到20世纪80年代后期，任何房产的出售价格都在14—50万英镑之间了(Spitalfields Trust Records，引自Forman，1989：133)。自其早期开始，信托基金会就一直面对着绅士化的指控。这些压力一部分来自媒体，要抗拒这些报道的折磨是很困难的，有些是伦敦的社会名流，他们认为这些住宅是伦敦最不受欢迎的一部分。修复后的斯皮塔佛德变成了"豪华的贫民窟"和新乔治王朝时代式的样板住房(Artley and Robinson，1985：13—15)。还有很多对本土绅士化的谴责，它们是来自当地的左翼和在这一地区活动的各种非法定的志愿组织。这些松散的附属组织认为，对私有房屋所有者的存量住房的修复，使在孟加拉人驻扎的服装制造业被迫置换，换做那些能够支付得起的人来使用这些乔治王朝时代的建筑。

信托基金会声称，它们从来没有直接置换任何一家孟加拉人驻扎的服装工场。事实上，它参与了若干有风险的设计来"保障"孟加拉人的业务。作为这一地区宏伟计划的一部分，信托基金会修复了差不多11 000平方英尺的维多利亚式厂房以及与服装制造工场有关的房产，专门用于置换那些来自乔治王朝时代的存量房，或者那些受到因绅士化引起的不断上涨租金影响的。"就修复并对大量18世纪的存量住房进行复原……而且没有失去工作或没有干扰现存社区这一远景规划来说"，提供可供选择的工场空间，被基金会看作必要的"第一步"(*Spitalfields Trust Newsletter*，1979：3)。工场方案常常被基金会调用来作为其关心斯皮塔佛德社区既有的社会、文化和经济的证明，它所承担的责任，不是消除“地方性”，而是创建一个“平衡的”社区。虽然基金会关于适当调整孟加拉工场的思考也是由它们的信念所指引的，但这些业务运作正在对这一地区“很好但很脆弱”的历史建筑起着“灾难性的影响”（同上）。

进入到这一系列阶段性变化和温和的对抗环境中，20 世纪 80 年代大规模的改造来临了。其中第一个计划是要重新安置斯皮塔佛德的水果和蔬菜市场，把这一地块开发为办公楼、零售店以及其他的一些用途。斯皮塔佛德开发集团（Spitalfields Development Group，SDG）[①]赢得了这次投标。SDG 改造方案的暴涨效应十分明显。在市场条件下使用这块地的价格在 200 万英镑。SDG 用 6000 万英镑获得了这块土地 150 年的租用权，加上每年 50 万英镑土地出让金以及办公性质楼房每年上升 5%的租赁价（Bernard Williams and Associates，1986：7）。到 1987 年，拟定的安置和改造方案的总价估算为 9464.45 万英镑（Spitalfields Development Group，1987）。

地方规划当局更多是把斯皮塔佛德市场地块的开发视为对保护对象的一种支持而不是挑战。新的延伸至城市边缘地区的城市主导型开发通常是由伦敦公司推进的。在一种地方化的新帝国扩张政策形式中，曾经的城市边缘地区被重新评定为可以直接占有的，因为它们“有缓解过度商业开发的能力，而这些开发有可能对

① SDG 是一个财团，包括了伦敦和爱丁堡信托公共有限公司（London and Edinburgh Trust PLC）、Balfour Beatty Ltd（BICC PLC 的子公司）以及 Country and Districts Properties Ltd（Costain Group 的子公司）。

城市的历史特质构成威胁”(Corporation of London,1987:9—10)。陶尔哈姆莱茨区地方当局把这一市场开发视为“修补”这一区域历史结构的机会,并能创造出“一种富裕的生活和工作环境”(London Borough of Tower Hamlets,1986)。

利布拉斯(Stallybrass)和怀特(White,1986:27)把这一传统的集市概念化为“本地身份的缩影”,以及“由来自别处的货物贸易和交通造成的混杂的身份”。这个地方,存在着不可避免的“多根混合分类……中心和边缘,内部和外部,异乡人和本地人,商务与节庆,高级与低级”。斯皮塔佛德市场,甚至在其最近大规模动作的特殊阶段,其具体表现也必然是这样一种多根混合。惬意的装满物品的手推车和高声嚷嚷的商贩(图 16)与轰隆隆的重型卡车一起并肩作战,运送着来自欧洲和更远地方的产品。最初,信托基金会认为有着 300 年历史的市场为这一地区增加了“地方色彩”,并与古老的斯皮塔佛德联系起来了(*Spitalfields Trust Newsletter*,1980:1)。但是,由于信托基金会的乔治王式的斯皮塔佛德开始愈发专注于这一地区的历史建筑和社会结构,容许把市场当作“地方色彩”资源的态度消失了。当重新为市场选址的议案提出来时,基金会对市场的漠然态度清楚地表明了它们的意愿。

前一章讨论过的,围绕 Bank Junction 地区改造的争论,环保主义者是——用了一种司空见惯的设定——反对开发的。在重新开发斯皮塔佛德市场地块这一规划历史中,如果不是建筑方面拟定的专用方案的话,很多时候,环保主义者的反对在不同程度上表现为对再开发的积极支持。基金会把市场的改造看作是摆脱其地域特质的机会,这些特质,是与把斯皮塔佛德重建为具有纪念意义的

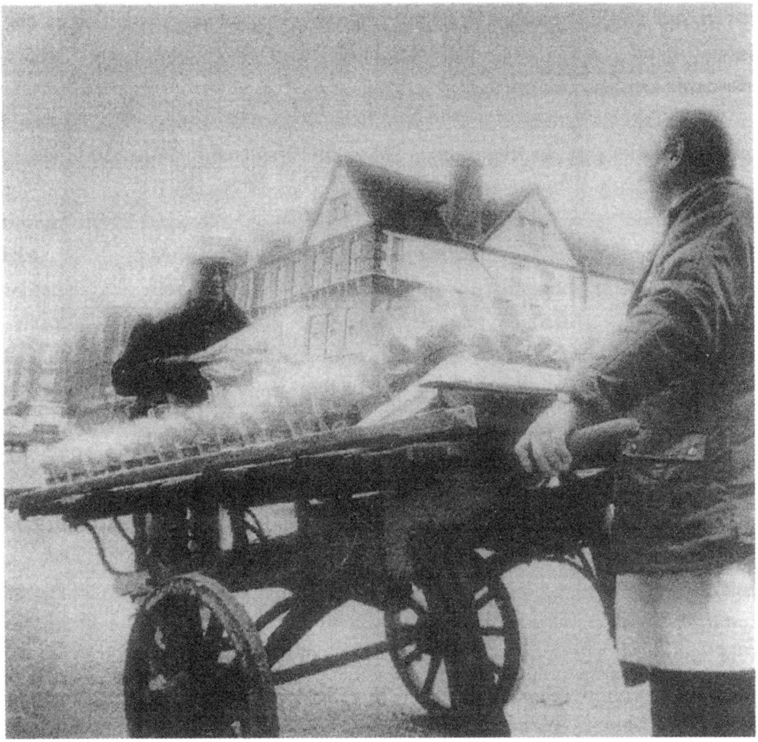

图 16　SDG 创造了这一地区一种“开发商”的历史。这一故事呈现了一个连续的商业和贸易历史，它在“改造方案”这一“本地逻辑”中到达顶点。与这段历史同时存在的证据显示出斯皮塔佛德日常生活的浪漫图景。这里的市场贸易商人为他的木制物品车装上车轮，穿过刻意虚幻的斯皮塔佛德的街道。（来源：Spitalfields Development Group）

早期乔治王朝时代的伦敦相抵触的。它认为，市场经营中产生出来的垃圾，使这地区有一种“腐朽的感觉”，而时不时的夜间贸易造成的交通拥堵和噪音是“一个持续的干扰源”（*Spitalfields Trust Newsletter*，1986：2）。这个市场对恢复乔治王朝时代的斯皮塔佛德原始状态构成了考验，因为环绕着它的是“成堆的腐烂的卷心菜和缠绕的塑料包装袋”(同上，3)。系统地、绅士化富有想象力地把斯皮塔佛德转变成为一个“清洁的”空间，而把市场变成了一个“肮脏的”空间(Douglas，1984：35)。新乔治王朝时代式的斯皮塔佛德，具有家庭和非家庭双重意义的市场被分开设置了。基金会很乐意看到通过一次改造来取代这个市场，其感觉是这才“配得上这一重要而有历史价值的地块”，而且它可能会提供一个改良的、更有价值的“乔治王朝时代”的斯皮塔佛德。

为了保证再开发给这一地区带来好的影响，信托基金会通过积极主动的探索来影响它的风格和形式。在与以本地开发为主的Georgian Group联手以后，基金会为地方当局和开发商们的开发要点列出了一份指南(Spitalfields Trust，1986a：1)。这份指南包括了对交通线路、规模大小、建筑材料和街道装饰等方面的建议，同时还专门为合作集团推荐了一组已经被列入保护建筑的名单，这些建筑眼下正是市场的一部分，还推荐了有关乔治王朝时代的街道和广场方案的整体规划模式。通过这份指南，环保主义者引入了一系列设计值，这些设计值顺应并细化了他们重建乔治王朝时代斯皮塔佛德的理念(图 17)。

拟定的水果和蔬菜批发市场的改造同时还为信托基金会提供了一个机会，更进一步巩固了拥有豪宅的白人、中产阶级及上层社会与最显眼的孟加拉人服装厂之间在空间上的分隔。信托基金会建议，改造包括为孟加拉人服装厂寻找工场，认为“相对于其他经营场址来说，所有遗留下来的血汗工厂的工人安排”应该维持他们的“传统生计”(同上)。这种态度与基金会把住房和厂房用途分开

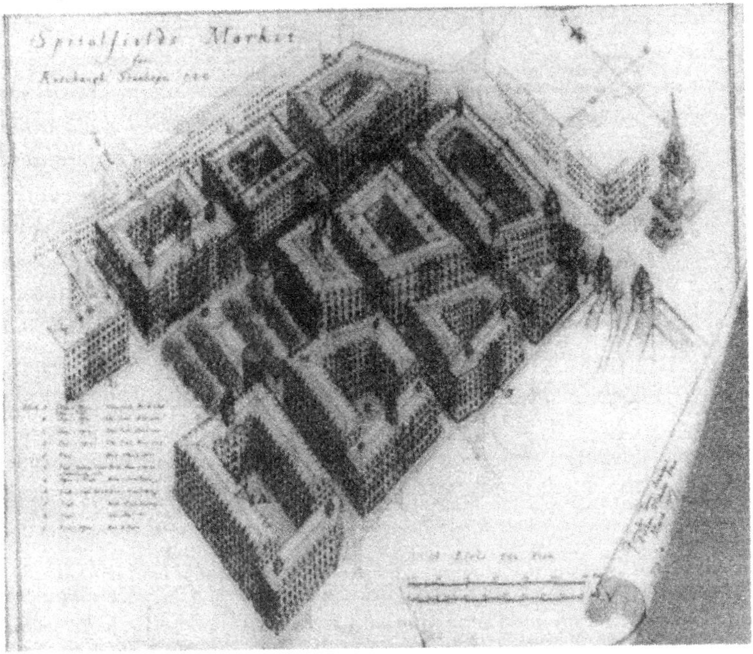

图 17　一个在斯皮塔佛德市场改造招标阶段发布的方案，是为开发商 Rosehaugh Stanhope 设计的具有鲜明新古典主义风格的方案。建筑师 Quinlan Terry 是一位著名的新古典主义者，他的设计方案建立在与当地的 Georgian Group 简要而成熟的密切商讨的基础上，他是威尔士亲王十分喜爱的一位建筑师/规划师，Leon Krier. Quinlan Terry 呈现了一个绝对古典主义的方案，它严谨而正规，完全不把列入 Grade Ⅱ 保护建筑的名单放在眼里，其目的是展开一幅面向霍克斯莫尔天主教堂对角的狭长的街景。这一方案试图赢得当地环保主义者的心，但，讽刺的是，他们发现这一方案离宏伟的适宜的乔治王时期的建筑审美太远了。（来源：Jencks，1988）

设计的目标完全一致，把乔治亚时代的房子归还给私人住宅使用。这一地区大约有 20 处列入文物名单的、曾被确定为继续用作服装工场的房子，需要重新安置。

斯皮塔佛德的绅士化改造力图重建一个“真实性的历史世界”，但它无疑是一个有着优越的经济和社会地理位置的“私人”世界(Wright，1987：14)。这个由城市专家和艺术家构成的圈内人消费活动，在城市中心创造了一种新型社区。他们的到来为复原乔治亚时代的斯皮塔佛德制造出了一种环境，这种环境沐浴在一种和谐共栖的氛围中，但却与这一地区的孟加拉人居住者格格不入。乔治王朝时代的斯皮塔佛德和新乔治王朝时代的斯皮塔佛德，两者的种族本源都不是纯粹的英国人。因而，通过这一绅士化构想，对国家的建成遗迹以及认定的英国文物来说，斯皮塔佛德开始成为国内的纪念地。那些与斯皮塔佛德方方面面的保护/绅士化步调不一致的代理机构都受到了极度的打压，最终只能服从于信托基金会的想法，寄希望于看到它们在空间上是独立的。

把孟加拉人的服装工场挤出乔治王朝时代的房子，并把它们放在斯皮塔佛德范围内一个“合适的”经营场址，不能简单地说是基金会的行动直接或间接地起了作用。这一心愿其实从未完全达成过，就是现在，都还有一些孟加拉人的工场仍然突兀地紧临着绅士化的住房。在这场附庸风雅的绅士化历史中，最重要的是与孟加拉裔英国人直接遭遇的方式，它所产生的并不是一种外显的“地理上的排斥”(Sibley，1988：410)，也许更恰当的描述是一种托管状态下“多元文化”的共栖。对斯皮塔佛德来说，信托基金会的志向总是与塑造了这一地域历史特征的移民交织在一起：胡格诺派的教徒、犹太人、爱尔兰人和现在的孟加拉定居者。基金会没有抗拒这种差异，而是经常举行与斯皮塔佛德有关的人“传统的”混合庆祝活动。事实上，No.19 Princelet Street 的交易(把一栋乔治王朝时代的房子转变为犹太教堂），在建议把这一建筑转变为一个“少数民族研究中心”（Centre for the Study of Ethnic Minorities）的过程中，信托基金会是促成此事的重要因素。研究中心和博物馆是为了向斯皮塔佛德多样化的移民历史表示敬意。近期重新命名为“斯皮塔佛德文物中心”，这个中心被推介为“在探索宽容和理解之路上的一次全新冒险”（Spitalfields Heritage Centre，1987）。但基金会自己的行动表明，这种“刻意的”共栖也许还是局限在博物馆这样的陈列空间更好一些。其“平衡的社区”概念取决于多元文化主义这一便利的工具，它为孟加拉人提供了一个地方（一个移民空间），因此，也许还有更多的空间留给英国的文物来经营。信托基金会的社区愿景并没有产生出一种幸福的共存，它反而促使处于防卫和排斥状态的开发合法化了（I.M.Young，1990：235）。为了一个有序的新英国，基金会的愿望是把这一地区当作一次探索，在这里面，英格兰本土主义的形式可以继续存在，并能免于无法回避的共存状态的影响，这一共存状态是一种更具破坏性的后殖民时期的他者。如果这里是一种多元文化的斯皮塔佛德，那么，它不可能是无法预测的混杂模式，也不可能是舒适的孟加拉人居住地。在信托基金会的多元文化的斯皮塔佛德环境中，作为孟加拉人而存在意味着在空间上得到了调节，并被现有权力所控制，其实，如果在一个具有移民传统的地方，设置一个最后一波移民的平台，它不仅属于孟加拉人自己，还属于一种有包容力的英国风格，也许更胜一筹。

越来越重的怀旧感

为了应对城市对办公空间的需求，这一地区正面临着大规模的变化，斯皮塔佛德市场地块的开发商们，有意识地以审美感和艺术感为中心来建构他们的规划，这种审美感和艺术感对历史化的地方性很敏感，SDG的标识被制作成保护建筑模型放在市场地块上面，并按环保主义者的要求，这个标识将被包含在新的开发中。与一个扩张的城市相比，霍纳建筑的斜屋顶和总合烟囱所提供的这一标识更能表达一种乡村般的都市景观（图18，并参见图16）。一本公共关系小册子把这一规划推介为斯皮塔佛德"历史悠久的故事"的一部分（Spitalfields Development Group，1988）。在这里，过去的时代和现在的开发志向，通过某种常见的商业化历史路径互相结合了。开发者的历史证明，斯皮塔佛德"不止是砖头和房屋；它更是一种活生生的商业"。在这个开发者的历史中，事态的兴衰被忠实的顺应与改造的商业逻辑所取代。这一推广过程证明：

> 斯皮塔佛德的民众依然会做着和以前一样的事情。斯皮塔佛德依然会是一个可以生活、休憩、娱乐和购物的地方；一个供民众工作并走向成功的地方。所有传统的追求，都受到纺织工人住房的监管，包括中世纪的领地，狄更斯笔下的小巷，以及最重要的，霍克斯莫尔的基督教堂。
>
> （同上，12）

图 18 SDG 的标识是以列入保护建筑名单的霍纳建筑为基础来设计的，它被保留在拟定的市场改造地块上面。其本土的界定及“恰到好处的”文物感让它以一幅优雅的面孔来面对这次开发，这是一次规模更广大、密谋更高级的商业化开发。这一标识放置在环绕着开发场所内一片囤积的建成物上面。从开发商手中抢救斯皮塔佛德的行动一次次地持续到深夜，行动参与者在 SDG 的标识上张贴上他们自己题为“让这个城市停止运转”(Stop the City)的海报。

开发提供给这一社区的新生活（工作、住房、购物），在开发商的豪言壮语里是一个持久的主题。准许从开发商到本地社区那里获得“规划收益”的规划条款，确保了 SDG 的部分推广构想有了一些实质上的影响。大约有 500 万英镑支付给了社区基金会(Community Trust)，用作本地开发的基金，同时每年付 15 万英镑给一个为期五年的培训方案。最终形成的方案还包括了担保物，大约有 118 个社会住房单元，一个托儿所和一个社区中心，还有一个公用的开放空间。[①]

通过近期的绅士化工程，与市场地块有关的开发商很快就把以保护为导向的设计审美价值判断权据为己有。赢得市场地块投票的SDG，其最初方案是由建筑师Fitzroy Robinson设计的，并结合了建筑师Richard MacCormac的设计（图19）。Richard MacCormac设计了一种变化较多的方案，方案里面一系列“建筑风格的变换”，可以在地块上不同的建筑物之间实现，也可以在周围的都市景观上实现（访谈，Richard MacCormac，6/15/1989）。这一方案“把玩了”当地的建筑特色，但仍然坚持把列入保护名单的霍纳建筑作为一个标志性的组成部分。该地块规划建立在一种非常精细的街道、走廊、拱廊和开放空间的网络上面，它效仿了邻近的保护区域。

对开发商来说，想要确保规划得到批准，作为赢得开发合同必要的第一步，聘请Richard MacCormac为建筑师是一个明智的选择。他是斯皮塔佛德信托基金会的发起人之一，而且自1979年起就生活工作在斯皮塔佛德的一栋由基金会“拯救”的19世纪的啤酒厂里。针对这一地区的改造和振兴，MacCormac很早就表达了他自己的观点（MacCormac，1983；Cruickshank，1989）。但他对斯皮塔佛德的忠心并没有延伸到斯皮塔佛德市场，他认为它是斯皮塔佛德衰落的根源之一：是这一地区的一个“异质”元素，在把斯皮塔佛德“划出”伦敦这一“心理上的地理位置”方面，它是有影响的

① 118个社会住房单元最初设计为现场住房，最近的决定是这类房屋应该被安置在工地之外。这一变动是基于开发的延迟而进行的正当调整，但其结果是保持了一种空间上得到控制的共栖模式。

图 19　Richard MacCormac 为斯皮塔佛德市场改造设计的方案。该方案试图在周围的绅士化邻里社区和内部的商业化开发之间制造一个模糊边缘。Richard MacCormac是一位斯皮塔佛德的居民，被认为是富有创意的“新社区”居民。在 Denis Sever 具有自我意识的传统房屋包围之下，Richard MacCormac 被形容为“社区之光”。（来源：Spitalfields Development Group，1987）

（访谈，Richard MacCormac，6/15/1989）。MacCormac 的方案得到了来自规划者和环保主义者两方面的嘉许。

自一开始，MacCormac 设计的市场改造方案就是通过若干有意义的变化来实现的。一家美国公司任命 Swanke Hayden Connell 为建筑师们的“行政管理”，导致 MacCormac 撤回了他的方案，然后一个全新的方案提出来了。Swanke Hayden Connell 的规划增加了方案中办公空间的供应量和整体体积，这一方案遭到了来自当地的和国家环保主义者兴趣团体的激烈反对。斯皮塔佛德信托基金会考虑了一种新方案，这一方案没有“历史感，或者风格”，并要求建筑师“哪里来的就回哪里去”（斯皮塔佛德信托基金会发给 SDG

的信件，11/；8/1989，Spitalfields Trust Records)。皇家艺术会员会，Fawsley 的 St John Stevas 勋爵，认为 Swanke Hayden Connell 的设计方案完全不合适；美国建筑师设计的方案是“通过暗中破坏我们的历史首都来报复过去对他们的殖民统治”(Lord St John Stevas，引自 *Architects' Journal*，7/25/1990)。

基金会开始发起活动来抵制改造，并要求负责环境的国务大臣调用这些方案用于公众规划咨询。建立在建筑和城市规划共同话语基础上的四年的合谋之后，在这一新的对立模式中，正是社区基金会试图牵制甚至消除在辩护中被调动起来的城市审美。

> 我们越来越关心这一大规模开发对现有社区生活的影响，包括更加直接的对保护区的影响……[允许]作为办公用途是把不断增加的商业压力施加在当地传统的服装业工场空间上面。
>
> (*Spitalfields Trust Newsletter*，1989:1)

1989 年，在环保主义者反对的压力下，Swanke Hayden Connell 的设计方案被调用进入公众规划咨询。想要回避耗资巨大的公众咨询延误期的开发商们撤回了他们的方案，并开始打另一个规划方案的主意，这是一个由美国建筑师 Ben Thompson 负责指导的地块，Ben Thompson 以他的城市中心区改造和振兴而闻名。由于这份预约的英国设计，反美情绪得到了平息，规划咨询委员会和一大批英国建筑师开始制订方案的具体设计步骤。这一新的开发战略采用了一种增量方法，它有效地细分了地块，并允许零星开发。20

世纪 80 年代的大型地块、单一用途的“低层大楼”(S.Williams，1992)，在 20 世纪 90 年代早期被一种更加灵活的开发战略取代了，这一开发战略更合乎全球经济不断转换和地方政治变幻无常这两方面商务谈判的需要。

在改造被提出来七年之后，在有了不计其数的设计方案之后，愿景还是没有达成。据说市场改造已经是一场金融灾难，已经耗费了 SDG 差不多两亿英镑。到 1991 年，SDG 还欠着伦敦公司的债务，欠市场地块业主大约 5 000 万英镑，还面临着 5 亿英镑的全部开发费用(*Evening Standard*，7/17/1992)。1992 年 8 月，据说 SDG 已经在和银行商讨延期支付 1.65 亿英镑的债务。

社区中的贸易

当环保主义者卷入了一种上流社会重申的斯皮塔佛德乔治王朝时代街道的英国风格时，更猖獗的民族主义者和种族主义势力开始四处活动。Brick Lane 是斯皮塔佛德的一条干道：它沿着孟加拉人经营的小型企业(服装和皮革制品商店，若干的餐馆和食品店)排列，还有这一地区一座重要的清真寺和各种各样的社区服务店面。这条街以孟加拉语为主，空气中弥漫着浓厚的咖喱味儿。自 20 世纪 70 年代以后，Brick Lane 因为一场持续而有组织的种族主义运动而成为一个聚集点，这场运动是由左翼的英国国家党(British National Party，BNP)——国民阵线(National Front)的一个分支——引导的(图 20)。BNP/国民阵线的支持者们周末集市日聚集在 Brick Lane 叫卖他们的商品，并高声宣扬他们关于“亚洲

图 20　种族骚乱是生活在斯皮塔佛德的孟加拉居民们日常生活的一部分。自 20 世纪 70 年代以来，国民阵线有意识地把他们的全部工作集中在 Brick Lane 地区。（承蒙 Paul Trevor 同意复制使用）

人”对英国土地入侵的主张。贯穿整个 20 世纪 70 年代的种族暴乱，在 Brick Lane 及周边地区完全是家常便饭。1978 年，一位年轻的孟加拉服装工人 Altab Ali 被杀害。这一事件在这个地区触发了一次反对种族主义者的抗议，包括一场大规模的、占有压倒性优势的孟加拉人的游行，他们从 Brick Lane 走到了唐宁街（图 21）。反对种族主义者的抗议正好遇上了有组织部署的种族骚扰，包括一队横冲直撞地穿过 Brick Lane 的年轻人。在对这些新兴事件各种各样的研究中，包括反种族主义者的研究，Brick Lane 成为伦敦东区种族冲突的一个地理学符号（Leech，1994：15）。

由这些反动组织造成的种族冲突，催生了撒切尔主义时代的

图 21　20 世纪 70 年代和 80 年代早期，一连串的种族攻击发生在斯皮塔佛德地区。这位年轻人的死亡不仅引发了大规模的反对者游行，还导致了当地孟加拉社区的政治化。在这一时期，重要的政治关联是由当地的工党做出的。（承蒙 Paul Trevor 同意复制使用）

一种新兴观点，认为英国正处于“危机”之中，它有可能固定城市中心区的种族歧视及刑事犯罪空间。撒切尔把很多极其尖锐的调整和干预集中在城市中心区上面，尽管他们在这一地区尽可能地打破工党的坚持，就像尽力声称一种城市“危机”一样。在伦敦，不少传统的左翼大本营都被摧毁了，最有名的是大伦敦议会（Greater London Council）和内伦敦教育局（Inner London Education Authority）。在斯皮塔佛德，与其他的市中心地区一样，那些长期得到左翼同情的一系列规模较小的地方机构被彻底地解散了，代之以一种市场化的开发战略。这些干预措施对左翼来说产生了一种特殊的危险期，就是习惯上依赖作为市中心构成要素的“生活带”(Mythen，1991：90)。在1996年的地方选举中，在一个以邻近地区为主的区域里，斯皮塔佛德成为唯一的工党选区，在自由党主政期间，这是第一次。

近些年，英国的社会主义已经更加转向地方化政治实践了，关注社区范围内单一议题联盟和议会外的活动(Gyford，1985)。一些评论家认为，这一面向地方的转向意味着如今有“大量的……‘英国性’存在于工党和社会主义者的圈子里”(Yeo，1986：311)。在市中心的很多地区，一种地方的社会主义，为左翼和一种相对来说比较新的选区建立良好关系提供了基础：按照传统社会主义者一个普遍的阶级斗争目标来看，那些种族化“定居者”们的定位更加模糊了。就斯皮塔佛德当地的左翼而言，种族骚乱的议题提供了一个重要的聚焦点，可以围绕它与孟加拉社区建立一个联盟。与政府间日趋严重的隔离，保护斯皮塔佛德作为少数民族团体的一个安全避风港的任务，成为当地左翼议会外政治活动的一个特征。

在20世纪80年代，当地左翼的注意力再次把方向调整到提议重新安置市场上来，并重新开发这一地块，以满足城市蔓延的需要(图22)。再开发遇到了一个团体的顽强抵抗，叫做“从开发商手里拯救斯皮塔佛德的运动”(Campaign to Save Spitalfields from the Developer，CSSD)，这是地方工党和残留的社区服务业之间的一个联盟。关于这场对抗的一个常规讨论会是一次正式公众规划咨询，这一运动使得大量不成功的上诉都在要求一次咨询。就其失败这方面而言，部分应归于伦敦现行规划政策的话语参数。无论是以共谋的形式还是以冲突的形式，环保主义者和开发商享有一

图 22 “从开发商手里拯救斯皮塔佛德的运动”绘制了这样一幅漫画，表达了从他们的角度看到的市场改造。一个纹着开发商缩写的狮鹫（想象中伦敦公司的动物形状）从城市降临，在市场地块上空吞吐着毁灭性的火焰。由于这场运动的参与者与工党有关，市场地块的改造被简单地解读为城市（大资本）入侵工人阶级的家园。（来源：CSSD 广告）

个共同的话语地带，这一地带是基于一种与城市设计有重大关系的特权，以及一种共同承担的义务，就是使私人资本具有再生的可能性。规划咨询通常都是一个角斗场，在这一场地上，预先设定的开发设计细节是需要谈判的。[1] 比较起来，CSSD 抵制市场开发的案例没有把关注点放在设计方案建筑风格的优劣上面，而是注意到了社区市场的重新安置和拟定开发的消极影响。它所考虑的是不断上升的房地产价值，维持现有的企业和工作岗位，以及更加广泛的城市对传统下层阶级家庭的侵犯，还有与自由的市场发展势头紧密相关的"振兴"。其争论并没有考虑到审美问题和城市设计，也不关心那些所谓的市场与用于居住的这一小型的绅士化地块是否协调。这场运动敌对的语言和逻辑滑到了公众规划咨询程序设置的话语参数之外。[2]

当地左翼的运动是围绕着非常具体的地方社区概念特点来组织的，认为这个特点现在受到了拟定的再开发的威胁。在左翼的眼中，斯皮塔佛德是：

> 一个工人阶级和产业民众的社区：一个多民族的社区……一个有着 300 多年历史的地方，这里是难民和移民的

---

① 环保主义者在斯皮塔佛德所使用的方式与在 Bank Junction 有关争论中的表现如出一辙，当他们做出最终选择的时候，可能是让政府官员相信市场的改造在审美上是不适当的，需要得到公众规划裁定的认可。

② 否定这一讨论，这一运动把它的正式投诉呈现给了两次议会听证会，它们都与通过的一项议案有关，即授权重新安置市场营运，把它从斯皮塔佛德迁往新的地方。

避难所。

(Campaign briefing for Labour MPs,1988,Records of CSSD)

正如这场运动所描述的,斯皮塔佛德以一种社会凝聚力为基础,这是一个属于家庭的场所,孩子们在街道里玩耍,妇女们可以安全地行走,邻里间和睦友好(CSSD,1987,1988;Day 8:47)。被这场运动调动起来的社区,无形中体现出来的是它没有受到现代生活力量的影响。这个市场本身就是与前工业时代历史相联系的一个符号,也是对抗城市/现代性入侵的一个缓冲带,而转型后的斯皮塔佛德进入了“一个更多是通过电脑屏幕连接华尔街和东京的时代”(CSSD,1987;参见 Woodward,1993)。艾利斯·马瑞恩·杨(Iris Marion Young)认为,这类社区政治模式被假定为一种对“无人情味、异化、商品性”的替代选择,并依赖于“即时性就是更好的调和”这一前提。这很奇妙,而且常常有一种怀旧的希望,正如I. M.杨所阐述的,几乎无法想象一种任何方面都“未被调和”的现代生活(1990)。

左翼把这里作为前资本主义的、前现代的,并且是需要免受城市影响的地区,孟加拉人口的现状影响到了这一形象的真实性。在一本名为《斯皮塔佛德:一场土地保卫之战》(*Spitalfields: A Battle for Land*)的书中,一位从前的社区工人和这场运动的支持者这样谈及这一社区:

每一位移居斯皮塔佛德的人都负有为大都市中的乡村人抗争的义务——从小的社区到地球上最大的人类群体。乡村是自给自足的，斯皮塔佛德一直期望能提供这种自给自足的生活。房子、工作、食品、衣物、朋友、亲属、医生、学校、礼拜的地方、市场，所有的都应该在步行距离之内，这就是一种回到生活的模式。把对乡村的向往融入一种复杂的大都市生活构想，这使得斯皮塔佛德成为一个有着独特的丰富性和多样性的地方。

(Forman，1989：5)

在这种描述里的斯皮塔佛德，一种当地的有孟加拉特色的种族政治，被一种移民叙事取代了，在这里面，前现代（乡村）和现代（城市）相遇了。对左翼来说，孟加拉居住区为这一地区展现了一种“自然的”模型。从早期开始，这里就是边缘化少数族裔的家园。这里的加尔文教徒的教堂变成了犹太会堂，随后又变成了伊斯兰教的清真寺。胡格诺派教徒的纺织业务转型为犹太人的皮革和服装贸易，后来又成了孟加拉人的服装厂。犹太屠夫成了按伊斯兰教教法宰杀牲畜的人，斋月取代了逾越节（Samuel，1989：148）。

当地左翼对孟加拉社区的看法也发生了转变，从一个“外来人”群体变成了“自然的”斯皮塔佛德的定居者。孟加拉居民被纳入了一个包罗万象的“本土的”地方性叙事之中，并把斯皮塔佛德改造为一个具有历史意义的“移民接收站”，一个前现代的地方，它需要免于现代性的影响（CSSD，1989；Day 8：25）。这场运动后来担当起父亲般的保护者角色，不仅要保护孟加拉社区本身，还有斯皮塔佛德本身。这种家长制作风既保护着也代替着斯皮塔佛德的孟加拉居住者。左翼重新成为城市中心区适当的监护人——不仅是一个工人阶级的市中心，还是一个多元文化的市中心。但是这一新型的不同的斯皮塔佛德经常采用了一种不确定的“前现代”、反城市的形式，集体性怀旧给予了左翼联盟和孟加拉社区情感上的推动力。

重建家园

1980 年，当孟加拉国总统齐亚·拉赫曼(Ziaur Rahman)访问斯皮塔佛德时，他被赠予了一份 Brick Lane 街道的路标。他承诺回到家乡后要把达卡的一条重要街道重新命名为“Brick Lane”。这不是帝国意义上的殖民地领土的命名，而是一种更加模糊的后殖民回归。“Brick Lane”重新回到了达卡，不是因为它标志着英帝国的中心，而是因为它代表着在帝国正中心一个欣欣向荣的孟加拉移民社区。

在绝大多数情况下，居住在斯皮塔佛德的孟加拉人民与后殖民相去甚远。这可以通过住房议题本身得到清楚的显示。在斯皮塔佛德，15.5%的家庭是过度拥挤的，而在内伦敦，这个数字是2.1%，在大伦敦，则是 1.3%。超过 75%的孟加拉家庭被认定为过度拥挤。这个“过度拥挤”问题，实际是现有住房存量和孟加拉家庭规模的失配问题：这个问题已经生成两个方面的话题，一是有关孟加拉家庭的本质这一种族主义话语，另一个是对这一少数民族繁殖能力的担忧。这个地区的住房“危机”也与无家可归现象有关。如，1986 年，在陶尔哈姆莱茨区有一千多个家庭被归为无房户。这个问题并不是私有房主种族歧视的结果，而是因为自治区的政策，把新近从孟加拉国来的人的身份定位于自愿无家可归，因此没有资格申请政府住房（Forman，1989：231）。孟加拉移民社群只能艰难地做出决定，进入这个叫做斯皮塔佛德的“移民接收站”。

地方左翼反对大规模的城市扩展延伸至这一地区，从服务欠缺和经济角度来说，边缘化的孟加拉社区，与其传统的阶层选民十分类似。但是孟加拉社区经常摆脱左翼对它的打造。如，有一家著名的孟加拉企业创新举措，一些有能力的孟加拉社区部门成为新型市场化机制中的积极参与者，社区发展的积极性成为撒切尔时代的斯皮塔佛德一个日益鲜明的特征。这种以男性为主的、小型的商业部门在政治上也是强有力的，它还建立了当地的孟加拉组织，并产生了社区发展联盟，直接挑战左翼对斯皮塔佛德政治命运的传统影响力。

当地的左翼和这些有影响力的孟加拉社区部门之间的隔阂在1989年明确地公开了，正是大都会集团（Grand Metropolitan）宣布关闭西斯皮塔佛德的 Truman 啤酒厂（Truman's Brewery）的时候，其意图是打算开发这一地块和邻近的废弃不用的 Bishopsgate 商品市场。这个27英亩的地块横跨了 Brick Lane。开发方案是由大都会集团、伦敦和爱丁堡信托公共有限公司（LET）以及英国铁路资产局（British Rail Property Board）组成的财团提出来的。其目的是创建“一个都市村庄”，它不是城市的延伸，而是“独立于城市，并能够综合运用自己的权利蓬勃发展”。商业因素，包括大规模的办公楼开发，都是按照这一地块上作为城市那一方的需求而规划的。其他开发结合了住房、商业空间、商店、产业单元和社区基础设施（London and Edinburgh Trust and Grand Metropolitan，nd：1）。

也许是吸取了邻近市场改造的教训，这个方案的开发商们从一开始就采用了一种“与当地社区对话”的战略。他们成立了一个社区发展信托基金会(Community Development Trust)，这是土地所有者、社区和地方规划当局之间的一种合作关系(见 Fainstein，1994：151—153)。这个基金会直接对由设计方案所产生的任何社区规划收益负责，这一地块的主要部门转为对基金会的直接管理。开发商们意识到他们的方法有了新突破。LET/大都市集团的一位发言人说，这是开发商和社区之间一种“开创性的合作关系”(*Guardian*，6/5/1990)。

通过与一个名叫斯皮塔佛德社区开发集团(Community Development Group，CDG)的当地组织协商，Truman 啤酒厂/Bishopsgate 商品市场的再开发方案逐渐形成了。CDG 是当地男性商业部门的孟加拉人智囊团建立的，是为了影响而不是中止拟定的斯皮塔佛德的开发。CDG 对两种新型的、以市场为导向的，以及在斯皮塔佛德运作的市中心社区开发的积极性进行了跟踪。这里面，一种是斯皮塔佛德特别小组(Spitalfields Task Force)，它被确立为撒切尔市中心改进方案的一部分，用于激励当地企业并创造就业机会。第二种是威尔士亲王的社区企业联盟计划(BiC)，它鼓励贫困地区这种大型企业和小型企业之间的合作关系。这两种新型的市中心改进组织，都有一种家长式统治的帝国主义遗风。所以在威尔士亲王的 BiC 计划中有着明显的印迹就不奇怪了，用亲王自己的话说，设计这个方案是为了把城市的一些“精神与技术，带给……那些需要的人，他们真实地生活在这个城市的门阶上”(*Hackney Gazette*，7/3/1987)。这些团体，以及由它们促成的社区开发集团，是按照私人/公共合作关系模式来塑造的，这个模式是保守党政府在市中心复兴中所使用的方法（Montgomery and Thornley，1990）。

利用一份来自 BiC 的三万英镑拨款，加上开发商们的鼓励，CDG 雇用了一个规划师团队来为这一地区制作一个“社区”规划。这个社区规划以经过一系列广泛的社区磋商而认定的地方需求为基础，是一个“可用于实际操作的规划”，在这个过程中，当地居民参与了规划讨论，并塑造了开发模式。这个规划适当地强调设计社会住房和负担得起的工场空间。CDG 更是把拟定的改造视为一个“机会”而不是一种威胁，力求实现“最大程度的社区影响，并参与到再开发过程中去”（Community Development Group，1989：4）。这份社区规划得到了其间接保护人威尔士亲王的认可。

再开发土地部分的管理，借助了一个社区发展基金会，这在 CDG 的开发合作关系构想中是一个核心基础（同上，57）。CDG 认为，对当地社区来说，想要拥有任何真正的控制权并从新的开发中获利，它必须超越常见的规划来获得部署的资金捐助，或者是针对当地社区的住房和服务配置。CDG 对部分开发用地管理的最低要求是尝试减轻土地价值上涨的压力，而这将会必然地伴随着再开发过程。开发商们同意转让 Brick Lane 东部 11.5 英亩的土地给 CDG，用于社会住房、工场和零售门店，以及社区基础设施的建设。

CDG 规划第二个与众不同的方面是，它把 Brick Lane 开发成一个“孟加拉镇”；“一个富有活力而又激动人心的商业和文化生活中心……一个集市区里呈现了全系列的孟加拉的、英国的、犹太的、索马里的和其他地区的人种成分”。利用现有的建筑及合理设计的新建筑,孟加拉镇将包含商店、餐馆、陈列馆和工艺品商店。人们希望这一独特的开发能够把旅游者吸引到这个区域来,规划中预备了巴士停车场和旅游解说点。包含在混合用途中的房子将构成新的孟加拉镇,因为人们认为“家庭和孩子的存在会强化这种活力感,以及整个区域的真实性”(同上,50)。孟加拉镇被规划为一种富有创造性的重建另一个地方,并“在新的历史价值观念中得到认可,但不是盲目地模仿过去”(同上,57)。

安德森(Anderson,1991)认为,可以用“中国城”为例,那种多民族社会中的文化霸权通过依存并贯穿于地方的一种社会-历史建构的种族化分类,在一定程度上得到了保全。“华裔”的概念在制度实践中得到了刻画,而且被固定在一个众所周知的位置上,如“中国城”。有时,这一过程是基于“中国人”和一个叫做“中国城”的地方这两种比较负面的印象。最近,尤其是在民族-国家范围内致力于多元文化主义,由于一种更加正面的,同时也是更加本质的模板,“中国人”这一社会范畴的形成过程通过地方得以存续。安德森从一种社会建构论的角度,运用特定的、外部定义的、他者的种族范畴来确立她的论点,但也承认这永远不是一个“简单地把文化强加给一群不加思考的读者的过程”(K. Anderson,1990:151)。例如,在她对近期巩固并发展悉尼“中国城”的思考中,她认为当地的中国商人积极参与了这类发展。在新兴的“孟加拉镇”这一理念中,也存在一个类似的过程,当地的孟加拉商人也参与了一种大胆的而且是实质上的战略动员,这不仅具有商业上的可行性,同时还适当地消费了现有的“孟加拉”概念。

孟加拉镇的理念,远远不止于一种“回归”或一种祖先历史的复原。它既不是外部利益集团对本质上的"孟加拉"概念的一种简单"占有",从而服务于经济上的多样化发展,也没有明确地打上"戏仿颠覆"的印记,在这里面,出于抗拒的目的,本质上的身份范畴被模仿了(Bulter,1992:112)。当然,这是通过在企业内部得到发展机会的孟加拉社区部门来体现的一种本质上的身份范畴的活化。推销"孟加拉镇"的当地商人们把这种本质上的文化概念当作更广泛的规划概念的组成部分来经营,用于调动他们的开发兴趣:获取土地,确保生活服务设施,并为孟加拉裔年轻人成为"城市"劳动力创造机会。据CDG的一位发言人说,"孟加拉镇"的理念有助于为微观经济发展推销一种更加广泛的观点(访谈,CDG成员,5/18/1994)。它把注意力吸引到当地的经济展望上来了,因为曾经把它们封装在一个种族化的结构中,现在转向了多元文化的消费主义。身份的结构通过"孟加拉镇"的概念推向了市场(逐步而全面地),并对再次归化和重新整理居支配地位的现有的"孟加拉"概念产生了影响。他们建立了一个文化框架,围绕着这一框架,可以在大型企业和孟加拉人的小型企业之间组建联盟。在这种合作关系中,存在着危险的因素,尤其是在土地管理的主张以及社区在开发中的收益方面。但总的来说,本质上的身份,被包装进了"孟加拉镇"所提供的一种范畴,通过它,交易有望达成,它有助于在一个新的国家中打造一个经济家园。

CDG具有一种社区参与的姿态:它是孟加拉组的成员,它鼓励参与型规划,并在这一地区倡议了一种前所未有的城市土地权利形式。虽然其与大型企业组建联盟的战略及其孟加拉镇的理念并没有得到一致支持。一位孟加拉裔的工党议员称CDG的规划"很幼稚,而且投机取巧”,并认为这一企业组织远远不能代表全面的社区利益(议员 Abbas Uddin,引自 the *Guardian*,6/5/1990)。[①] 坚决反对斯皮塔佛德改造的地方左翼尤其怀疑 CDG 的代表性。对左翼来说,CDG 并不是“真实的”孟加拉社区,只是一个不寻常的企业罢了,而且这个社区的部门,几乎都是男性。

地方左翼发现,想要使孟加拉社区企业权力部门的意向与它自己策划的斯皮塔佛德附属的少数民族团体的要求达成一致,是很困难的。正是通过这场论战,左翼对作为多元文化接收站的斯皮塔佛德的概念限定成为现实。孟加拉商人受到指责,认为他们正尝试着把斯皮塔佛德变成“另一个孟加拉国”,这是一种与斯皮塔佛德的传统和历史不相称的“回归”(与运动参与者的交谈,3/17/1989)。左翼,和其他利益集团一样,也投入其中,试图界定孟加拉人的身份,使其符合他们自己的斯皮塔佛德概念,把它当作一种英国风格的象征性场所,即先安置,然后再适应差异。

在 20 世纪 90 年代早期,办公楼开发的推动力在斯皮塔佛德和内伦敦的其他地区开始减弱。市场和啤酒厂两个地块都还没有得到改造。市场已经易址经营,但空着的地方被临时租用了,包括一些暂时性的体育设施(有一个可移动的游泳池),一个足球馆(有一些有机水果和蔬菜摊),还有一个迷你游乐园。开发商们在等待一

① CDG 的代表性成为大量投诉的依据。1990 年举行了一场选举,成立了社区发展基金会管理委员会,用于监管由 CDG 谈判协商的社区开发收益。在公开选举之前,CDG 搞定了选民名册中的大部分候选人。选举革新会宣布这次选举无效(Mythen,1991:140)。

个经济上更加仁慈的时刻降临，可以再次激发出他们的宏伟愿景。就像伦敦一样，一种复杂的身份和地方政治已经被出乎意料的建筑和空间给激活了。

在这种地方和身份的政治中，各种各样的“定居者”协商了他们自己的和他人的定居权。这绝不是一种尖锐的排斥性政治，尽管它的确引起了地域化和再地域化的麻烦。在斯皮塔佛德，社区理念表现为一种富有创见性的分类，它试图把差异性聚合在一起。每一个组织都声称“了解”斯皮塔佛德社区的本质，然而，几乎所有赞扬其多样性的——用含蓄的方式——都不具备政策透明的可能性（I.M.Young，1990）。对一个具有卢梭风格的透明社区来说，需要成为“可知”元素的，排在前面的并不是孟加拉人——甚至也不是犹太人，或爱尔兰人，或胡格诺派教徒。更准确地说，“可知性”，一个社区的识别，是经由“作为多元文化接收站的斯皮塔佛德”这一具有历史意义的理念形成的。在这种富有创见性的建构中，斯皮塔佛德并没有因为后殖民时期移民的到来而脱离这个国家。相反，这一建构，对在一种包容的英国式风格中归化（不是同化）孟加拉定居者产生了影响。这不应该被思考为一种必需的宽容，或温和的相遇。各种版本的“英国风格”在这一“多元文化”的范围内得到了详细的解释，而且常常是十分特定的现有孟加拉形式所需要的。这一“设想中的斯皮塔佛德社区”仍然产生出了它自身的排斥性空间，以及它自身的置换进程。

詹姆斯·克里福德（James Clifford，1994：319）提出，“移民社区”是多重地方历史主义条件下的一种困境。就如英国从帝国到后帝国概念的转变一样，它不仅仅是移民社区的定居者们努力创建家园的事情。非孟加拉人在多元文化的环境中重建的一个“家居-空间”，后殖民时期的英国惴惴不安地协商着一个充满着他者的国家。在这个国家，家园的商业缔造是一个过程，这是一个满怀忧虑地去创建一个空间的过程，在这个空间中，即将到来的他者需要有秩序，有时候是治理，其他时候则是归化。这些惯性重复的内部帝国主义确立了一些条件，在这些条件中，孟加拉的定居者们找到了作为孟加拉人在帝国的心脏居住的方式。

第五章

城市梦想[①]

——城市中原住民的神圣纪事

在我成为一个了不起的男子汉之前，我可能会作为一个猎园而存在。

(*Miller*，1966：111)

彼得·威尔(Peter Weir)的电影《最终浪潮》(*The Last Wave*，1977)，以一幅原住民的老画面开始，这是澳大利亚内陆岩石表面的一个神圣性符号。对非原住民的澳大利亚人来说，这是一幅熟悉的具有原住民特征的画面：一位男性的化身，一种遥远的设定，一个"部落的"行为。《最终浪潮》的盛誉来自这场神灵般不可思议的运动，以及遥远的原住民进入了现代城市。一位年轻的土著男子从一处圣地带走了一些物品，藏在悉尼的建筑物里面。他受到了他的部落的惩罚，成为"部落"杀害的牺牲者，城市被一种释放了原住民灵性的天气所困扰：一场世界末日般的倾盆大雨，冰雹，黑

① 在澳大利亚，"梦想"是一个使用很频繁的术语，用来描述原住民的精神和仪式生活。更多时候这一术语专门用来描述某个时刻，是当某种新事物越过现实生活，逐渐形成一些氛围或其他自然特质的时候。我也使用"dreamings"(没有大写)，是在一种更加普遍的意义上来指代开发商们的种种愿景，等等。

雨，最后成了“最终浪潮”。在《最终浪潮》中，过去的时间和疏远的人们居住在一个现代的澳大利亚的城市中。电影动摇了一种熟悉的摩尼教的地理殖民主义：“西方和……原住民、现代和远古、城市和未开垦地区、驻扎和开拓……‘已知的’自我和‘未知的’他者”的划分（McLean，1993：18）。

在天鹅河（Swan River）的转弯处，可以看到佩斯中央商务区，这是西澳大利亚的主要城市，老天鹅啤酒厂（Old Swan Brewery）就位于这里（图 23）。啤酒厂孤独地立在那儿，两侧是城市公园的原始林区，从邻近的城市中心看过来，它是一个很显眼的“焦点”，对佩斯的居民们来说，当他们开着车从郊区到城市的路上快速经过时，它也是一个地标。这组独特的 19 世纪和 20 世纪早期的工业建筑，被认为是佩斯欧洲遗迹的一部分。在 20 世纪 80 年代中期，这里的啤酒酿造停止了，西澳大利亚州政府借助其新组建的西澳大利亚开发公司，计划把这里的建筑用作一个旅游/休闲中心，以餐饮、零售店和画廊为特色。这种愿望招致了原住民的诅咒，他们声称这个地方是 Waugal 蛇的家园。[①] 从 1989 年 1 月到 10 月，来自佩斯地区的原住民占领了这个地方，抗议拟定的再开发。他们上诉到州政府和联邦机构，关心原住民遗址保护的意义，并向法院发起了几次上诉。“天鹅河谷的原住民边缘人群”，正如他们自称的一样，不仅反对啤酒厂建筑的改造，他们还要求拆毁这些建筑，并使这一地区再次成为有树丛的开阔草地。在 20 世纪 80 年代的佩

① Waugal 蛇生活在地势较高的地方，就像现在的议会大厦所处的位置。当它穿越这个国家土地的时候，它构成了天鹅河和这块土地上的其他特质。老天鹅啤酒厂是它的休眠地之一。

斯，这一具有奇妙叙事风格的《最终浪潮》变得意外真实。佩斯的居民和城市当局遭遇到了城市中不太可能出现的原住民的神圣纪事。

图 23　老天鹅啤酒厂位于天鹅河和国王公园之间。一条主要的道路经过啤酒厂，通往邻近的城市中心。由于它处在“大自然”的环绕之中，对佩斯的居民来说，它是一个十分突出的地标。西澳大利亚开发公司想把这份开发招标给当地的一家叫做 Brewtech 的公司。在 Brewtech 持有 50％股份的 Peter Briggs——政府私人商业顾问，后来因为税收欺诈而入狱。

围绕着拟定的老天鹅啤酒厂改造这场开发冲突，开始把我通常讨论的有关（后）殖民时期城市空间政治转向了对地点的关注，这一地点处于前英帝国地理位置的边缘。这一关于地方的争论详细地阐明了我的这个例子，因为对城市的认识，根据的是现行的结构方式和文化殖民主义及其耐力持久的对抗性谈判。城市转型引发的老天鹅啤酒厂的冲突，确实是房地产开发繁荣的一个产物，而且一种多样化资本积累进入了消费行业。在这个意义上，这一地点的当代轨迹是与全球经济转型相关的，它在某种程度上超越了19世纪殖民主义的空间、政治和经济逻辑。然而，通过对历史遗留的殖民地原住民的驱逐，这种极其“全球化”的发展所协商的一种十分特殊的地方政治得到了深刻的表现。[①]

管理城市

澳大利亚殖民地化的基础，是在一个以前由土著人（原住民）占有的土地上，建立一个白人定居的殖民地。建立一个驻领殖民地的心愿取决于消除它的意愿，或者，当这一办法失效时，如何从体制上来管理原住民。在澳大利亚这个案例中，“消除”这个词是通过 *terra nullius*（无主之地）开始使用的，土地未被占领，这成为澳大利亚殖民者基本的幻想。英国议会就“无主之地”的正当性展开了讨论，但其真实性时时都受到质疑，因为无法否认在殖民地有原住民存在。自一开始，它的国家基础就相当不稳定。通过全方位空间技术力量的运用，如私有财产法、监管行动、命名和绘制地图，以及城市和地区规划程序等，其脆弱而又富有争议的真实性得

① Mickler(1991a and b)就有关天鹅啤酒厂地块的抗争给出了一种微妙的空间解读。他的“图绘部落和现代”(Mickler，1991b：71)展开了很多与这一案例研究有关的有说服力的主题。我的文章很明显地获益于这一先在的解读，而且在一种精神上不断扩展的状态下回到这一事件，并在本书中用一种更加综合的思考来详细论述 Mickler 的分析。

到了必要的巩固。在城市不断扩展的地区的首批拓居地，需要快速而全面的殖民化来为“驻领”殖民地的实现创造出物质上的先决条件。城镇成为定居者“权力”的总部；它们是殖民地治理的行政中心，同时还精心策划物质资源的收购和再分配。从这些安全的行政中心机构来看，定居者的扩张开始向外迁移，进入到那些幻想中的“无主之地”，这些地方的归属还不太确定。

佩斯立“市”是以 1829 年 8 月 12 日的仪式为标志，这一天是英王乔治四世的生日，当时，殖民地副总督 James Stirling 带领一个小组来到了为城市奠基挑选的一个高地上面。一位女士 Dance 有幸向一棵树发出了第一击，被砍倒的树标志着全面的土地清理开始，在苏格兰的同名城市之后，这个城市空间被命名为“佩斯”(Green，1984:51)。在这一殖民地典礼事件中，一位妇女成为了/消除了边缘男权主义对领土征服的象征。就与澳大利亚殖民地涌现的其他城市一样，佩斯也是凭借了英国殖民地的规划智慧。在这片土地上强调一种有序的地方布局，并为一种具体的殖民地开拓提供了一个空间框架(图 24)。殖民化给一个“没有城市的国家”带来了城市，并以帝国的中心为原型，建设了一个“小型的副本”(Muecke，1992:5)。保罗·卡特(Paul Carter)的澳大利亚空间历史显示出，这种布局逻辑是如何清晰而又直接地与殖民化居民区连接起来的，与用地图来连结所起的作用一样，“提前”在空间上进行统一(Carter，1987:204)。布局后的都市空间不容置疑地表达了实现殖民统治的意图。当然，正如卡特所认为的，它们所传递出来的信号基础还相当不稳定。这一布局确实使澳大利亚的城市联系着一种更加广泛的权力规则，它指向了帝国的中心，但是当地的这种权力

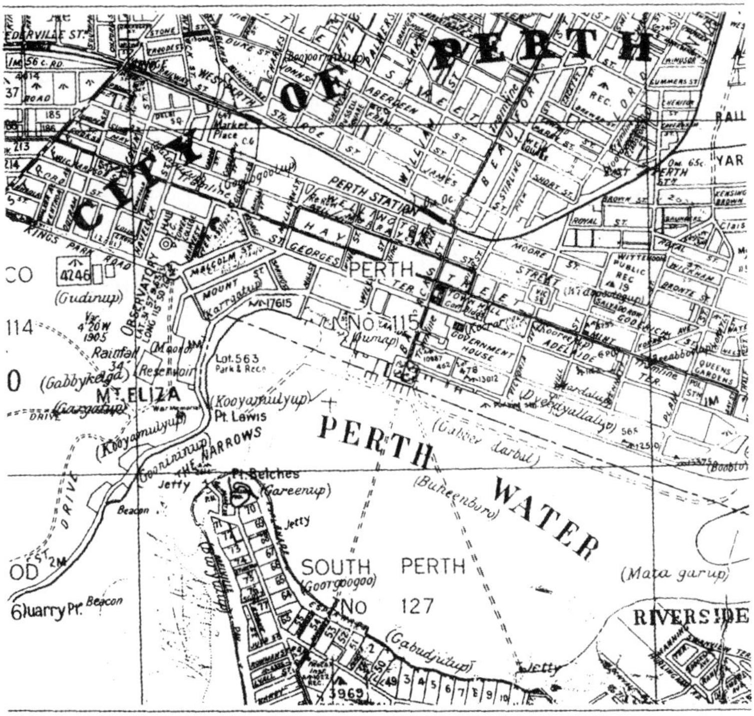

图 24　西澳大利亚土地管理部绘制于 1921 年的部分地图。在这份早期的佩斯地图中，重点地方的线条和角落在城市布局中得到了清晰的体现。在这幅地图上，成为佩斯土著居民的土地不过是在原住民地方的名字上插入了一个弧形的轨迹。“Goonininup”是 Waugal Ground 原始的名字，标示着伊莉莎山（Mount Eliza）下面河流这一狭窄的部分。（承蒙西澳大利亚土地管理部授予权使用）

交易是一件相当含混的事情。殖民主义者“屈从”于这种城市布局，但并不是因为他们对帝国的权力规则做出的回应。他们舒适地居住在这些城市，因为这种布局是可以辨认出来的，这是在不熟悉的土地上的一种熟悉的空间。对他们来说就是“传统模式下新的城市起点”(同上,210)。对原住民来说,已经开始在他们的土地上画上的角落与线条,并不是他们只需要等待的熟悉的规则。在遭遇那些不断设法实现这种完美布局的人时,这一新的几何结构在很大程度上标志着一个不可知的不完美的未来。

在澳大利亚殖民占领期间,原住民既有必要也成问题。澳洲大陆的“开发”大多是在原住民的指引下来进行的,而且定居点通常追踪的也是原住民已知的可获得水源与牧场的空间。但“占有”澳大利亚大陆需要原住民“在场”,至少需要纳入,这样才能在最彻底的意义上被消除。自“定居”的这个时刻开始,由于频繁地遭遇原住民和驻领殖民地之间一些棘手的难题和暴乱的互相影响,澳大利亚这个国家对自身有了充分的认识。西南澳大利亚的例子也不例外。1826—1852 年之间,原住民和殖民者之间记录在案的暴乱事件有 178 起。在这些冲突中,有 108 名原住民和 27 名殖民地居民被杀害,还有 44 名原住民和 32 名殖民地居民受伤(Green,1984:203—218)。出现的这些冲突中大多数是原住民食物盗窃案,因为殖民者掠夺了原住民使用的传统食物资源。其他冲突是殖民者干扰“令人恐惧的”原住民庆典活动的结果。早期殖民地城市空间的秩序,佩斯市的形成,都意在消除本土的居民以及本土的意义,那些“地方当局”可能会采取折中的办法在殖民地仿拟帝国的城市模式(de Certeau, 1984:106)。原住民被置于“文明的新兴城市”之外,一种纯粹的否定关系对抗着殖民者建构其自我的意义。如果没有被消除,那么他们将通过一个空间控制过程来使之保持“距离”。城市规划成为鲍曼(Bauman,1992:xv)所说的一种工具,他描述为一种“完美的世界,可能没有不适应……没有混乱……没有流氓、无赖或游牧者”，所有地方都得到了全方位的关注。

老天鹅啤酒厂所在的地方后来的建设，在佩斯市使用控制原住民的措施中起到了一种非常重要的作用。1833 年，正是在这个地方，殖民地政府为原住民建造了伊莉莎山场站（Vinnicombe，1989：22）。这一空间不允许“公”用，人们希望原住民永远待在这个场站。殖民地想控制原住民，并让他们独立解决居住地物质需求的矛盾，同时也低估了原住民并不乐意“享受”殖民地保护的意愿。隔离从来就没有完全实现过，很快就被更加混乱而且有渗透性的空间部署取代了。殖民地总督对这个新场站没有能力使“本地人”远离街道表达了不满：

> 佩斯部落的本地人后来变得极其棘手，甚至在街头完全地赤裸着身体，并通过喧嚣而敌意的集会来冒犯城镇里的居民。
>
> （*Perth Gazette*，2/22/1834，引自 de Burgh and de Burgh，1981：124）

在 20 世纪早期，先前由原住民占有的地方，在佩斯的官方地图上只有含糊的痕迹。原住民为老天鹅啤酒厂这个地方取的名字“Goonininup”，在 1902 年城市的一个规划中继续使用了，但仅仅是作为括号内的附注（Vinnicombe，1989：16 及附录 2；Mickler，1991a：6；见图 24）。地图上括号内文字的示意很恰当地表明了原住民在佩思定居的方式。“1905 年本地管理法案”（the Native Administration Act 1905，WA）明确了原住民被正式隔离在佩斯都市区之外，直到 1954 年(Churches，1992：10)。原住民的在场被判定为干扰了城市的视觉和社会秩序。一位原住民对啤酒厂地块再开发的抗议，让人回想起这一规则是如何被强制执行的：

> 不准你在河流边自己家园附近的国王公园安营扎寨。警察会轮班对你进行管理，即使你只是坐在座位上，或者只是绕着空旷地散步。他们只允许 bridiahs(高级白人)在这里。还不准你在国王公园附近闲逛。年纪较大的人都习惯沿着河边谈论国王公园，但不允许在这里逗留。
>
> (Reggie Wallam in Ancestors of the Swan River People，1989)

原住民并没有从佩斯的景观中消失，但只能在指定的地方居住，或是在国家分配的地方，或是在城市中“看不见的”地方作为“边缘人群”非正式地临时驻扎。在 20 世纪 50 年代中期，早期的隔离和保护政策开始被一种正式的对原住民进行同化的政策所取代。同化的意图是想协调这些“消失”的原住民，通过吸收或整合的方式使其进入“主流的”澳大利亚。佩斯，和其他地方一样，那些被认为充分“白人化”(主要是依据肤色来判定)的，或足够“文明”(基于其对欧洲方式的适应程度)的原住民，得到鼓励离开其指定的居住地，迁移到郊区居住，这些郊区的房子是按照英国花园式郊区概念来建造的。这些由国家拥有的住房，战略性地分散在城市低收入地区，提供给原住民的家庭居住，因为他们坚信这种空间整合会带来社会整合。在这种条件下，原住民可以“居住”在佩斯市内，并通过排斥或同化的方式，迫使他们“隐形”，但目前还是对市民构成了威胁。

构想未来

20 世纪 80 年代的繁荣时期并不局限于像伦敦这样的全球城市。整个“西方”世界规模更加适中的城市，也经历了产业重建转型的压力、金融行业的去管制化以及房地产市场的投机炒作。人口在 100 万以下，而且是澳大利亚最遥远的城市中心的佩斯，就是这样一个城市。在这一时期，一批新生代的商人开始在佩斯市涌现。他们当中的一位名叫 Alan Bond，来自英国，依靠 10 英镑的旅费补贴，变成了一位“新澳大利亚人”，想过得好一些。和Alan Bond一样，很多新生代的商人都是全球玩家。他们的全球投机性投资赌博和引人注目的消费，都可以通过一系列的创业冒险追踪到佩斯当地的领土范围上面。

佩斯的企业创业在新的工党政府中有一个富有同情心的支持者，他努力促成政府和独具活力且富有个性的私有部门之间的合作关系。工党政府的想法是，通过推动“朝阳”般的旅游、金融和高科技行业，从而把佩斯置于“世界的版图上”，尽管在很大程度上政府的财富依然锁定在矿产和资源开采。1983 年，Alan Bond 在美洲杯帆船竞赛中获胜，佩斯随之成为这一全球性体育赛事的主办城市，在转型为以文化和休闲产业为主的过程中，这次事件给予了城市相当大的推动力。这一阶段的标志，是重新确立一种至关重要的私人和公共领域间的边界，并通过私人资本的投资来积极推动文化的发展。在新型的工党政府管理的环境中，当地的企业家成了政府的正式顾问，而且，私有的/公共的企业机构，如西澳大利亚开发集团一类，被组织起来，并获准在已经确立的议会和规划程序之外运作（Alexander，1992）。①

在这场大规模重建的进程中，老天鹅啤酒厂地块的再开发，成为一个虽然很小但却富有争议的部分。从这一地块 1978 年进入市场开始，私人开发的意愿和公共设施的概念就含混不清。这一地块最初是一个私人开发商用了 400 万澳元购得。但是在公众对"缺少感觉的"前滨开发表达关切之后，政府购买了这块土地作为"公共用途"，并申明它是出于政府需要的储备用地。在这种认定条件下，这块土地脱离了一般的城镇规划条款的地域管辖。在这一时期的企业思路中，"公共设施"随时可以转变为一种由政府主导的旅游和服务业开发。1986 年，西澳大利亚开发公司宣布这一地块将会由啤酒厂和连锁酒店 Brewtech 来开发。② 最初的规划包括了办公空间，一个 450 个车位的停车场，一个 500 个座位的剧院，一个博物馆，一个精品啤酒店，一条种类繁多的"多元文化"美食街，以及一个"原汁原味的澳洲酒吧"。

---

① 在皇家调查委员会进入政府和其他事务的商业行为时，各种各样的交易和合谋成为这一自由放任发展高峰期的标志，通常都被称作"皇家调查委员会本地管理法案有限公司"。当时政府的工党领导 Brian Bourke 和他的很多大商业伙伴一样，事后都卷入了一场漫长的审判和监禁的取证调查之中。

② 再开发的设计被委托给了建筑师 Roger Gregson。

城市的游离特质

原住民对老天鹅啤酒厂再开发的抗议是由 Robert Bropho 领导的。他把自己描述成一位“边缘人群”，而且在城市“边缘”度过了他一生中的大部分时间（Bropho，1980）。他在城市中不稳定的住所是由历史性的掠夺事实造成的，而且他自己协商的允许原住民居住的地方——即制度化保护地——是分配的住房，或者就无家可归。他一生中大部分时间的居住地是在这两者之间；空置的土地位于城市的边缘，这些土地是边缘性空间，是城市“不洁”的空间：

> 我一生都是大都市佩斯地区的边缘居住者，囚困在伊甸山一处当地的垃圾倾倒站附近，和我的父母一起住在天鹅河谷地区，像 Widgie Road/South Gilford 保护地（在它成为 Allawah Grove 之前）这一类地方，30 年代中期住在 Caversham 一个营地里，在 Bayswater 的一个灌木丛林里住过，还在 Swanbourne 的一个囚禁营地住过，还有 Allawah Grove 的边缘地带，而且……这些地方由白人顾问监管，目标是黑人。
>
> （同上，1）

作为一个年轻人和他的家庭，成为边缘居住者是别无选择：原住民是被城市颁了“禁令”的人，主张社会同化者的政策，鼓励原住民按照城市定居的英澳条款居住。Bropho 的边缘居住变成了对政府规则的一种战略拒绝。这为他和他的家人提供了一种"回到我们熟悉的地方,我们属于的地方……回到过去,那个我们出生的地方"的路径(同上,56)。于是边缘居住者 Bropho 把他的家搬离了主张社会同化者所期望的郊区居住地,也远离了在以英裔澳大利亚人为主的郊区日常生活中的偏见。Bropho 的边缘居住是回避 hooks(1992:344)所描述的郊区视野中"白人威慑力"的方式。就 Bropho 而言,关闭原住民保护地并推进同化正是殖民主义的另一个阶段,它留给原住民的土地极少,在这一过程中的最后一个动作,就是使 Bropho 以及他的族人成为"一个民族……却没有一个国家"(Bropho,1980:15)。

在澳大利亚,尽力承认原住民的土地利益,并为之提供一些有关土地的权利形式,始于 20 世纪 70 年代。就原住民城市土地利益方面来说,这些规定简直是尽人皆知的不合理。归还给原住民拥有的绝大部分土地,都位于澳大利亚中部和北部,远离城市化的海滨地区。这一特殊的地理位置是种种土地条款限制的结果。一方面,指定的可供权利主张的土地,大部分都不是那些目前供生产使用的租赁地,比如现有的原住民保护地、空置的公有土地或国家公园之类。被纳入一种多元的和生产性用途中的城市土地大都是私人所有,极少有能作为权利主张的。另一方面,一种更加综合而且富有潜力的土地权利条款指令已经对那些原住民群体有所偏袒,只要这些原住民群体能够证明与这块土地有着联系,或者具有一种无异议的传统生活方式。土地权利在澳大利亚取得成功,曾经是,现在依然是,与特殊的土著居民的结构有关,这里面"传统的"

原住民，要优于那些由于与外界接触而生活方式存在着严重争议的原住民(Jacobs, 1988)。

就城市原住民来说，关于土地的权利一直在逐步进行，而且没有完成。通过一定范围内国家支持的土地收购方案的操作，以及私人土地市场的机会，在某种程度上，他们在土地方面的利益已经得到认可。作为一种选择，城市原住民拥有的土地权益，还可以通过记录在案的以及法定的保护来得到认可，但对有文化意义的遗址没有所有权。甚至是记录在案的保护遗址内，得到最好待遇的人，也是那些符合传统概念的原住民社区里与土地有关的原住民。强调这么多遗址的记录和保护政策，最初是考古遗址或那些有着清晰的传统实践和信仰的场所。只是在最近，场地注册和保护机制才扩展到包含一种更加灵活的概念，亦即有文化意义的遗址应该面向原住民社区。

现有的土地权利条款范围在 1992 年被废除，当澳大利亚高等法院宣布支持 Eddie Mabo 的裁决(Mabo Decision，马博裁决)时，他的族人对托雷斯海峡默里岛的权利还没有被来自英国的澳大利亚定居者废除。为了达成这一裁决，法院坚持澳大利亚的习惯法，认可原住民地权的形式，而且它也同样适用于澳大利亚大陆。这一决定排除了 *terra nullius*——无主之地——的谬误。它为 1993 年“原住民土地所有权法”(the Native Title Act)的实施打开了一条通道(Lavarch，1994：iv)。马博裁决意味着，所有的土地，包括城市土地，如果曾经是合法的原住民土地，那么都存在着潜在的土地权利主张。它预示着一种更加公平且统一的实用型土地权利条款的可能性，包括有目的的城市土地权利的可能性。

“原住民土地所有权法”的要求提出，在实践中，那些得到证明的、一种传统的和无异议的原住民社区在土地方面的利益，仍然会通过合法的途径得到最好的待遇，要主张那些不属于长期的非原住民的土地，仍然很困难。也就是说，“原住民土地所有权法”想要开放城市土地的权利要求不太可能。① 除了这些限制因素之外，马博裁决还在很多非原住民的澳大利亚人中间产生了一种强烈的担忧，尤其是围绕着某种可能性——在原则上如果不能付诸实践的话——即，这些主张可能针对的是整个的城市和郊区的土地。正如一位新闻编辑所说：

> 在认可原住民对像艾尔斯山(Ayers Rock)(原文如此——Uluru，乌卢鲁)这些地方的权利与允许他们完全自由之间有着巨大的鸿沟……助长了激进的原住民团体对墨尔本中心的科林斯街或悉尼贝恩朗角的土地权利主张。
>
> (*The Australian*, 7/23/1989:3)

马博裁决和“原住民土地所有权法”，卸解了已经确立的澳大利亚现有土地条款的空间结构，它舒适地处于一种精神化的、“部落化的”、土地权利得到赔偿的状态，原住民的本土性很好地远离了城市中心。

这一令人不安的时刻，不仅来自于原住民城市空间再地域化

① 就城市土地而言，“原住民土地所有权法”的通过确实导致了大量原住民团体形成了所谓的“范围”(未经证明的)主张。

的可能，还来自于这样的权利主张所带来的某种不可预测的、常常也是不可知晓的神圣纪事。理查德·塞尼特(Richard Sennett, 1990:16)曾经认为，现代西方城市的发展，见证了认定的和有序的神圣性场所从世俗的险恶而混乱的空间中的逃离。[①] 孔(Kong, 1993)用了拥有多元宗教的新加坡做例子，来表明当代城市的宗教地理是如何被世俗国家控制的，其方式与土地使用几乎完全类似。当代城市中神圣性的规划，并不是用来保护它免于世俗的威胁，而是因为这种世俗的、以集聚为导向的城市，需要这些神圣性免于遭受不虔诚的(非生产性的)行为。当然，这种划分相当勉强。正如我对伦敦开发 Bank Junction 这一论争的解读所阐明的，即使在最现代化的城市中，空间分散的圣地也与世俗的地方与概念的构想复杂地纠缠在一起(参见 Daniels, 1993)。

为了保持神圣性远离世俗，并像管理其他土地的使用一样，原住民的神圣性深入地对抗着城市现代性的需求。这部分是因其"神秘的"特性。原住民的遗址经常遭受严苛的协议发布，很多被"秘藏"的遗址只有少数得到授权的人才知道。这些神圣性的"神秘"状态也在一种自相矛盾的意义上通过一种对非原住民压制的历史得到了详细的说明——殖民澳大利亚的失败，承认并给予这些遗址以合法地位。近年来，制定了种种条款用于认可、保护以及恢复原住民遗址。官方程序要求在国家档案中对这些遗址进行登记。也就是说，这些程序注意到了以前"未知的"(未被官方承认

---

① 如 E. 苏贾(1989)和戴维·哈维(1989)等人的后现代城市研究，论述了一种令人惊讶的世俗城市。这种神圣性的消除直接表明了"西方"城市化的现代主义基础，包括这些"后"现代城市研究中顽固的现代主义。

的)原住民以土地为基础的知识,并把它纳入公共领域。把原住民以土地为基础的知识、文化或圣地归为已经被认可的知识,为一种权力/知识的联系确立了先决条件,这种联系不仅与原住民有关,而且还与那些"全面"设立的"国家机构"有关,并从空间上重构了这种知识。原住民团体通过各种方式,试图在现有的真实信息披露的必要性与必须对这些遗址进行登记才能取得合法保护之间,协商一种平衡,从传统和战略两方面来说,保持必不可少的神秘感,也是出于他们自己保留基于土地知识的需要。① 一些社区已经加入到这一策略性的拒绝信息披露的过程之中,这里面以土地为基础的知识不会被公开,除非一处遗址受到了直接威胁。这一战略确立了一种独特的时间顺序,并从地理上详细表明了以土地为基础的知识。在威胁解除之前,这些遗址会继续处于"未知"状态。这种结构体系本身产生出了一种复杂的、现实而有效的政治。对原住民来说,遗址的意义在于,能够十分明确地在受到开发威胁压力的时候"公开出现",并且要证明那些说他们只是"虚构传统"的指控是极其苍白无力的。

遗址登记程序和原住民拒绝披露信息的策略,这两方面都创造了一些条件,一些曾一度被压制或被保密的,突然间自己显露出来了。现代的澳大利亚,目前已经受到"新的"遗址可能被发现或被透露这种可能性的困扰。在这个意义上,原住民的神圣性,即使在其缺席的时候,也是无所不在的(Taussig,1987:78)。原住民神

① 一些政府机构已经成功地四处游说,确保了"秘密的神圣性登记人"只允许传统的保管人承担这一条件成立。

圣性有一种“游离的”地理特性，它不仅源于前现代的特性，也是由现代性环境中确立的条件关系造成的。正如“神秘的”原住民神圣性出现的那样，神圣空间直接从“地下”冒出来的可能性，从根本上动摇了当代部署空间的实践。

这类困扰出现在20世纪80年代的佩斯，当应对新的城市改造热潮时，决定把首次系统调查的原住民文化、考古以及圣地引入城市。在佩斯地区进行的两次（1984，1987）原住民遗址的人种学和考古学调查，是由西澳博物馆主持的，正式的国家机构承担起了保护原住民文化遗产的责任（Vinnicombe，1989：27）。[①] 1987年，博物馆的报告专门把“原住民遗址”包含在佩斯发展规划工程中：

> 拯救所有的原住民遗址的确是值得称道的……然而这是一个不切实际的想法……意义的评估将决定最重要的（针对不同的利益集团）、或最有代表性的、或信息量最大的遗址是哪些，然后拯救它们。
>
> （Strawbridge，1987/8：18）

从一开始，就寄希望于佩斯市受到压制的原住民特性的恢复，可以通过结合规划实用主义和“典型性”分类的办法，被包含在开发范围之内。为了能够协调地纳入城市空间规划的框架，绘制简明的、重要的遗址地图，被视为一种具体的要求。正如报告所陈述

① 被授权的博物馆管理这些遗址的登记程序，证实了这类恢复与早期殖民地收集并归类的他者性实践之间的密切联系。

的，“出于某些真实的管理目的，必须确立实质的边界”（同上，21）。

在西方的分类逻辑中，绘制重要的原住民遗址地图，是一个众所周知的麻烦项目（Jacobs，1993）。肯·马多克（Ken Maddock，1987：135）认为，无论空间的延伸及重要遗址的位置，它都不能只通过一种围篱来得到保护。这种被限制的无力感，在某种意义上是由遗址本身的性质导致的，其重要性通过“它们散发出来”，使得它们更像是地图上一块“污迹”而不是一个“目标点”。但是，如我在后面将要论述到的，这些遗址还通过内在于并贯穿于现代性本身的方式而出现。无论怎样，绘制原住民遗址的意愿，直接应对了开发规划的空间逻辑，而不是随意地恢复原住民土地方面的利益。

就原住民基于遗址的利益来说，在其措施和实用方法之外，博物馆报告说它还挖掘出了一种动摇现代化佩斯根基的地方性知识。博物馆力图确定并界定佩斯原住民的土地利益，通过披露这些遗址，并把它们置于公共知识的范围内，它产生了一种相反的效果。比如，正好一处“披露的”遗址位于老天鹅啤酒厂位置的Waugal地盘。[①] “Waugal”的突然苏醒——媒体喜欢这样提起它——预示着对一种“非法扩散”的神圣纪事的担忧（*The age*，2/22/1989；参见Gelder，1993：500）。一家报纸报道说，那些宣称Waugal做梦的圣地就好比“处于冰山一角的神话主张”一样，并估算出全澳大利亚的13 000处重要遗址，至少1 100处在佩斯大都市区域（*The West Australian*，6/22/1989：1）。

---

① 原住民披露Waugal在这个地块上的出现已经有一段时间了。

充满情调的城市

19世纪，佩斯只是帝国伦敦的一个仿制品，但在20世纪，佩斯已经可以与“全球”城市如香港或纽约这样的城市相提并论了。当代佩斯的核心是在其建筑形式上有意识地现代化。城市的摩天大楼成为国家财富的标志，大部分来自于开采行业。用一种传统的视角来看，佩斯“恰好是另一个20世纪晚期的有着西方风格的摩天大楼城市”(*Heritage Council of Western Australia*, 1991：4,8,2部分)。

就佩斯而言，保护城市历史建成环境的政府条款出台相对较晚，在20世纪80年代早期，西澳大利亚是澳大利亚唯一一个没有此类立法的州。[①] 西澳大利亚政府勉为其难地介绍了它自己的历史建筑物立法，密切联系着支持本州发展的精神。直到1987年，西澳大利亚议会才试图制定出具体的条款，用于对非原住民的遗产进行登记和保护，到1990年才立法通过创建一个“文物局”(Heritage Council)，具体负责建筑物保护以及有特殊意义的地区。[②]

佩斯并不缺少保护历史建成环境的倡议。澳大利亚国家信托

---

① 针对历史建成环境的法定保护，只能通过澳大利亚遗产委员会1975年法案(Australian Heritage Commission Act of 1975)制定的联邦条款资源来获得。

② 1990年，通过了《西澳大利亚文物法》，并建立了文物局。这一法案是为“保护对本州的文化遗产有着重要意义的地方”做准备。

基金(The National Trust of Australia,WA)建立了自己的具有历史意义的建筑名录,但只在规划体系内享用有限的咨询权力。其他的城市推动者、规划者和建筑师们制订了一个针对当地规划章程的方案来保护历史建成环境。一份20世纪60年代的出版物,敦促佩斯的规划者们采用英国的城市保护模式,并提供给William Holford 爵士一份战后伦敦的重建规划,这份规划把保护意识和城镇规划的科学性结合在一起,是一种非常恰当的模式。针对这一处于前帝国边缘的城市构想,Esher 勋爵——后来成为英国皇家建筑师协会的主席——表达了他的支持态度(Oldham and Oldham,1961:i and 91)。这一20世纪60年代针对文物前途的设想,正是与殖民地的回归处于同一时间段。在20世纪80年代,一份更加明确的针对佩斯的澳大利亚文物计划,由城市推动者和规划者组成的团队做出了详细的阐述,这个团队以"城景"(CityVision)闻名。与其20世纪60年代的前辈们不同,"城景"团队并没有想要重构殖民地的历史,而是在私人资本和文化之间建立一种合作关系,欢庆"多元文化"的当下。Mickler(1991b:77—78)他们认为,这些多元文化的规划视角,"仅仅是一种外来的后殖民城市的幻想",它导致了控制与清除食物的"感官享受",并体现在英裔澳大利亚的消费中。

综观有意识的多元文化的澳大利亚城市区域,它所具有的殖民地和移民的殖民地开拓的特点,都很富有情调,并通过规划措施来使其充满情调。这些措施例证了一种越来越明显的当代城市规划的共同特征——把对城市的诉求设计为一种规划对策。通过这类多元文化的规划,一种政治的差异——它同时也是一种不平等的种族政治——被审美化了。这类过程中出现的问题，不管是规划措施和开发商品化方面的，或是具有“真实的”审美感方面的，都如 I. M. 杨（Iris Marion Young，1990）所说，无论是哪方面的，它们都产生或对抗着一种有效力的政治差异。在佩斯这一案例中，建成环境文物的恢复以及多元文化的志庆，对文化价值的稳定性产生了一种特殊影响。在这一更加“市民化”的氛围中，原住民不仅有意于土地的权利，还希望更加富有情调并具有美感，佩斯显然还游离于这个尺度之外。

啤酒厂的梦想

重新开发老天鹅啤酒厂建筑的规划，与全球重新评价历史建筑的进程是同步的，并把它们纳入了旅游与休闲的新兴行业之中。事实上，作为佩斯市非原住民“文物”的组成部分，这些建筑物的分类，不可避免地与这些地方的开发意愿交织在一起（图 25）。当开发最初被提出来的时候，这一地块上历史建筑物的地位还没有得到官方的认可。1986 年，开发规划揭晓后不久，西澳大利亚国家信托基金主持了一次对这一地块的评估，把啤酒厂及周边地区宣布为历史遗迹，被划分为“老棚户区”的，在改造规划中将被拆除，因为历史建筑物有其自身的权利（National Trust of Western Australia，1987）。信托基金警告反对过度开发，但鼓励政府继续推进“把有代表性的场所及周边地区，作为一种历史遗迹和重要的城市及河流的地标”这一工作（National Trust of Western Australia，教育及规划管理部,2/6/1986)。[①]

图 25 西澳大利亚政府刚一通过必要的立法保护其殖民定居地文物,老天鹅啤酒厂立即就被正式地列入了保护名录。很快就在环绕着尚未开发的啤酒厂地块的篱笆上竖起了一道标志。尽管 Waugal 地盘已经在早些年登记过了,并处于原住民遗址的保护立法之下,但政府没有在此处立起任何代表其合法地位的标志。

整个 20 世纪 80 年代,关于这些建筑物"文物"价值的一个初期的试验性评估,有一些比较系统的论述。一个个体联盟,以啤酒厂保护协会的名义展开活动,认为这些建筑物是有意义的,既因其杰出的建筑上的价值,也因其作为"工人阶级遗产"的价值而存在

① 在对这块地方所做的最初的评估中,关于啤酒厂建筑物的历史完整性存在着一些疑虑,主要是这些建筑物最早的建于 1897 年,另一些则是建于 20 世纪 20 年代到 30 年代期间。经过某些评估,这些建筑物更多被证明是城市的丑陋之物而不是文物(Western Australia House of Representatives,1991:41220)。

(*The Western Australian*,7/10/1989)。正是由于啤酒厂保护协会的游说,这一地块上的建筑物在1989年10月取得了合法的文物地位,并由澳大利亚文物法联邦直辖。1990年,当西澳大利亚最终通过其自有的文物立法时,接手的第一个重要评估就是老天鹅啤酒厂建筑物评估。在这个意义上,把老天鹅啤酒厂开发为一个旅游和休闲场所的提议,也得到了实质上的推进,也确实有助于促成官方的文物认定。

在关于啤酒厂社会关联的官方评估中,这些建筑开始成为一种"澳大利亚民族风貌"——啤酒、工作、旅游和运动——的标志(Heritage Council of Western Australia,1991: 4,8,2部分)。官方评估指出,西澳大利亚曾经一度被列为世界上最大的酒精消费地,这里的人能够很自豪地宣称,他们的酒量比最邻近的对手昆士兰要高出一倍。用报告中的话来说,天鹅牌啤酒,"与西澳大利亚是同义词"。过去,它可能是啤酒品牌和本州定位的一种地方性组合,而今天,它是在一种全球规模上来进行认定了。在Alan Bond——佩斯的一位热爱"啤酒、工作、旅游和运动"的男子——的带领下,天鹅啤酒已经脱离其位于天鹅河畔的历史产地很长时间了,并进入到了一种全球化的生产与消费链条之中。天鹅牌啤酒的全球化,直接破坏了官方声称的有关这一场所的"澳大利亚特征"。相较于作为澳大利亚大男子主义和种族主义的"民族精神",啤酒本身,是一种比较小的统一的"澳大利亚民族精神"的象征。但对原住民来说,啤酒不但不能塑造他们的身份,反而是对身份的一种破坏。原住民社区地段中的酒精依赖,为原住民的负面印象提供了阐释条件,现在原住民群体认为它对其传统文化的崩溃负有直接责任。酒精也同时代表着澳大利亚国家原住民公民的特点：直到1967年，在原住民群体获得完整公民权的时候，他们才取得合法购买酒精的权利。

老天鹅啤酒厂文化价值的阐述，也经过了都市景观的评估。它们处在河岸边一个相对比较独立的位置，背景是一个城市公园，老天鹅啤酒厂的建筑容易形成一种视觉上的"地标"品质。这一场所具有一种"安静的"旧时光的特征，它起到了一种门户作用，用来抵抗现代化佩斯的"高速公路和高楼大厦"(Gregson，1989：37)；对佩斯城"已开发的"区域来说，一种"如画的风景"和一种"夸张的结构"形成了对比(Heritage Council of Western Australia，1991：4，5，2部分)。1991年对这一场所的一次评估总结道，这些建筑物，让人想起浪漫的欧洲风景里"那种水道边的古建筑"(同上)。老天鹅啤酒厂被重新构想为城市——从历史的角度看，几乎没有过去的影子了——的文物标志。这个场所很快就被纳入厄里(Urry，1990)所说的"游客的凝视"。Jolly Jumbuck 和 Captain Cook 油轮经过这一场所，但其评论很有可能说这是一次现场炒作，因为原住民抗议安静的旧时光被游客的凝视取代了。

在改造过程中，老天鹅啤酒厂的建筑被设计为非原住民的文物，这是一个文化和经济价值互相激发的地方。这一重新价值化的空间，被用于对抗原住民对这一地块神圣纪事的主张，以及他们想看到这块土地重归"自然"的愿望。福柯(Foucault，1986：23)提出，神圣空间与当代城市的对立，是那些"隐蔽的神圣性的在场"，并被价值化了。空间争议的出现，不仅因为一种不相对应的神圣性和世俗化的相遇，还因为一种突如其来的神圣纪事的激增：作为一种文物认定的产生，它与开发的意愿密切相关，这种突然的“出现”与开发行为对神圣性的冒犯是并行的。正如西澳省的总理后来提到的，这是“欧洲文物和原住民文物之间一场非常不幸的碰撞”(Western Australia House of Assembly，1990:1659)。

安置 Waugal

由于 Waugal“出场”而产生的担忧，足以使它超越天鹅河畔这一具体的地理位置：它助长了一种公开的地理上的威胁。原住民声称，老天鹅啤酒厂的位置影响着这座城市，侵扰了这一城市的话语构成：

> 到目前为止，只有一些含混的怨言，涉及 Waugal 的踪迹，有神性的水，仪式性的场所，并开始在法庭、政府办公室、议会大厦、教堂、联邦办公室以及媒体、学校、超市、出租车和餐会上散布。……在一种……真正的意义构成研究中，贯穿了数个话语环境。
>
> (Mickler，1991a:2)

在当代澳大利亚，原住民神圣的理念，通过运用一些规范性和限制性的非常措施得以彰显。正是通过这些规程，原住民的神圣性进入了公众领域，并被肯·马多克(Ken Maddock，1988:305)认为这恰好就是那种(不舒服的)“澳大利亚人的心态”。被惊醒的如猛虎出笼般的 Waugal 激发了一个疯狂的(重新)布局行为。正如

Mickler(1991a:2)所指出的，它在“两种文化的极点之间创造了一个空间和时间的示图”。这幅令人恐慌的地图，“焦虑地重复着”了解并界定原住民利益这一任务，才能使他们待在“合适的地方”(Bhabha，1994:66)。

要在空间中正确地安置 Waugal 被证明是很困难的。关于这一地区对原住民的意义，各种各样的委托报告一致认为，“沿着伊莉莎山山脚的整个地区……(对原住民来说)都有着重要的意义，包括经济上的和精神上的”。Waugal 的出名，是因其与老啤酒厂附近大量的特殊景观有关系，如一个当地的泉眼和一些巨石之类，但官方无法确定哪一处是水源，哪一块是巨石。公认的是，以“Goonininup”露营场地而闻名的这一区域无法“精确定位，而且永远也没有这种可能”，虽然边界可以通过考古学或历史学记录来加以界定(Senior，1989:13)。在面对混乱的、地理上受到压制的原住民意义的涌现时，重新绘制 Waugal 地图的一些担忧，被尝试用来重申某种熟知的殖民地空间逻辑秩序。这次尝试，是通过把原住民群体纳入一种特许的、并且更加系统的城市布局中来重建秩序。

原住民土地利益的“丧失”，与由制图资料表现出来的严格的空间性要求是一致的，这些要求总是能为那些希望危害原住民土地主张的利益集团服务。就老天鹅啤酒厂的主张来说，再开发方案的项目管理者们积极地强调原住民没有搞清楚 Waugal 的位置。项目管理者们认为，通过原住民与 Waugal 的联系来定位的这些自然特征，也在开发区域之外的地方存在——在河里还有另一个泉眼，另一个 Waugal“洞穴”，在石灰岩的悬崖边还有另一处峡谷，另一棵树。开发管理者们并不想否认“神秘的土著蛇”在这一区域出现，而是试图证明其地理位置与眼下原住民社区所坚信的那样是有差异的，其实际的位置是在拟定的再开发场所以东一个较近的地方(Gregson，1989：1)。他们的报告在历史性重建的基础上，运用了与之相适应的细致而合理的演绎，用来反驳那些被描述为"正在迷失方向"的原住民群体(同上，24)。

老天鹅啤酒厂的论争，并不只是一种从本质上无法用图来表示的知识，也不是对一种依据地图来校正的规划思路。我确实不想展开保罗·吉尔罗伊(Paul Gilroy，1993：48)所描述的那种"不同扇区或社区中区域价值与西方理性主义普世价值之间的对立"，也不想简单地提出原住民的生存世界与殖民者的世界是"迥然不同的"。实际上，原住民抗议者们也利用了土地地图资料来使他们的案例获得神圣的地位。为了应对由于博物馆地图所导致的未能包括一个与Waugal有关的泉眼，原住民抗议者们借助于一份1895年的最早的啤酒厂规划，在这上面，一口"井"被标注了出来(Vinnicombe，1989)。抗议者们推测这口井可能是在这一地块一个已有的泉眼上建造的，这也与其对Waugal梦想的认识是一致的，它必然会指向Waugal的出现。博物馆认为那口井并没有建在原始的泉眼上，因而不能被视为Waugal出现的证据(*Perth Sunday Times*，8/5/1990)。当代原住民的地方知识，不能简单地与非原住民的知识进行分类。原住民土地利益的形态与构成，与接触"真相"前的一些无知无谋的梦想并没有密切联系。假如"真正"没有谋略，就不会有人知道Waugal。更重要的是对Waugal(包括原住民和非原住民)的了解"已经在一种特殊的白人-黑人相互影响的历史关系中……得到了准确的认识"(Merlan，1991：345)。当然，这一结论，是由地图带来的对Waugal的了解，而不是原住民的影响因素。

回归自然

在 Robert Bropho(1980:16)的生平研究中,作为一位边缘人群,他提出原住民群体是“整个大陆……很多建筑的结构……很多教堂的基石……很多无价值的人的栖身地”。Bropho 无疑会让我们想起殖民地澳大利亚,的确是在原住民的土地、劳动力和知识的背景下建立起来的。从历史上说,这些建筑已经与 Bropho 处于对抗之中。当他和他的同伴们抵制老天鹅啤酒厂的再度开发时,他们已经没有多少时间来获得他们的房产,或有确保其作为文物保护对象的措施。这一地块上的任何操作,即使是临时的建筑物屋顶修缮工作,都会被认为是对现存良好状态的一种干扰,并对“自然地、温柔地”在地面上流动的水的神圣性造成了破坏(Fringe Dwellers of the Swan Valley Inc.,1990:2)。原住民反对者不仅反对再开发,还要求拆除这一地块上的建筑,并把这一地区转变为供佩斯所有居民使用的公园。Bropho 这一面向自然的回归,重点是使这一地块上现有的和已经规划的纪念物摆脱非原住民的占有。但即使是 Bropho 也没有想到,还存在着一种原初性,这是他和他的土地都可以回归的。更确切地说,在他和他的同伴们抗议对这一地块占领的期间,他们就已经通过植树和播种积极地开始了这一地块面向自然的回归。在 Bropho 的观念里,对早先占领佩斯的原住民来说,“反抗建筑工程”和“保卫自然”是表达“回忆和纪念”唯一适用的手段(Bropho,1992)。

虽然在争论期间采用的一份调查提出,大部分佩斯居民也认为应该把这块土地变成公园，这当然不是政府在开发这一地块的意向中所希望的一种选择。回归自然，正如原住民反对者们所提出来的那样，与城市的精神完全相悖，与某种“逻辑和无法回避的现代性及其进程”相悖，但在这个时刻通过与文物产业有关的消费被连接起来了(Fielder，1991：35)。当然，城市永远需要自然，或更直接地作为城市的资源。城市的形成，城市化的进程，根本就不会局限于都市，它还要利用其乡村的背景，以及它的外围地区(Pudup，1994：116；根据 Cronon，1991)。因而，正如雷蒙·威廉斯(Raymond Williams，1985)所认为的，这种经济上的密切关系也需要乡村和城市间有一种理想的距离感。诚如玛格利特·菲茨西蒙斯(Margaret Fitzsimmons，1989：108)所说，“如我们所知，自然，它在城市和乡村的分化中被创造出来”。自然进入城市，就如商品(食物)进入城市一样，或者说与培育的景观(城市公园、植物园或郊区的庭院)一样。当然，边缘人群提出的回归自然，可能永远是取得类似的居住合法化的一个版本。①

原住民关于啤酒厂地块的提议，设想了一个调解方案，在这个方案中，一旦土地归还给公园，将对公众开放使用。也就是说，他们要把土地从私人所有和权利体系中转移出来，在当代澳大利亚，这是一个陌生的选项。很多重要的大片的土地被归还给土地权利条款管理下的原住民，但只有在他们随之把土地再租给国家公园当局并供公众使用的情形下适用。即使在如此宽宏的原住民地权

① 事实上，就如我在第六章中所表明的，当代城市越来越持有一种回归自然的态度。

条款的环境下，适用于主张的土地通常都不是私人所有，而是已经被划归国家公园了（Baker and Mutitjulu Community，1992；Brich，1992；Rowse，1992）。越来越明显的是，原住民土地权利方面的成就是通过一些选择权来实现的，这些选择权已经由环境保护的具体目标得到了体现。这类在环境方面实施制裁的解决方案在非城市地区极其容易实现，几乎永远是这样。原住民对啤酒厂地块的愿望，不仅对国家来说极其罕见，对城市空间来说也相当陌生。一处属于公众的大自然，与城市的积累逻辑处于严重的对立状态。原住民的主张不仅被判定为“没有效力”，而且还是城市空间“无谓的”烦恼（Fielder，1991：35—36）。

政府和开发利益集团反对回归自然，就这一案例来说，这也是对原住民愿望的一种反驳。当然，他们并不反对在这一地块上啤酒厂的改造中较少采用与原住民利益对立的标记。政府拟定的文化/旅游设施，将会融合比较“适当的”的原住民文化展览。1988年，政府建议，由西澳大利亚开发集团在美国市场用150万澳元购得路易斯·艾伦原住民艺术的收藏展览（Louis Allen Collection of Aboriginal Art），被放置在一个博物馆或即将重建的啤酒厂陈列空间中。政府购买的私人收藏和陈列规划，在当年都被宣传为一种达成和解的文化遗返姿态，它成为来自澳大利亚东海岸的第一舰队到达200周年的标志，也成为正式的殖民化开端。原住民关心的是Waugal家园的保护，拒绝了这一“献礼”。

这一场所后来的开发方案也积极地纳入了原住民文化。拟定的景观美化工程，“使人联想起浸染于水中和石头上的Waugal神灵”，还包括一条彩绘的Waugal砖石小道（Gregson，1989；图26）。

Waugal	交通	交通
下面绘制的小道被认为体现了彩虹精神。Waugal 正在通往国王公园的泉水的旅程中。一种创新性的景观设计将唤醒浸染于水中和石头上的 Waugal 神灵。	潜在的交通流问题已经采用设计一条公路系统来解决，它具有几个特点： 在南北向的限定车道之间有一条坚固的中宽带。 所有综合的进出口点都通过道路左侧的专用支路方式来解决。 来自 Fremantle 方向的车辆，通过一条专用支路进入停车场；来自城市方向的车辆，通过一条支路和一条隧道进入。 所有离开停车场的车辆都必须经过一条指向佩斯城的支路，Fremantle 范围的车辆使用峡口的环岛。	对所有的家庭来说，老天鹅啤酒厂都将是一个目的地。允许以下列方式进入： 自行车 摆渡 公共汽车 步行 小汽车

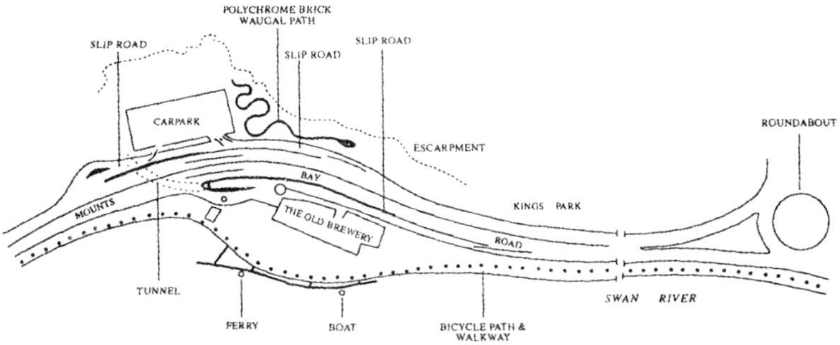

图 26　原住民对这块土地的担忧，Roger Gregson 的老天鹅啤酒厂改造规划用“一条彩绘的 Waugal 砖石小道”表达了态度。这一象征性符号把原住民特征纳入了如旅游者探险之类的活动，并创造了一种复杂的政治（见第六章）。（来源：Gregson，n.d.）

再次拟定的一家博物馆和陈列空间，允许其他的原住民艺术品展览和文化展览。西澳大利亚博物馆认可了这些土著化的开发规划，认为它们为“保护并推动对文化遗产的尊重”提供了一个重要机会（*The West Australian*，9/30/1989）。“主要旅游景点”和构建的原住民主题开发，被官方认为是“战胜……这一场所历史和精神意义的”唯一途径（同上，6/22/1988）。但是对政府及其各种机构来说，是旅游业和显著的原住民特性的和谐共栖，对原住民来说，这是对他们土地利益的一种惯常置换。从政府的观点来看，如果要在这一场所有一种“和解的”或纪念的姿态，就不得不通过商品化的原住民文化展览这一途径，而不是一种神秘的突出自然属性的文化。原住民想让这一场所回归自然的愿望，通过引人注目的具有原住民特征的象征物，成为表达“和解”姿态的前奏，一种明确的文化上的原住民特征，它可能被纳入一种商品化的艺术/文化陈列系统之中。

保卫王权

1989 年 4 月，原住民群体就抗议反对老天鹅啤酒厂的再开发，向女王伊丽莎白二世请愿。他们用一种千层树树皮把请愿书包裹起来，用饰以原住民旗帜颜色的红黑黄三色串珠绳子捆扎后寄给女王。她没有回应（Ansara，1989：37）。这只是原住民抗议者抵制“王权”的众多请愿中的一个。像澳大利亚这样的国家，“后”殖民性的不稳定性，在法律所涵盖的技术权力范围内，得到了清晰的表达。

有关啤酒厂的冲突变成了一种测试，看谁的“文物”将会给予合法保护的特权，双方都有法律条款的支持。啤酒厂的 Waugal 家园正式得到登记是在 1985 年，并适用于《西澳大利亚原住民文物法》的有关条款，开发商们通常不得不与一开始就在这一地块上工作的博物馆人员协商。西澳大利亚开发集团没有做到这一点，后来就出现了打扰 Waugal 家园的事情。原住民合法质疑开发商的基础，是西澳大利亚州政府通过西澳大利亚开发集团破坏了它自己的法律。在其法庭抗辩中，西澳开发集团认为，原住民文物法只适用于王权治下那些从王国取得土地所有权的公民，但不适用于王国本身。总之，政府提出，由于西澳开发集团是王国治下的一个机构，它没有义务履行这一法案。原住民群体在抗议过程中，曾三次向法庭呈上这一案例。

在由西澳大利亚州高级法院所引起的这些质疑中发现，支持政府开发机构的，是基于王国以及王国机构都已经按照惯例免除了规控体系的法定条款。历史地看，这一条款的本意是为了保护特权，女王陛下，是至高无上的实际统治者；在眼下这个案例中，就是女王伊丽莎白二世。认为法律是为"统治臣民"而制定的，或无意服务于"王权"的，都是一种假设(Churches，1990：7)。在实践中，这种假设并不局限于最高统治者本人，还延伸到了给予涉及管理手段的有效豁免权，或在其功能与职责履行过程中运作的王国机构。在 20 世纪 80 年代的西澳大利亚，政府的事务几乎扩展到了商业、工业和开发等所有方面，王国仍然定期地与有着同样基础的私人企业的商业交易竞争(同上)。王国政府的特权往往超过"最高统治者，并对如'一个臣民'般运作的国家起到了保护作用"。由于差不多 90％的西澳大利亚土地都在王国政府手中，其中只有 40％被转租给了私人利益集团，这种在法律上对王国政府特权的尊重为大量的豁免权提供了条件。

西澳大利亚博物馆的失败，对保护原住民遗址负有法律责任的机构警告再开发不要为原住民抗议者再度把这一案例呈上法庭提供条件，并认为政府的机构没有遵守它自己的章程。在高等法院的裁决中，司法机关一致同意王国政府不能享有其自身法律的豁免权，西澳大利亚政府由于未能保护原住民遗址免于开发，从而破坏了这一法律。这一裁决推翻了早期的法律履行条件，包括任何附属在英国法律（保护"王国"特权的）条款下的近期决策。正如一位评论家指出的，这一决定"标志着英国和澳大利亚在处理政府与法律间关系定位的态度方面存在十分明显的分歧"（同上）。这一决定被认为有着巨大的波及面，而且严重动摇了法制法规（这些法制法规已经在地方存在并稳定了很多年）（西澳大利亚州司法部长引自 *The West Australian*，6/21/1990）。在高等法院做出决定后的一个月内，西澳大利亚州议会就引入了附加的法律条款，用于阐明在未来的开发议题中王国的定位。

原住民的抗议并没有导致拯救 Waugal 地盘的结果出现。西澳大利亚政府仍然可以践行其自由裁量权，并为了"整个的社区利益"来推进开发。这被认为是"一种国家文物资产"的建筑保护最终战胜了少数的原住民利益团体（原住民事务大臣，引自 Churches，1992：9）。佩斯的规划和开发体系无法为原住民土地方面的利益进行认定，只能在开发理念上体现一种引人注目的土著"文化"。原住民的神圣性再度被"适当地"置于都市风景之中。

然而，城市的胜利并不是国家的。抗议者在法律上的胜利，证明原住民神圣性的力量改变了这个国家。在围绕着老天鹅啤酒厂再开发的法律论战中，Waugal 严重影响到了在澳大利亚重新部署的一种实质上残留的殖民主义——“王国”的合法特权。殖民主义需要原住民神圣性的再现，并且积极而又满怀忧虑地持续这一进程。但在这样做的时候，它实际上又有助于产生/再次产生原住民的神圣性，夸大它的出现，以确保它能在国家的发展中起到潜移默化的影响。

边缘群体

> “一位白人，可能认为聚众坐在这里的黑人暴民们只会大喊‘圣地，圣地！’；这是他想要相信的。这也是当他路过‘黑人滚回家去！’‘黑人滚回家去！’的标牌时他要冲我们大喊的原因。我们不能回家——因为我们已经在家里了。”
>
> (Bropho，in Bropho and Ansara，1989)

1989 年的 1 月到 10 月，佩斯那些“隐身的”原住民居住者在老天鹅啤酒厂扎营(图 27)。他们就住在这里：吃喝拉撒睡、植树、处理与运动有关的一些事务。这一场所被原住民抗议者占领了十个月，而且他们的支持者也严重破坏了这座城市的空间秩序。虽然很多佩斯居民可能认为有关 Waugal 的一些主张是想象的，属于神话领域，但他们已经无法忽视在这座城市里有原住民公民的存在了。现场的抗议者是对城市空间的一种再地域化，它蔑视压迫和限制城市里原住民群体的措施。老天鹅啤酒厂地块已经被纳入城市，作为一个透明空间：它是一处“开放的”空间，一个视觉上的地标，被全面地在地图上标示出来，并进行了分区。这些

图 27　Robert Bropho(左)和一位抗议伙伴在老天鹅啤酒厂。Bropho 和其他的抗议者要求拆除这些建筑物，并把这块土地(重新)变成公园。他们把这块土地归还给“没有生产力的”大自然的渴望，对城市的开发志向来说是破坏性的，就像不可知的 Waugal 的出现一样。(承蒙 *The West Australian* 授权使用)

图 28　当原住民的主张被法院驳回时，警察立即进入并驱逐了抗议者。抗议者已经在这里待了好几个月，他们在这一场所的居住体验本身就再次激发出了一种意义以及这一场所的价值。他们在啤酒厂地块的在场，破坏了佩斯想要有效地清除原住民的想法。（承蒙 *The West Australian* 授权使用）

操作是力图彻底摆脱“荒谬的……神话领域”，明确地把这一场所置于城市发展的逻辑之中(Vidler，1992：168)。原住民的占领证实了一些以前未知的——就像一些无效的困惑的地图所提示的那样，可能是不可知的——事物在场了。原住民占领与Waugal出现的相关性，把透明空间变成了不透明空间，扰乱了已经有序的城市分区。

这次占领，越过了建构城市空间的网状封闭边界，通过它，殖民地居民的自我与原住民的他者之间的区分，得以确立和控制(Lefevre，1991：175—176)。在佩斯惯常的空间划分中，原住民在这一场所出现是“非法的”。原住民自称的“关心他们的国家”被媒体报道质疑，它报道说，原住民群体正在由某种路线控制的通道中得到净化。守场员，援引玛丽·道格拉斯(Mary Douglas，1984)对净化与污染/有序与失序间关系的理解，她认为这些污秽的指控把原住民的占领描述为“不纯洁的”，而且把原住民定居者重新归到一种熟悉的刻板印象，“次要的人类——先天退化的，懒惰的，不可靠的，肮脏的而且是不守秩序的”(Fielder，1991：36)。

对抗议者来说，再地域化的行为是肯定意义的一次机会，不仅在更大的范围内，也是为了他们自己：

> 当我们来到这一地区的时候，这里已经什么都没有了。从那以后，包括现在，数个白天、夜晚，数个星期数个月都已经成为历史。整个地区全都是原住民民众的圣地。
>
> (Bropho，in Bropho and Ansara，1989)

这一场所的占领成为一个关键时刻，在这一时刻，边缘群体再次激化了特殊现代性条件下“前”现代的认知空间。这次占领有助于产生一种意义。但这里的现代性对所激发出来的意义或原住民的再地域化并不感兴趣。当判定 Robert Bropho 对啤酒厂地块的主张有效时，官方认为他的利益是“情感上的和理智上的”，与这一地块并没有“一种实质上的关联”。Bropho 并没有“习惯性地在这里扎营”，他没有在这里“打猎或钓鱼，或把孩子带到这里教他们文化，或在这里举行庆典，或者经常光顾这一地区”（法官 Anderson，引自 Churches，1992：10）。虽然 Bropho 对这个地方有所主张，虽然他领导了数以百计的原住民再地域化了这块土地，但他还是由非原住民裁定的什么才是正确的原住民居住，被送回到了一种边缘居住形式。

在殖民地澳大利亚，城市发展试图把原住民置于城市之外。这种空间上的压制使其与他者保持了距离，而自我得以持续。老天鹅啤酒厂的争议，标志着这一被取代的他者一种神奇的回归。这个适合居住的城市变得“不那么适合居住了”，由于对“脆弱边界”——代表着“不确定的自我”——的一种侵越，从而为其自身平添了一分陌生感（Kristeva，1991：183，188）。这一神奇的回归，是殖民地对“他者”征服的失败。正如巴巴（1985）所提出的，这种征服从来没有全面实现过，它一直在摆脱，一直在重绘，并不断产生一种无法控制的越界。这种把原住民组织起来占领的神奇表现，以及一种不可知的原住民的神圣性，使佩斯的世俗空间里有了一种对政治上再地域化的担忧。原住民特征已经不再专门放置在城市“外部”了，而非原住民利益集团十分焦急地想办法以确保它的

“内部”是可控的而且是有市场的。虽然原住民的抗议在推动开发进程这个意义上来说是失败的，但它们也再次激活了——尽管是短暂的——对原住民知识和城市土地的占有。新殖民企图镇压Waugal，但同时也为它创造了一些条件，利用这些条件，它可以逃离其在天鹅河畔的家园，并释放其扰乱国家建构的威力。

第六章

真正的你：绕开地图

地图永远是权力而非反抗的语言。

（*Harley*，1998：301）

1994 年，昆士兰州东澳大利亚城市布里斯班地方规划局，发布了一份关于一个价值 1 000 万澳元的生态旅游中心纲要。这个中心将会关注并不十分现实的原住民文化聚合，以及被称作澳大利亚国家符号的考拉（Brisbane City Council，1994a：1）。在这里，“观赏本地动物”和“欣赏原住民文化”，将在议会自己所说的“原住民文化如何与几千年的自然环境共存这一适销形象”中得到统一（Brisbane City Council，1994b：26）。这个中心试图提供一段旅程，回到白人定居之前的澳大利亚，那时候的原住民，“与自然及其周围的自然环境和谐相处”。据预测，到 1996 年，中心一旦建成，每年就会有 19.7 万人到 24.4 万人来此地参观（同上，15）。昆士兰对国内和国外的游客而言都是一个关键旅游点，部分是因为气候，但也因为有大堡礁等列入世界文化遗产的景点。昆士兰州占有国内 23％的旅游市场，还有约 47％的国际游客在游览澳大利亚时，至少花一部分时间在昆士兰旅行。1987年到1994年间，国内旅游增长了4%，昆士兰州的国际游客增长了21.8%（Laurance，1994：6）。旅游业被认为是昆士兰的第三大产业，并且每年为经济注入44亿澳元，同时也是就业机会的重要来源（Queensland Tourist and Travel Corporation，1992：28）。由于昆士兰首府和运输重地错位，布里斯班从州内的旅游业获利良多，近年来也开始把未来规划的重心更多地放在旅游业上（Brisbane City Council，1993a）。诸如文化旅游和生态旅游之类的"新"旅游业，被视作未来发展的关键。事实上，生态旅游中心的规划，已经成为城市打算全力投入的、在经济上也是十分可行的未来旅游业规划。

近期一个关于澳大利亚旅游业的调查发现，来到这个国家的49%的国际游客，都对体验原住民文化感兴趣，1/5的澳大利亚游客会专门去博物馆或画廊观赏原住民艺术（Australia Council，1990）。布里斯班的生态旅游中心想要抓住游客对原住民文化这种高度的热情。拟定的生态旅游发展从根本上纳入了原住民特性（图29）。中心里铺设的地面，将会包含受到原住民设计启发的拼贴画，并且在色彩的运用上会以一种"真正的"原住民色调为准。玻璃墙是磨砂的，上面饰有原住民的形象，"幽灵一般"悬浮在两种状态之间：在内部，已经实现了健全的生态和前现代的特质；而在现代性的外部环境中，是受到污染的本质（Brisbane City Council，1994b：36）。游客一开始会被引到一个大区域，这是根据"古代洞穴"设计的，并被传统的岩画艺术所覆盖。在此处他们会看到大量互动式展览，展示着原住民在未开化时期与土地之间的种种关系。随后游客们会被领到外面的一个圆形露天剧场，在那儿他们将观

图 29　布里斯班城市议会的生态旅游中心纲要，规划了一个能与自然“融为一体”的建筑。这个建筑是为了从根本上纳入原住民特性。（来源：Brisbane City Council，1996b）

看原住民表演传统舞蹈或制作传统手工艺品。同时，游客们也可以选择跟着一名原住民导游进行一场“树顶之旅”，听一些关于原住民食物和灌木药用价值的讲解。他们甚至可能会将传统的原住民设计画在身体上，或试着演奏迪吉里杜管并扔回飞棒。如果因沉浸于未开化时期的澳大利亚生态文化而感觉疲劳的话，游客可以在景点的餐馆里坐下来，吃一顿神灵赐予的原住民“丛林美食”，或在游客商店浏览可供购买的“高品质”手工艺品（同上，16—17）。据预测，人们还期望就原住民对这一中心的贡献加以调整和修改——将其建造得更加“富有灵性”，技术上更加“先进”，更加“好玩”——以便“顺应市场的需求并满足游客的预期”（同上，16，27）。简言之，生态中心所要求的，不是随意的古老的原住民习俗，而是一个能为生态奇观的要求做好准备的“专业的”传统主义。

那些提出这个非常不自然而且极其商品化方案的人，是为了推销自然与原住民和谐共处的理念，它表现出了某种对于真实性的忧虑，这并不令人惊讶。在原住民的展览中，表演和产品的“真实性”，被认定为这一投资成功的“关键因素”，如果未能成功引入这一必备元素，据推测，游客的满意度将会降低(同上，14)。也许讽刺的是，这一担忧，并没有被任何意义上的内在性必然被取代的真实性所激发，莫里斯(1998a：13)认为旅游业本身就有“埋伏”它所珍视的真实性的能力。更确切地说，对于真实性的担忧，是被一种信念所驱动，他们认为澳大利亚已经被太多“商业化的”、“浮华的”和“非本真性”的原住民文化填满了。当然，由于非原创产品的大量生产，“特别的现代价值观”，以及对“真实性”的向往，变得十分突出(Frow，1991：129)。一层真实性的铜绿，能将这个生态旅游中心与许多其他已经在贩卖原住民特性的景点区分开来：它能使这个中心对游客更具吸引力，当然也就更有可能进行经济投资(Brisbane City Council，1994b：14)。

为了确保必要程度的真实性，原住民参与的生态中心初始阶段的筹划，以及正在进行的“生态”奇观展示和表演，被认为具有可行性。这种有计划的参与，被认为有助于促进道德和金钱之间结成舒适的联盟：

> 这一景点必须被认为是道德上的生态旅游业，即真实，而且自然和原住民民众都能从景点的建立中获益。这可以被用作鼓励投资该公园的市场工具。
>
> (同上，26)

不可否认的是，非原住民的澳大利亚人想要发展有意义的与土著居民的共存形式，需要同时从道德和实践上进行推论（Rowse，1993：229）。但道德的实践在何处终止，而伦理的表演又在何处开始，是很难辨别的。因此，有建议中止原住民参与生态中心的经济管理，认为他们在这一领域"缺乏商业经验"，在这次投资中，似乎是景观获胜了（Brisbane City Council，1994b：28）。

布里斯班提出的生态旅游中心只是一个设想，如果依照提议所言，开发进程应该与原住民协商，它无疑会经历更多的调整。由于是一个无法折衷的设想，它为"新型"旅游业——现在被贴上了"生态旅游"的标签——的涌现所引发的诸多问题，提供了一个鲜活的实例。生态旅游建立的基础是：在游客中有一种新的渴望，想要去看"大自然"，未经破坏的"野外"，或"与大自然有关的"事物，更准确地说，与人如何能在自然界更好地存在有关的事物。一般来说，它是某种形式的反旅游业，有意识地推进在"未经破坏"的地方——既没有大批的游客，也没有现代性的标志——进行体验。人类栖居的痕迹还没有被生态旅游者遣送出他们所追寻的"大自然"。文物建筑和原住民文化场所，经常被当作资源吸收进这一新兴的、小众市场的旅游业。的确，近期的澳大利亚研究（Brokensha and Guldberg，1992）将生态旅游者和文化旅游者视作可供对比的消费者，追求类似的体验，同时也需要类似的管理手段。

自然、文化、殖民主义

在最根本的层面上，自然——包括其原生性——是一种由社会来调节、建构的概念。雷蒙·威廉斯(1980)认为，自然也与社会的物质和情感行为深度叠合。部分归因于启蒙运动思想遗留下来的一种品位，还有就是资本主义的转型，想要创造一个“外在的”、“原生的”大自然。玛格利特·菲茨西蒙斯(1989：109)提出，这一概念为“外在的、抽象的、自然形成的原生性成为整个话语支配权，提供了权威的来源”，当然也包括由马克思所扩展的——资本家对劳动力乃至自然的支配(见 N. Smith，1984；Cronon，1991)。就这些建构和支配的进程来说，这种生态旅游业是一种富有欺骗性的阐释。在此，(再次)回归自然，追求幻想中的原生性(未被文化浸染的自然)，或就如布里斯班生态旅游中心的例子：一个被文化适当染指的自然奇观。这些(再次)回归，就是取代或重构文化对自然的支配权；它们推销唐纳·哈拉维(Donna Haraway，1989：264)所说的“治愈的政治”。但与此同时，它们也代表着一种文化(资本主义)对自然的占有或调节的适应。自然，通过各种路径有意识地在现代世界得到了正视——保护、可持续性、生态旅游、环境主义——都在这种意义上得到了巩固，就是哈拉维(同上，265)所说的那种，“热爱与金钱的辩证关系”。

布里斯班生态中心展示的并不是自然，而是一种文化，这种文化以不同的方式来认识自然，而且可能还是一种不那么具有毁灭性的形式。自然是经由原住民文化这一路径被发现的。詹尼弗·

克雷克(Jennifer Craik,1994:153)认为,呈现以本土文化为基础的旅游业投资,确立了一系列的关系,诸如“模仿殖民主义”的窥探者和可供挖掘的商品性之类。的确,像旅游业这种以消费为基础的行业,是当代殖民主义(一种新型的殖民主义)的一种面貌,这一观点已经越来越被认可了(Boniface and Fowler,1993: 19—20)。布里斯班生态旅游中心的计划,确实重新阐释了一系列熟悉的殖民主义者关系。这一点最明显的表现是将原住民排除在生态中心的经济管理(以及完整的经济利益)之外。这在对原住民特性进行包装的方式中,也体现得十分明显。处于未开化时期的、原始化的原住民特性才是生态旅游中心所需要的,即便是为了娱乐的价值而做出了恰当的调整。这一富有生态感的原住民特性的展示,与形成于19世纪的原住民文化实践之间,有着无可否认的共鸣点,而作为原始化的“景观”——存在于博物馆的空间之中,存在于人类学的知识体系和新奇事物的收藏之中(von Sturmer,1989: 139)。

生态中心代表着一种更加普遍的商品化视角,而且变相地表达了现代社会中一种想通过本土文化而(再次)回归自然的愿望,并把土著人看作第一代环保主义者。也就是说情感体系对生态中心主义的影响,与一个更为广大的欲望领域找到了共同点,而这一欲望领域又与环境保护组织密切相关。这在环境运动的一些潮流中得到了体现,特别是在深度生态学方面(例见,Drengson,1989; W. Fox,1990; Knudston and Suzuki,1992),还有生态女权主义者的环境主义,它利用了本土文化和前父权社会中某种“女性”模型(例见,Griffin,1978; Merchant,1980,1992)。本土文化也出现在很多别的环境主义者语境中:为生态型优质产品的营销提供创意

(Sackett,1991);为新世纪的生态唯心论提供模型(例见,M. Fox,1991; Lawlor ,1991);同时也为自然保护区域的土地管理提供样板(Baker and Mutitjulu Community,1992)。通过本土化的知识(再次)回归自然,被认为是对男权主义者和理性主义者(真正的资本主义者)失败的一种回应。例如 Knudston 和 Suzuki 的《长者的智慧》(*Wisdom of the Elders*),明显地开始把"土著人"知识和经验的洞见引入"正确的人类与自然世界的关系"之中(1992:xiii—xiv)。诉诸本土化的知识,也就是重新分类的所谓"生态中心"的视角:以基于土地的本土化知识体系来整合文化和自然的方式,而且并不把人类置于其他物种和事物之上。一种彻底的主体性,以及"反式人格",在这些知识系统中被看作是为现代更广泛意义上自我的开发提供了模板,也就是马修(Mathews,1992)所说的一种"生态自我",它包含所有的人和物。

并不令人惊讶的是,在对生态地球环境重新构想的过程中,边界的意义——传统的原住民土地知识,以及非原住民想在这个世界持续存在的渴望——几乎没有了,都被潜在地认为是一回事。"本土化知识",被用于为一种现代性提供一个文化模板,其自身的建构可能不会围绕着男性化的"人类"中心主义,而是通过一种去中心化的主体性——把"我们"当作自然的一部分,同时也与自然共存(见 Jacobs,1994b)。土著人被重新放置于第一自然中,他们成为世界上的第一民族,然后被重新纳入在世界范围内生存的全球化年表中,以"他们"开头,但以与环境适应的"我们"结尾。就像托马斯(1994:174—177)指出的,这个新的生态构想,利用了原始化的、稳定的、漠视传统并深度浪漫化的对原住民特性的理解,还利用了原住民与土地之间的关系。在这个以多种方式来表达的政治同情心中,"传统的原住民群体",成为"在当下被投射情感"的人群,而且从中能勾勒出"未来的蓝图"(Torgovnick,1990：224)。

将"原住民群体"视作与土地"和谐相处",与自然共存,并是自然的一部分,一直以来都是殖民主义的比喻(Lattas,1990)。在19世纪殖民主义条件下,原住民群体与女性化自然的合并,使将原住民群体置于文明化文化之外这一定位合理化了:有时是被动的,有时是变化无常的,甚或是野蛮的,但永远可用于男性主义者的征服(Schaffer,1988)。这些建构,通过一种浪漫化的对前现代他者的渴望,与其自身联系起来了,并大胆地无视了土著的土地权利,从而为澳大利亚的殖民占领提供了重要的先决条件。当代原住民/自然的叠合,也许有了新的形态,但只在其殖民主义者的效应中起作用。这些联系证明,在现代性的追寻中,对一种生态合理的未来而言,一种"真实的他者性"是必要的。那些外围的原住民,或者在对其文化进行原始化改造中选择放弃的原住民,他们在这一新的征途中就会有一种模糊不清的定位。这一新的、生态敏感性的殖民主义者效应,比重新激活一种原住民特性走得更远,在其本地的澳大利亚人的阐释中,这些环境主义者和生态唯心论者,(再次)回归到传统原住民在世界上存在的方式,这种方式也成为澳大利亚殖民者如何在这个国家安居的样板。如一位生态唯心论者所提出的,原住民的梦想,为现代社会中"我们作为澳大利亚人的根基"提供了"原点"(Cain,1991：78)。因此,生态合理的国家的未来,取决于澳大利亚殖民者从将原住民视为他者、"局外人",转变为从"局内人"角度来发现一种原住民特性(M. Fox,1991：7)。在这种阐释中，世界范围内的环境主义突变为一种新的生态型-国家主义。安德鲁·拉塔斯（Andrew Lattas，1990：52）提出，在殖民化过程中，拥有原住民的知识，不仅是建设一个生态更加合理的澳大利亚的最后步骤，还能让澳大利亚殖民者最终从外来者变成本地人。

在布里斯班生态中心的例子中，我将旅游业描述为复兴殖民主义过程中的一个点。无疑，这一发展的规模，及其高度的商品化形式，为其殖民主义的影响做出了贡献。旅游业所造成的殖民问题，也许不会局限于它最近的表现。旅游业和旅行，在澳大利亚这种殖民国家长期发挥着作用，通过殖民、经历和定居的方式。这就表明，流动，是人们来到一个地方并居住的关键因素。过去，和现在一样，旅游业在特定欲望领域中运行，这之中，自然和原住民特性以多种方式结为一体。这一章的剩余部分，会把我们引向一个旅游点：库萨山保护区（Mount Coot-tha），地处布里斯班市的边缘，并且长期作为本地居民和旅客十分喜爱的旅游目的地。通过解读这个地方两种（过去与现在）旅游业的表现，我试着概述出一种十分难以驾驭的身份和地方的政治，这里面可能存在着旅游业的实践。

帝国的旅行

库萨山保护区一直以来都是布里斯班居民的一个旅游地。这座山很可能是保留了一个原住民的名字（"Coot-tha"据说是"蜜之地"的意思），但作为游客空间来呈现的，却是一种殖民占有的视角。此地离新兴城市中心以西五英里左右，对整个城市和周边地区来说都极其方便，它吸引着那些早期追求享乐的定居者。在19世纪末20世纪初，这个地区被形容为一个“最佳野餐地”，并且早在1880年，这一地区就在托管制度下被当作公众娱乐的保留地。1882年，在克拉伦斯公爵(Duke of Clarence，后来的阿尔伯特亲王)和乔治王子(Prince George，后来的乔治五世)访问殖民地期间，皇家宾客被带到库萨山保护区观看作为大不列颠附庸领地的一个片段。他们在库萨山保护区种了两棵大叶榕树(Mally，1914：3)。这些自然纪念物，标志着帝国认可把库萨山保护区作为当地布里斯班居民和到访这个城市的人的旅游目的地。

库萨山保护区提供的周边景观的全景画面，引人入胜，很多早期的旅游宣传为之打下了基础。一本早期游客手册声称，从山上，“人们可以分辨出几乎所有的周边景物的特征”(Traill，1902：2)。库萨山保护区是一个可以反复呈现早期殖民化视角的地方。游客被邀请到早期的布里斯班殖民定居区获取殖民地观感：

> 从库萨山保护区看到的景物[有]着过去的记忆……可以看到热心的Logan和他的继任指挥官们在这绵延的景观中瞭望，观察到数缕烟雾冉冉上升，它表明有大量的土著人聚集在火边，沉思着未知世界神秘的可能性。
>
> (同上，16)

早期来到库萨山保护区游客，被称作“观光客”，可以想象，就像那些早期殖民者所做的一样，那些“冒着缕缕烟雾”的土地，被“油漆过的小屋”甚至河边的“宫殿”取代了(同上)。游客们可能退回到对殖民地“美化措施”的向往中，正是这种向往带来了如今展现在他们眼前的有序的聚居地景色（M. L. Pratt，1992：205，217）。在最初的殖民地关注中，19 世纪末 20 世纪初的库萨山保护区的展望，是作为一个地点，在这个地点，可以构想一个澳大利亚理想的居住地。这里为现代游客提供了重新思考脱离“漂泊的殖民者”的机会，这也是澳大利亚国家和公民身份得以建立的基础（de Certeau，1986：143）。游客也可以想象一个极其完整的殖民地未来，这里面的布里斯班是赤道以南的帝国交通枢纽城市。其时：

> 冷而多雾的 Thames 山谷也许……已经失去了它现有的居民群体，要在一个更温暖的天空下和一种更宜人的气候中，这里才可能会有那种密度的人口。
>
> （Traill，1902：16）

十几年后，库萨山保护区又一次被积极地推介为观看布里斯班河周边的地点。后来，这座山所提供的风景被拿来与巴黎的埃菲尔铁塔、瑞士的瑞吉峰、纽约的伍尔沃思大厦相提并论。1914 年的宣传文件向读者保证，库萨山保护区是属于世界的而不是前现代国家的一部分；这个地方，自其“野蛮的史前时期”“有着黝黑面孔的子孙们”的“快乐的猎场”，转变为新兴的全球网络中的旅游目的地（Mally，1914：2）。

在其托管制度的指导下及其对政府资金的使用中，库萨山保护区经历了大量的地面“改进”，使其成为“南半球最吸引人的地方之一”（同上，3）。现有的陡峭而粗糙的马道，被精心建造的马路和小径取代，以便“步行者和驾车旅行者[能够]非常轻松而舒适地抵达库萨山保护区的最顶端”(同上)。种植的树为游客提供阴凉，还搭建了座椅和野餐棚，供应水和其他公共便利设施，售卖零食的小摊也建了起来。库萨山保护区的主要风景，也许是大自然“赋予”的，但辅助景物确实是通过文化的意愿来刻画的。指定的两处最佳观看点，有六个“大的窗户”(或者说观景台)，穿过 Coronation Drive (一条主要的环山路)的灌木丛，用于展示新的景物和视野。在每个新的观景点，竖立的“指路牌”会把游客目光引向或远或近的特定聚落点。新的视野按照罗盘思路进行布局，把游客置于全景画的中心 (图 30)。

该地区的宣传手册，为观看山景提供了详尽的描写。作为一种写作类型，这类描写与浪漫主义和维多利亚时代的游记有很多共同之处，它们都美化这些景观，并将其转换为一种绘画语言(M. L. Pratt ,1992：204)。这些经过精确布局并综合命名的景点，涵盖了所有的路径，并产生了一种惊人的效应，呈现出了一幅奇异的聚落景观。

> 观光者一旦到达库萨山保护区的小摊，宏伟的圆形剧场便铺陈在他们眼前。站在石柱上(上面有一个雕刻的转盘，罗盘上不同的点显示出不同的地理方位)，在明亮晴朗的日子，还有可能看到周边处于迷人环境中的乡村。这些串联着的景点把游客的视线引向了令人陶醉的壮丽景象之中。
>
> (Mally ,1914：6)

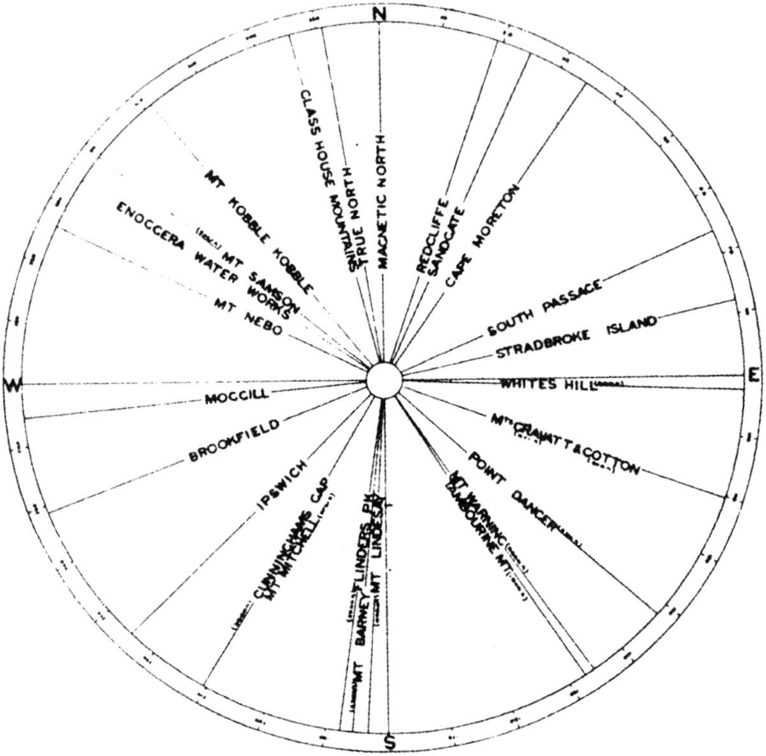

DIAL SHOWING BEARINGS FROM MOUNT COOT-THA.

图 30　本世纪早期，库萨山保护区的观光客享受到了极其美丽的景观，提供给他们的景观是按照罗盘结构来规划的全景。早期这种类型的旅游模仿了早期殖民主义的观察视角。但这些景点不是为一个遥远的宗主国核心准备的，它们是殖民者巡游行动的开端，它有助于在一个新兴国家中构建自我的意义。（来源：Traill，1902）

库萨山保护区为游客提供的布里斯班地区完整的景观表明，与帝国初始时刻的构想相比，这种“目之所及，皆为所属”的模式，具有一种相当持久的生命力（M. L. Pratt，1992：201）。与大多数早期的想象不同，库萨山保护区现场的干预措施和宣传手册，并不是要重新创造一种帝国美景来为遥远的宗主国核心服务。在库萨山保护区创立的这种“目之所及，皆为所属”的实践，是为到访此山的澳大利亚殖民者服务的。此处的帝国构想被植入殖民者日常生活的构想之中：周日驾车时，在向游客展示自己的城市时，或教给孩子们关于此地的知识时。如果就像格林布拉特（Greenblat，1991：122）所提出的那样，“在欧洲的占领梦中，所有事物都依赖于目击，因而这种类型的旅游业，就是一个地点，在这里，‘目击’就被安排来为新的本地人的广泛参与服务”，对库萨山保护区的宣传，意在创造一种地方性旅游实践，通过详细阐述殖民者关于土地的归属和占有的意义，不仅能够见证“进步”，而且还能在事实上推动“进步”（Morris，1988a）。通过这类地方性的旅游，观看到的片段代表着这个新兴的国家。在库萨山保护区，这些被积极创造出来并被推出的景点，引导游客走上了一段旅程，其目的是去了解并观看新的家居空间，然后成为一位澳大利亚人。他们所看到的这个民族，是由一种被殖民化所驯服的自然和一些稀少的原住民栖居的痕迹组成的。

本土化的旅游

在我阅读布里斯班生态中心的规划材料时，我提出，其整合原住民特性的机制，依赖于复兴原始主义者的固有印象，从根本上而言，这是由殖民主义者造成的。我指出，“掠夺性的占有”——就原始化原住民特性而言——是现代澳大利亚文化交流的长期准则(Morris，1988b：267)。这是非常糟糕而又非常熟悉的景象，它标志着殖民主义者权力关系的持久效力，同时也表明，后殖民主义的“后”仍然遥不可及。但将所有的文化交流归类为不可避免的或独特的围绕着占有的建构，有其自身的殖民主义者效应。迷恋于对“占有”这一概念的阐释，必然会把从属性界定为他者。他们难免会把那些似乎身份及文化财产都被占有的群体归为被动者，没有经过允许，也没有遇到反抗、谈判，甚至没有出现一些意料之外的、可能致使殖民主义者事务基础出现不稳定的后果。我不是说我误读了布里斯班生态中心。生态中心的商品化规模和程度，很可能觉得这种他者性就注定是掠夺性占有。然而，我也确实想提出，在许多新兴的大大小小或公共或私人的游客投资中，一种更加复杂的政治出现了。旅游业方面的投资很可能包含一种十分常见的殖民政治，但同时，它们也蕴含着一种令人不安的、偶尔又十分乐观的后殖民性迹象。

被排除在这种占有欲之外的，不仅是一个可能的后殖民主义本体论存在，更具体地说，这也是一种反殖民主义批评的可能性(Langton，1993：7)。尤其重要的是，把对占有的坚持，当作文化交流的关键动力，使得对一种被动固定的(但又失去的)客体/主体的忧伤怀念延续了下来。齐泽克(Žižek，1989b：43)认为，在这种充满怀念感的迷恋中，“对他者的凝视是……本土化的，绅士化的”。当然，他提出迷恋的最大功能，是使“我们忽略他人已经在凝视我们这一事实”。在主流语境和文化表现领域内,依附于持续的原始化形象占有的阐释,认为“本质上”的身份——就像我对生态中心的解读一样——或是在当下被误用了,或者就是西方所希望的一个谬误。它对这些创造性参与的“原始化”群体的否定,可能与这种归属以及这种参与的含义有关。它还否定了这些群体本身占有殖民主义权力与中心象征的多种途径。就如兰顿(Langton,1993:10)所说,原住民文化产业越来越多地“消费并(不断)消费这种原始特性”,就像它一次次消费其他与中心统治群体有关的身份证明。在这种意义上,原住民特性是“一个主体间性的领域”,“在一种对话式的进程中被反复塑造”(同上,33)。

在这一章的最后,我要返回到库萨山保护区,检视一个实例,这是近期建造的一处位于山上的具有原住民特性的旅游空间,J. C. Slaughter Falls。这个例子有助于结合一种更加复杂的政治上的主体间性,这种主体间性与土著参与到此类行业消费有关。在其建造之初,这个方案被认为是一种社区艺术的场所营造项目。为了在这个国家旅行的时候有一种新的生态和文化的“敏感”体验,这个方案有意识地开放了库萨山保护区。因而,这个场所横跨了一个空间,这是介于一种大规模的、高度商品化的生态中心,与较古老的、而且更多是把旅行实践体现为观光行为之间的一个地方。

J. C. Slaughter 是政府里的人,一位市政文书,在 20 世纪中叶一段时间里,他是布里斯班议会的市府行政官。他直接采用了英国曼彻斯特和伦敦的模式,为布里斯班确立了现代化地方政府管理的基本结构。在 Slaughter 的观念里,“文化”,对地方政府的管理来说，是一件锦上添花的事情。因为他大部分职业生涯里，他监管着“缺乏想象力”也“不需要想象力”的地方管理事务。但在1964年，他看到了为城市寻找新的发展方向的可能性，它需要突出“城市生活中的文化要素”，以及“纯粹以审美为目的的改进方案”(Slaughter，1964：13)。在布里斯班，差不多在此之后的30年左右，才具备真正意义上的文化规划动量，准确地说，才在一个后来以J. C.Slaughter本人命名的、坐落在库萨山保护区游乐场一个斜坡的野餐点上，看到文化场所的“嵌入”。

图31　用于J. C. Slaughter Falls步行道边的岩画，有意临摹了出现于未开化时期的岩画艺术作品，这类遗址遍布于昆士兰地区。艺术家们只采用了由血缘关系结成的那些地区的设计。因为两位艺术家都与大量的部落组织有着千丝万缕的联系，而这些部落组织可以说与广阔的昆士兰地区密切相关。同时还采用了来自布里斯班原住民长老议会的一些画作。(来源：布里斯班议会，承蒙艺术家们授权使用)

图 32 Campfire Consultancy 的两位艺术家 Laurie Nilsen 和 Marshall Bell 站在 J. C. Slaughter Falls 的“主展区”前面。这个展区把沿着这条游径的各种各样的单个图案汇合在一起。邻近的解说词标志表明这是游径的“地图”，并讲述着一个漫长的故事，和这些图画的含义。（来源：布里斯班议会，承蒙艺术家们授权使用）

1993 年年中，Campfire Consultancy（一个以布里斯班原住民为主的视觉艺术公司）的艺术家 Laurie Nilsen 和 Marshall Bell，完成了一个由布里斯班城市议会委托的社区艺术方案。这个方案是议会承担的在“国际原住民年”（the International Year of Indigenous People）达成和解愿望的一部分。这一和解姿态的结果是在库萨山保护区的 J. C. Slaughter Falls 出现了一条一英里长的步行道，离布里斯班市中心只有 10 分钟车程。这条游径蜿蜒穿过无数的艺术作品，刻画在自然裸露的岩石表面上的绘画、蚀刻版画和模板印刷画，还有树雕、石头阵和一个仪式性的跳坑。这一场所禀有一种图像表现法的特质，这是一种综合的混杂性，它由传统意义上的原住民土地知识和殖民地地域化的能指成分建构而成。所有这些艺术作品都是新的，但他们已经有意识地使用了“传统”风格，并把那些存在于“未开化时期”的原住民遗址图案运用到了整个昆士兰州(图 31，图 32)。这条游径的概念模板，依据的是创造性地使用地图，而地图是由多种因素决定的殖民主义的能指。

这一社区艺术方案，意欲修复原住民文化产物以及与城市相关的空间。这与这一时期为布里斯班地区拟定的其他“文化发展”模式保持了一致。在近期的区域规划实践中，一份文化发展规划就以其自身定位的“土著习俗”为样板。这份规划表达的观点是，在原住民社会中，艺术和文化与“经济、社会和精神生活的整体性”是“一体的”而不是分离的(Mercer and Grundy，1993：33)。这种文化发展模式对脱离“利用性地、粗浅地”并入原住民文化概念——它“只被‘外部社区’作为物体来看待”——产生了积极作用(同上，37)。这份规划切实地提醒到，原住民的文化属性，不可能通过一般性的接触、或按照“西方形式的博物馆学及文物分类学”布置的展览来获得(同上，34)。相反，这一文化政策建议，要更多地从根本上适应原住民的地点依恋概念。在这种模式下，把一种原住民风格的管理置于欧洲所有制之上，它为全体澳大利亚人提供了一种路径，从而体会到一种属于他们的地方、他们的国家的感情。

作为一个社区艺术方案，J. C. Slaughter Falls 艺术游径做了很多我们现在需要做的事——它创造出了一个超越空间的地方。这一富有原住民色彩的地方，绝对是所有人都可以看到的，它是为“公共”消费打造的。为特定目的建造的游径，把来访的游客从停车场和野餐区引向了艺术作品展区，沿着游径竖立的标志，提供了这些艺术品内容和意义的解说词。这条游径还为库萨山保护区的游客建议新的旅行线路。这幅20世纪初的外陆世界的全景画，被一种内陆的特写镜头取代了(Chambers，1987)。在这里，帝国的愿景让位于一种模拟的“土著化”旅游，其愉悦感来源于景观中的一种嵌入性，以及在规划中展示出来的地方性。20世纪90年代初，库萨山保护区的旅游和生态旅行中心与观景旅行一样，都得到了精心的部署，但在一种全力开发的状态下，这些部署没有完全“显现”出来。

澳大利亚的景观，针对公共消费而创建的原住民场所，其常规模式是通过文化来提取思路。对澳大利亚原住民群体来说，有文化意义的场所都受到了考古发掘、科学调查和文物认定的管制。这些程序经常直接就把以前“不为人知的”地方置于“公共的”艺术-文化体系范围内(Clifford，1990：141)。这类地方不仅仅是遗址，由于这种认定，它还是旅游场所。一旦变成了旅游场所，这些地方就被强力管制起来了。不仅是保护并保存它们，还要让游客对其意义有一种规范性了解。J. C. Slaughter Falls的艺术游径，并不是一种文化上的遗产类复原。选中库萨山保护区，尤其是J. C. Slaughter Falls，是因为这一新的艺术场所更多涉及一种当地聚落空间野餐和徒步的历史，而不是独特的原住民爱好，这一点已经通过科学或文物分类系统得到了证实。

J. C. Slaughter Falls艺术游径是澳大利亚近期众多场所营造“事件”之一，它已经动摇了——虽然还不是夺取——殖民地权力的稳定性。由于一个政府委托的艺术作品，J. C. Slaughter Falls艺术游径，与委托给 Michael Nelson Tjakamarra 设计的堪培拉新联邦国会大厦前庭的拼贴画，有诸多共同之处。这一设计被各方解读为恰如其分的原始主义，以及在国家的中心一种具有象征性的土著文化的再利用（Kleinert，1988：92—95；Johnston，1988：98—100）。即使 Tjakamarra 为国会大厦设计的拼贴画所表现的内容真的可以拿来运用，那也是相当不稳定的。作为一种反对政府土地权利政策的行为，Tjakamarra 后来移走了位于拼贴画中心的圆石，这是允许他重建这件艺术品合法地位的标志，这样一来，就只在国会大厦的前庭留下了一个没有法律地位的原型。

传统技术的运用，以及 J. C. Slaughter Falls 方案中采用的基调，还与一场争论遥相呼应，这场争论围绕着近期 Ngarinyin 人重绘的一处列入文物保护名单的岩画遗址，这些岩画是未开化时期的。Ngarinyin 人在他们村里的一处 Wadjina 艺术遗址上重新涂抹，并认为这是他们的权利，而且有维护遗址的责任。但是 Ngarinyin 人重绘的艺术作品被一些人解读为“亵渎神圣”，不仅损害了“真实的对象”，还对目前想通过列入文物保护名录成为国家财产的主张带来了破坏性影响（Mowljarlai and Peck，1987；Michaels，1993）。这里的真正含义是，Ngarinyin 人运用了他们对土地的合法权利和义务，而文化，则被认为是在对真实对象文物投资决策中的非法干扰。很多不守规则的场所营造事件，都暗中破坏了殖民地的统治，不是用一种尖锐对立的“反抗”，而是采用了与殖民建构及文化财产管辖权之间一种微妙的、颠覆性的相互影响的方式。

这类事件政治上的影响，仍然必须依靠当代原住民对土地的权利这一含混的物质层面来加以衡量。关于土地，在物质和法律意义上的安置与迁移，确实是判定后殖民性的一个关键因素。尽管如此，这些地方后殖民的可能性是显而易见的，其方式是通过场所营造过程来动摇殖民主义者的权力范围，以及与文化产物有关的真实性。瓦尔特·本雅明（Walter Benjamin，1992）阐述道，在艺术客体这一语境中，认为批量复制过程“把复制对象从传统领域分离出来”的方式，引出了一个真实性问题，同时也是一个权威性问题。他接着论述道，这种破坏，使得艺术客体脱离了仪式行为（这是所隐含的真实性/权威性的来源），而进入到了政治活动之中。在其与传统的模糊关系中，这些艺术事件也的确就是政治事件。本雅明用一种矛盾心态——有时候是悲观的——呈现了这一政治化过程。但是，还有可能认为这一政治化的产物是有积极意义的，它为把原住民群体与权威性联系起来提供了新的路径。这些场所营造方案，控制住了殖民主义者建构的人与地方，使之没有安全感，使殖民主义者在其自身配置的知识和权力领域内，也不再具有牢固的掌控力。这些场所方案戏弄着那些所谓正式裁定的原住民的合法表达式，但恰恰是非原住民把持着这类话语权。

J. C. Slaughter Falls 的原住民艺术游径同样动摇了真实性和权威性的概念。原住民艺术家使用的“传统”设计，并不是当地原住民的设计，而是以 Ngui、Mandandanji、Jiman 和 Kamilaroi 人的图案为基础，这些人都位于远离布里斯班的地区，这些艺术家们与他们有着各种各样的亲属关系。这一由原住民群体实施并认可的方案，还是受布里斯班市议会委托的，至少在某种程度上，是为了一个旅游活动的形式。而且，这样一个地方，对以前的土著生产者并没有什么特殊意义。从定位方面来看，还是覆盖了一种原始主义的创新感，这也是受到非本真性指控的起因；这一艺术客体的产物，是在“外部”授意为公共消费服务的条件下产生的（Cohen，1988：376）。但认定这一场所是“非本真性的”，就剥离了它任何的后殖民影响，而且严重危害了原住民艺术家们自己的反殖民意图。

就其作品中对传统风格的运用来说，艺术家们的 J. C. Slaughter Falls 艺术游径，也许被视为参与了一种策略性本质主义的形式更好一些。正是通过那些被艺术家们改造并重新配置的图案，他们的文化沿着惯常的路数进入了非原住民的艺术-文化消费模式。也就是说，艺术家们所采用的，是已经被认定为真实的传统风格，并被用于追求一种反殖民的目标。让我再多思考一下这个策略性本质主义的概念，因为它不仅用了“本质主义”这个术语，麻烦的是，它还和“策略性”这个术语纠缠在一起，它暗示着一种认知的意向性。毫无疑问，原住民的身份政治，和其他形式的身份政治一样，频繁采用一种“选择性的”本质主义（Spivak，1990：12）。我们可以这样来思考这个问题，就像朱迪思·巴特勒（Judith Bulter，1990a：325）性别研究所做的那样，在由多元建构身份所协商的不平等权力与差异领域这一不那么稳定的现实中，作为一种临时的“身份功能的调用”。巴特勒强调，与其说这是一个过程，不如说其中的工具性主体“拥有一种本质上的区别”（1992：109—110）。当然，在这个过程中，“通过分类，重新调用［主体］自身进入了话语”。这种调用或者可能或者不可能与工具的意向性发生联系。它可能是有意识地寻找一种从外部来认定身份的方法，甚至直接就可能是（而且经常是）一个个体或团体如何看待他们自己。但无论是否与认知的意向性或与外部和自我归属之间含混的界线有关，这种关联都会产生影响，它都会是策略性的。

这一方案中的艺术作品，使用“传统风格的复制品”这种方法是极其明显的，其真实性引发了一种政治上的强烈关切。这些复制品可疑的真实性，通过对真实性问题的溯源稳定了下来，即，如何获得许可使用这些设计。如果没有得到许可，这种艺术，且不论其风格，在原住民眼里，也无非是一种未经授权的图案，甚至可能就是一些“墙上乱写乱画的东西”（Michaels，1993：61）。这一方案的官方描述明确了这一程序，通过它，布里斯班市议会需要寻求获得布里斯班原住民长老议会的许可，并向布里斯班原住民长老议会支付版权费。这个长老团体的成员来自全国各地，但现在，他们都把布里斯班当作根据地。如果有人采用了长老议会的人种学观点，那他们想要获得集体性的“权威性”就不太可能了，只能用 J. C. Slaughter Falls 的各种传统图案，或者就用本地的。但不管这种“传统的”权威性是在场还是缺席，它都不是长老议会所需要的，也不是这些艺术家自己所需要的。关于这一方案，市议会有意识地使用长老会的权威性资料，在某种意义上说，其本质是显示权威性，不管它是否基于“传统”，都为赋予这一场所更加广泛的原住民特色的正当性产生了影响。而且，艺术家们对来自长老会的权威性的强调，在布里斯班议会内部确立了一份协议草案。之所以强调这一程序，这些艺术家们不仅仅是想确保他们在 J. C. Slaughter Falls 的作品的正当性，他们还确立了一种更加常规的原住民协商惯例，在一种更加宽泛的语境中恢复原住民对城市的管理权（访谈，Marshall Bell，10/1994）。

埃里克·麦克(Eric Michaels)指出,用“传统主义和权威性”认定当代原住民文化产物实践的属性,是完全错误的判断标准(Michaels,1993:50)。在这个案例中,这一艺术作品的“传统渊源”,确实有着一种复杂的轨迹,这一轨迹,就如它的确是来自委托主体的愿望一样,它也是由原住民艺术家提炼出来的。这条游径是基于政府作为委托主体这一关系的产物,而且通过旅游业,这一产物被纳入了“全球”艺术文化体系的消费之中。它确实是在原住民的权威性这一场景中产生,但是这一权威性结构,绕开了一种熟悉的把权重放在“传统所有者”的模式。而且这条游径最令人不安的方面,就是它看上去确实像一种传统的原住民文化场所。并不只是因为在艺术中使用了完美的具有“权威感”的传统图案的复制品,而是因为这种介质本身:岩石表面、树和石头。这个作品被解读为真实的事物,因为它确认了持久的殖民建构,这种建构把原住民特性置于大自然之中。

重绘殖民地

米根·莫里斯(Meaghan Morris,1988a:38)反复提及的德塞都(de Certeau),认为旅行(目的论的叙事驱动)和地图(固定的存在)在“叙述性描述过程中处于抵触的模式”,地图和旅行、固定和移动之间的关系,在 J. C. Slaughter Falls 的艺术游径上有着十分清晰的表达。这条游径,不仅以“传统的原住民艺术作品的复制品”为基点,同时也是原住民版本的帝国愿景的标志——地图。在这里,非常明确的是,旅行“以地图为出发点”,而地图“决定并预设了”旅行(同上)。在殖民扩张主义时期,权力已经在地图中得到了充分的表现(例见 Harley,1988,1992; Livingstone,1992)。毫无疑问,地图是一种"模拟再现的形式","通过透明空间从文本上来表现一种凝视"(Blunt and Rose,1994:8)。而且,突出地图的这种霸权效应,也许能更好地彰显绘制宏图的权力。这些导致地图有序空间性出现的种种冲突,以及那些在地图指引下所产生的各种结果,永远会危及绘图的确定性。这并不是说质疑地图的过程与空间无关,或者更直接地说,与绘制地图无关。萨义德(1990b:77)认为,由于帝国计划是一种地理上的暴力行为,反帝国主义的想象无法通过地理位置的重要性来加以区分。因为殖民地的开拓,在某种意义上是寻找并恢复失去的地方。在 J. C. Slaughter Falls,这种恢复不仅通过回归传统使之成为现实,还富有创造性地再次利用了地图。

J. C. Slaughter Falls 游径上的艺术作品,以及它们所讲述的故事,重新恢复了国家的原住民时空-文化叙事。但是,借助于欧洲的图绘想象力,国家中的这些原住民画像被编排进了壮观的"完整的"游径之中。这条游径始于一个原住民风格的示意图,整条游径的风格都富有一种原住民特色。这份地图既蚀刻在岩石上,也印在游径起点的一块标志牌上。在标志牌上,原住民版本的地图和游径的地形图并置在一起(图 33)。这种图绘的概念,也通过艺术作品本身得到了反复体现。如,在主展区,沿着游径,是一份绘制的汇编图,一份示意图(见图 32)。这种地图符号学的方案,拙劣地模仿了殖民主义者地域化的符号。然而,这种图绘方式的结果却是一种混杂。主展区的这个解说牌与这份"地图"同时提供了一种秩序化的空间叙事。

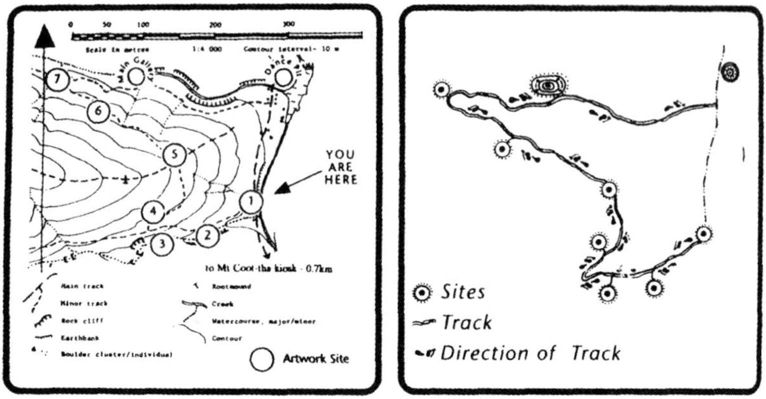

图 33 J. C. Slaughter Falls 游径始于一个标牌，标志上并置着一幅原住民风格的地图和一幅游径地形图。（来源：布里斯班议会，承蒙艺术家们授权使用）

这个主展区是你刚刚漫步过的游径的地图。圆圈标示每个位置，脚印表示通往的方向。位置 2 的赭石模板上呈现的武器，是为世界带来光明的祖先形象 Biami 使用的。Biami 画像（位置 3）或者蚀刻或者绘制在岩石表面上，取决于表面的质地和坚硬度。Biami 画像还可以在昆士兰的卡那封山脉中找到。

岩石有多种用途：烹饪、捕鱼、庆典、石阵以及研磨盘及研磨石（大柄苹）之类的工艺品。位置 4 的石阵描述的是 Munta-gutta 造物主的精神。位置 5 的这幅画中出现的是来自Kamilaroi族以 Gobi 闻名的树雕，还有对每个人都很友好的双头巨蜥，位置 6 出现的是 Munta-gutta 河里的用于防范侵略者的蛋化石。位置 7 是一套袋鼠的脚印，站着不动，然后跳着移动，一步步远离，就像在加速一样。

(J. C. Slaughter Falls 艺术游径，主展区，标志牌，1993)

布里斯班原住民风格的绘制地图也是由 Laurie Nilsen 设计的，不仅用作这一场所的标识，还被用作全市范围内与原住民的内容和意义有关的地方与场所的符号(图 34)。就像这条游径一样，这一标识是一种姿态，它象征着用经过翻译后的图绘构想来重新占有殖民地空间。

通过对地图的重新占有，并使它与再次激活的土著地图处于同样的位置，J. C. Slaughter Falls 艺术游径具有一种特殊的权力，它源于一种“双重性”，其“同时处于传统、假定和审美规则之内和之外这一不稳定的定位，使它与现代性得到了区分，又从时期上与现代性划分开来”(Gilroy，1993：73)。一种创新性的对地图的重新谈判，使之改变了(或者说耗损了)殖民主义者的权力。在积极参与绘图语言的过程中，从某种无法避免的、以殖民主义定位的角度来看，存在着一种逃避(没有离开)(de Certeau，1984：xiii)。J. C. Slaughter Falls 游径符号具有一种迷人的双重性，它动摇了自我与他者、殖民和传统、真实性与非本真性之间的界线。这种混杂性也妨碍了我们全面理解殖民主义者的种种建构。

这一反图绘的后殖民权力，还与艺术游径的产生以及后来使用的实际进程密切相关。J. C. Slaughter Falls 被选中作为艺术游径的位置，不仅因其对当地原住民社区的重要性，它也有可能追溯布里斯班范围之外的与地方的关联性。对布里斯班的原住民来

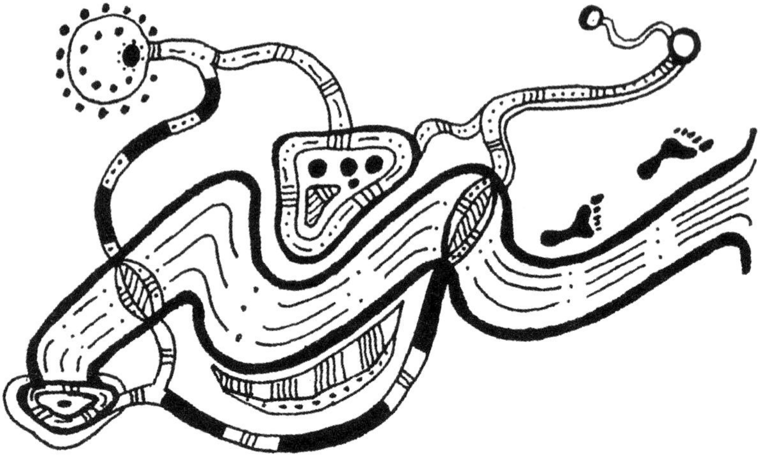

图 34　Laurie Nilsen 重新绘制的原住民风格的布里斯班市。这个标识已经被布里斯班市议会用来代表所有的原住民社区艺术、场所营造方案和遗迹步道。这个标识显示出主要的河流、城市的中心以及重要的道路和桥梁。（来源：布里斯班议会，承蒙艺术家们授权使用）

说，艺术和跳坑的呈现可以确保 J. C. Slaughter Falls 成为一个有特殊意义的地方，一个聚集的地方，一个学校远足的地方，一个周日野炊的地方。但这条游径并不打算专供原住民使用。在其最初的设想中，这条游径是为到访这一地区的普通游客提供娱乐和教育而设计的。J. C. Slaughter Falls 艺术游径有意识地用一种二元文化来重新绘制一个小规模的城市开放空间，想要使那些在这条游径上漫步的人明白，还有另一种认识土地的方式。这一方案的官方文件解释道，这一场所的教育功能，意在创造“一个更好的理解和欣赏原住民文化”的条件（布里斯班市议会，1993b：10）。J. C. Slaughter Falls 游径具有一种显著的混杂性。对那些不了解这些的殖民者澳大利亚人来说，这种混杂性有着重要的意义，原住民作家 Paddy Roe(1988)把这些人称作这个国家的“儿童”。因此，这条艺术游径所设定的，并不是由殖民者对国家进行统治，而是原住民。它认为需要传授并学习原住民的常识。这并不仅是另一种版本的非原住民对土著知识的盗用，但委托方市议会对这个想法负有责任是很明显的；而且这也是原住民在这类西方构想中的一种参与。

除了普通游客，这条游径的预期使用者之一是一个当地的定向越野比赛组织，艺术家们向这一组织进行了咨询，并在解说资料中提供了地形图。一些爱好者也像定向越野一样依赖绘图资料。定向越野是一种定向实践活动：它重新发布的这一发现过程和空间秩序，与帝国语学用的构成联系在一起。每次定向越野练习，都是再次体验一种奴役与鞭策般的探索过程，以及通过空间、定位标记发现路径的技能。这是形成某种“未知”空间感的玩法，这里的空间秩序以自己为中心，依照一定的方法去寻找，自动记录走过的地方，借助于地图和指南针，引向“基地”和冒险活动胜利的终点。原住民重新绘制的 J. C. Slaughter Falls 地图，试图在这个遍及全国的游玩运动中引入一种新逻辑，一种原住民的逻辑。在这里面，突出了其原住民意义的教育，其单向的路径，其已经绘制并重新绘制的传统，但对定向越野者来说，这条“神秘的”小径太固定了，而且太能预测了。看起来，这条小径经常被定向越野者忽略，或只是偶尔纳入他们的行动之中：它已经成了地图上非原住民制作的一个单点。

这一场所的教育目的，也影响到了年轻一代的原住民男性和女性，从一开始，艺术家们就决定，这条小径，以及后来的任何一条小径，其生产都要服务于教育年轻一代原住民群体这一目的，包括传统工艺生产以及关心国家的方式。小径的生产成为艺术实践的重点，其中，经验丰富的艺术家们培训经验欠缺的人，并为一种持续的与这些场所有关联的文化奠定了基础。艺术家 Marshall Bell 对这一场所的长期愿景，是看到它们被纳入到场所关怀和维护的社区实践活动之中，这就需要定期对这一场所重新绘制并重新整理。实际上，绘制所选用的材料(赭石和各种胶合物)，并不完全因为它们是传统的，而是因为它们的寿命很短，这一艺术场所需要“修复，照料，成为我们文化的延续”(访谈，Marshall Bell，10/1994)。对这一再度出现的二元文化实践来说，呈现在这些艺术作品中的一种刻意的无常感成了一种机制。在这个意义上，艺术游径反殖民的“传统”超越了具体的艺术对象，进入到了一种至关重要的状态——在城市风景中原住民文化生产被再次激活。

萨义德——(1990b:78—79)在谈到汹涌的民族主义以及他们所利用的基于地方的神话创作时认为，这一创造性的再利用过程呈现了一个“新领域”。这是一个空间，但它既不是一幅全景式的、扁平化的帝国主义者的愿景空间，也不是原始的或前现代的复原。J. C.Slaughter Falls 艺术游径是一种重绘，其目的是想引领一个新领域。其混杂的形式表明这一持久而静止的二元对立状态的终结，这些对殖民主义文化来说极其重要。但 J. C. Slaughter Falls 艺术游径的出现，并不是为了消除自我与他者之间的划分，而是想通过赋权并解放原住民的方式来重新整理这种差异。这一场所，是确凿无疑的由权力来建构的“第三空间”，“辩证地起到了”自我与他者、殖民者与被殖民者之间的“甄别”作用(Bhabha,1985:156)。在这个空间中,“殖民地承传的意义”,它所蕴含的原始主义者的印象,与殖民主义者图绘的印象同样多,都被转化成为“解放的标志”的起点(Bhabha,1994:38)。这就承认了以某种形式重新土著化的地方——虽然它本身不是土地权利——可能是一种意味深长的再地域化。由于这种再利用的模式十分明确地出现在虚弱的外部,原始主义者传统的血缘证据和土地关系,仍然需要遗产和土地权利的裁定,它为那些希望在他们的土地上留下印迹的组织提供了一种相当民主的可能性。这条游径有着丰富而又变动不居的“双重传统”(Gates,1984:4),它可能在事实上引向了一个我们所需要的地方。

这并不是要提出一种愉快的经由民族产业消费来超越殖民主义的方式。这条艺术游径可能不会使布里斯班的原住民获得重视或有意义的土地权利。实际上,当殖民者的地图通过接触力来践行其概念上的权力时,这种重绘可能仍然是象征性的。如同最近对布里斯班声明失败的马博式主张一样,想要重新占有这个城市也不太可能,鲍德里亚(Baudrillard,1983:2)提出,这份地图,有可能推进一场全面的原住民领土的收复。J. C. Slaughter Falls 的原住民艺术游径,应该不会侵占新殖民主义者和帝国主义者在布里斯班城市活动中所拥有的整体物质控制权。而且为了给(一种现在已经本土化了的)旅行提供另一种机制,它还可能会永久推迟这种可能性。它应该也不会阻止原住民文化“适当地”进入这样或那样的背景之中。它也不会阻止这种可能性,这已经由(错误地)使用这一场所的定向越野者提出来了,瓦尔特·本雅明(1992:232)

把它称作“处于消遣状态的……消费”。但是，除了这些物质上的限定，它还是这样一个空间，它开始承担起提醒非原住民澳大利亚人的要务（尽管只是暂时的）——在他们自己的土地上，他们是闯入者。

不可否认的是，一种持续的以消费为基础的旅游业特征，是其殖民主义者趋势。以不同的方式，在或大或小的程度上，这一章中所访问的旅游场所是殖民主义者的。这一点很明显，有时是通过对自然的掌控和有创造力的对原住民的清除来体现，有时是通过对自然和原住民特性进行商品化和原始化的合并来表达。而且在现代生活的主要领域中，这些进程的持续，这种恶劣的做法，是无可争辩的。尽管如此，这一章还是表明，殖民主义是一种充满变化的、有着内在不稳定性的方案。不仅因为在现代世界中，旅游业是殖民主义可能采用的形式之一，还因为，即使从旅游业本身来说，殖民主义者的倾向也会随着历史和物质的特殊性而发生变化。

目前，把殖民主义主要解读为一种文化“占有”过程，已经是老生常谈，在这个过程中，殖民地的文化被商品化，并被污染。20世纪80年代期间，出现了大量针对旅游业和文物产业的批评，这在某种程度上是被一种焦虑感所驱动，认为这类产业把审美对象、背景和文化商品化了，这样下去，就会把它们拽出其实质上的原点，迫使它们成为赝品。这一论点的阐述，常常是通过提出商品化使得本土性受到了“异质性”、全球链接的侵犯，还有一些进程，它们破坏了原初的地方性和自发的（理解为真实的）文化形态之间的一种形成链。很多文物产业和旅游业的批判研究，其支撑点都是假定这些产业对残存的文化特征来说是一种危机，更不用说与真实的地方和社会身份之间的密切联系了。

出现在艺术/文化/自然类旅游业中的占有，并不是文化交流的普遍规律。很有可能是，并不是旅游业和文物产业成了“真实的”地方或身份的一种威胁，而是它们所引发的一种忧郁的幻想，认为存在着(某个地方)或曾经存在着(某个时间)真实的地方和人。如果未经调和的真实性，与调和过的非本真性的二元对立，是现代性自身所产生的一种怀旧感，那么就很难建立一个适宜的框架来理解复杂的、主体间性的地方政治。在真实性的怀念中隐含着这种批判性视角，不单错失了当代主要文化生产形式(消遣过去)的关键点，它还使其丧失了在当代的政治权力。

由殖民组织构建的身份，不可避免地在过去与现在、自身归属与社会认定、有意识的行动和不可预测的越界等方面引起了一种复杂的相互影响。这些身份的关联甚至可能就是编造的(而且通常就是编造的)，在这些方面，不仅有权力主张，还有对本质上的起源与真实性概念的依赖。从这个意义上说，它们可能需要一种积极地与“他异性”的接触(Appiah，1991：354)。但这样的关联，需要在现代性的条件下来建立，需要在殖民化的历史所产生的特定机遇和约束范围内(虽然常常是背离的)来建立，还要从不同体系的法律裁定、政体意义以及商品化的进程中来建立。对殖民组织来说，再次占有并再次配置原始化的他者，并不是简单地回到前现代，而恰恰是要参与到现代的身份和地方的政治之中。

第七章
结　　语

1988年,澳大利亚"庆祝了"它作为驻领殖民地200周年,一位原住民活动家访问了英国。一个微风拂面的日子,在布赖顿海滩,云集着邀请来的各路新闻记者,Burnam Burnam举起了原住民的旗帜,并宣布英伦诸岛是原住民的领土。这一殖民的回归模仿了200年前Phillip总督在澳大利亚东海岸悉尼湾升米字旗的举动。这两者都是标志性事件。前者标志着英国在这块大陆开疆拓土的"开端",这里从此被称为澳大利亚。后者成功地戏仿了那次无畏而老套的事件。1788年,那些目睹了升起米字旗事件的极少数原住民们,无法想象将要出现的——对他们,对所有的原住民——会是什么样的结果。1988年,通过媒体报道看到原住民旗帜在布赖顿海滩升起的上百万英国人,却可以推测出它并不标志着任何事情的"开端"。一个事件,是通过一种渴望的力量和纯粹的可能,进入了一段殖民统治的历史。而另一个,则是一次纪念活动,除了表达渴望的力量之外,既不能主张英国的领土,也不能抹除澳大利亚殖民统治的历史。它内含了权力的不均衡性,这是殖民主义遗留下来的问题，意味着这两起事件是以完全不同的方式来发挥它们的标志性作用。像这一类事件，本书把英国和澳大利亚带回到了“超时空接触”之中。但这不是一种因-果相遇。就像很多“初次见面”一样，它是双方互相观察、互相冲击的一个过程，但并没有识别出隐含在其相遇中的重大历史意义和地理意义。

地理意义上的相遇

本书力求在新殖民主义及后殖民主义理论和特定的当代城市空间之间，创建一种有意义的相遇。我承担这一任务，是为了把一种地理上的表达加诸一个理论领域，以丰富其有关空间的隐喻，但常常在其对空间性所影响的真实世界的阐述方面显得词穷。在文艺批评和历史领域内，很多现行理论的定位表明，它与当下日常生活条件的相关性是间接的。而同时，这一理论大多是关于差异，关于解构主导叙事，关于空间，这些关注点常常是通过大理论来表述，而不是从根本上解构空间的地方性。我并不只是认为地方性为这些规则提供了例外，虽然经常如此。我提出的是，借助于地方性的在场，并获得重视，就有可能看到宏伟的帝国理念如何成为不稳定的技术力量，而这一技术力量跨越了时间和空间。

构成本书焦点的类属词“地方”，是当代第一世界的城市。这一焦点没有追随一种新型的全球城市化模式，或粉饰“后现代”城市的本质。这些城市研究确实有意识地远离了这两种可能性。把殖民城市作为从前现代到现代演进过程中点的旧的城市发展模式，失去了它们的效用。这并不是说核心和边缘、富人和穷人之间的区分已经消失——而是变本加厉地呈现了。但是，地理意义上的“在哪里”越来越困惑了：第一世界的城市有第三世界的邻居，全球城市有其狭隘的地方观念，殖民城市有后殖民的梦想。诸如绅士化、消费奇观、遗址开发之类的城市变革，经常都被理解为后现代。但是这些后现代性的景象与种族和国家的政治纠缠不清，如果不诉诸帝国的传统，就不能把它视作建设性的，后殖民时期必须要履行的责任已经出现在当下。

本书的“真实世界”当然不只是一个物质世界。想象中的地理位置和实质上的地理位置是不对应的，而且它也不是简单意义上的一件产品，一件剥夺了他人剩余价值的产品。它们复杂地交织在一起，而且相互建构。同时，它们提供了动力，并以形成帝国主义的领土扩张为方向。而且，它们还造成了一个极其麻烦的优劣不均衡的地理区位。这一社会性的空间建构正是帝国主义机器的组成部分。以帝国计划的名义，空间得到了评价，并与欲望叠加在一起：在“异域的”领土上创建一种家园般的景象，把遥远的土地纳入帝国的版图，确立一种有序的格网占领。这些空间事件不只是以经济为驱动的帝国主义的补充物，它们还使之富有意义：它们使之从想象中的到具体化的，从全球范围内的欲望到地方性的技术占有。它们确立了最永久的帝国主义传统的开端，介于其间的争议是：哪些通过空间本身已经“被归化了”，哪些已经构成了“非法”。

难以驾驭的帝国主义

帝国主义既不是一种统一的现实，也不是一种静态的持续。帝国主义者的构建采用了一条难以驾驭的通道来跨越时间和空间。帝国主义者统治权的控制，与某种突出的不确定性有密切关系，这一不确定性来自于他们面对的所在地的表现形式：当他们遇到具有不可预测的他者和前后矛盾的自我时。面对这一不确定性，帝国主义必须始终重塑它的权力和区分结构，这就是所谓的有助于赋予它一种韧性。空间，是这一令人忧虑的帝国权力结构至关重要的组成部分。

在帝国计划开始的时刻就加以构想的这里与那里、自我与他者的一种有序空间性，时时被殖民化期间形成的种种无序的遭遇打乱。在澳大利亚，帝国关注着想象中的一块未被占领的土地，然而却极其肯定地住着人了。殖民地的空间建构，如城市有序的规划，想奋力牵制纯粹由原住民的在场而造成的种种颠覆因素。200年以后 Waugal 的梦想能够在佩斯“出现”，并能动摇当代城市的再开发规划，它表明要全面地实现想象中的“无主土地”的建构，这类技术上的牵制是没有用的。同样，在英国城市中，帝国主义也意味着变化，尤其是一种新的工业化和城市化水平。在为帝国的发展怀有自豪感的时候，它也同时催生了各种反城市组织，这些组织在一个多世纪以后仍然存在，而且它们持续的保护工作唤起了帝国的记忆。

在当代，一直视帝国的地理位置而发生变化的秩序，已经被进一步地废除了。正式的去殖民化和战后移民及定居，已经使一个实体化的边缘进入了帝国的中心，而帝国的灭亡意味着英国现在已经有了不同的全球和区域联盟。这些变化并不标志着帝国的终结——一种纯粹的后殖民主义，而是为修正后的帝国模式确立条件。目前，帝国主义仍持续作为帝国本身的一种理念、一种追溯，用来回忆、庆祝、凭吊和厌恶。这是一种强有力的记忆，它能形塑发展的轨迹，引导乡愁的回归，并确立有差异的结构，通过它，种族化的有关领土的斗争产生了。比如，在伦敦，帝国的怀念就不仅仅表现为一种残留的历史。它们得到了保护实践的支持和激发，这些保护实践以极其现实的方式，影响了城市驶入未来的关键进程。正如很多其他案例研究一样，传统并不只是涉及从现代性的逃离，还涉及超越现代性，以及成为现代。而且，它确实是追忆帝国的一种心愿，有助于使城市扩大其传统的边界，进入像斯皮塔佛德这样的地区，这里的孟加拉裔英国人正在一个新的国家里努力建设一种家园般的空间。

帝国主义还通过一种“新型的”剥削和统治形式进入到了当下，可能会被认为是新殖民主义。19 世纪的帝国主义已经为新的统治欲望让了道。在自我的建构中，他者已经不再是一种被压制的负面性，而是一种必需的正面因素，可以说，它使自我更加趋近一种多元文化的现在，或一种有利于生态平衡的未来。当代的消费空间想找出他者。但它和其他任何必需的他者不一样。在澳大利亚的旅游业开发中，它是一种本质上的原住民特征，被打磨成景观，并带进了商品化体系。在这些新的旅游者眼中，原住民特征再一次回归了大自然。早期帝国建构中的原住民特征和大自然，确认了在一种“未开化的土著”和一种“文明的文化”之间的分野。在当前和谐共谋的环境中，原住民特征提供了一个模板，适用于文明“适时地”回归自然的需要，也是一种生态性自我的源泉。但是这些生态方面的期望，也被澳大利亚殖民者作为一种手段，用来寻找他们自己在这块土地上存在的意义，就以这样的方式，最终实现了殖民化。当然，这样的回归仍然有可能被资本的需求所掌控。如，在佩斯，把开发的土地归还给大自然的提议，就被认为是“没有价值的”，而且深入地破坏了城市的发展意愿。

在斯皮塔佛德也是一样，对他者的期望变成了地方政治的一部分。中产阶级和开发商不断盛赞这一地区独特的“多元文化”历史。但是这一受到赞扬的共栖，不能过于混杂，或者说不能过于不可预测。在这里，一种适宜的多元文化主义的出现，是以一个妥善安置的(空间上分离的)孟加拉社区为基础的。辅以秩序，并实施归化，孟加拉人居住的斯皮塔佛德会成为一个安全的地方，并在把斯皮塔佛德建设为一种友善而宽容的英国风格象征地的叙事中，成为当代的补充说明。

概述当今的帝国主义，在权力实践过程中，占有，经常被假定为一种关键动力。这一典型的例子是旅游业和文物产业通过这种方式重演了本质上的身份建构，并把这些纳入了商品化体系中。就好比 19 世纪帝国主义赤裸裸的领土占有让位于更加破碎的文化占有模式。正如我已经表明的，这样的占有确实发生了，而且它们可能产生帝国主义的影响。本质主义的他者建构，确实对所需范围内的殖民地组织分类起了作用，并限定了模板。不管怎样，这是帝国主义乡愁的一种形式，是对“未开垦的处女地”的一种渴望，它意味着这样的相遇，只代表着另一个阶段的帝国主义。殖民组织并不是被动进入这种商品化体系，他们也未曾让自己巧妙地融入地方中。本质上的身份和地方建构，为一系列的革新、适应、激励打开了通道，也为由殖民者和殖民地这两方面所导致的再次占有打开了通道。由新的商品化进程带来的相遇，也许对殖民地开拓非常有用，移民组织以一种有效的新方式与自我的意义联系起来了：赋予地方政治斗争一种全球性影响；为传统的表达提供一个活动场所；开创新的经济机遇；并建立一个有影响力的教育体系。不能简单地说在商品化进程中，殖民地、“土著”、“传统”就一一崩溃了。

伦敦孟加拉镇的理念，清楚地显示出如何探明帝国主义在占有/商品化以及本质化的主体性建构过程的问题。孟加拉镇没有利用孟加拉的商人，但他们产生的这个想法也并没有忽略玩弄“孟加拉”概念的战术。在夺取权力和空间控制的一种尝试中，通过商品化的体系，孟加拉商人积极地参与到了阐释本质化的身份建构之中。同样，为了给现代城市确立新的有影响力的条款，进入布里斯班“和解”场所营造项目的原住民艺术家们创造性地重构了“传统”。在这两个案例中，他们可能有不同的想法，稳妥的帝国主义占有的概念从根本上站不住脚了。在这些案例中，在当代出现的本质化的建构——尽管延伸到了过去——是为了与产生于现代的种种不平等权力进行协商。

后殖民的可能性

提出动态的占有和本质主义的问题，我并没有通过土著这一途径来迈向一种新兴的后殖民主义。一种不屈不挠的有适应性的帝国主义，是术语“后殖民主义”一种不切实际的乐观的暗示。当土著的土地权利主张及战后在英国的定居可能被认为是后殖民形式时，其真正的后殖民影响，仍然可以隐约地进行追踪。要想象一个超越帝国主义的时刻确实很困难。在这个意义上，后殖民没有太多地关注现有的对殖民主义的超越，而更多的是关注社会和政治的斗争过程，以及对动摇通过帝国主义确立的占主导地位的体系结构所产生的作用。这里面包括国际上反帝国政治的“空间清理”。但它同时也包括各种各样失控的荒诞行径，以及由帝国主义本身所造成的不稳定的混杂的共栖。如，就佩斯来说，在这一世俗化的城市中，针对 Waugal 的“出现”，具有反殖民意图的原住民主张，被澳大利亚非原住民焦虑的反应放大了。同样，针对斯皮塔佛德的孟加拉镇规划，通过积极的探索，创建一个融合了“大资本”的联盟，以寻求在英国建设一个孟加拉的地方。这样就造成了一种从属危机，出现在孟加拉社区和一些特定的组织之间，这些组织里的人把自己当作他们的保护者及其反种族主义的同盟。

在当下的后殖民讨论中，多数强调的是既有的具有破坏力的混杂性权力。在把混杂性作为一种关键的后殖民性的能指时，殖民地的权力结构及其分类不可避免的脆弱性，被准确地暴露了。帝国主义自我毁灭，并自我对抗。无论如何，通过混杂形式的后殖民性来进行思考，对研究机构来说，要取代这一意向性是非常容易的：也就是说，只需要把后殖民假定为一种“主体效应”的殖民。在布里斯班“和解”场所营造项目的例子中，一个极其明显的、有意识的混杂地方的出现，是因为创造性地调用了“传统”，并破坏了地图标示的殖民占有结构。要认识这一项目的后殖民影响，更需要品味其视觉上的混杂性。这里的混杂性与差异的消除无关，甚或只涉及动摇自我与他者的建构，但关注建立在差异基础上的权力结构谈判。这一混杂空间政治上的重要性，不仅存在于其表面的形式及其影响中，还存在于国际政治的产物中，以及原住民对城市空间权利重新主张的渴望中。关注这样的意向——即使它有可能造成一种混乱的影响——是后殖民批判的一个必要组成部分。

综观政治上的身份和地方的研究，哪些可能会被认为是回到起源——主张身份是通过无争议的继承或静态的基于地方的成因而被“赋予”的——的讨论，存在着各种各样的观点。由于无可否认的身份的断裂及偶然的特质，所以，围绕着这类本质化的概念，暂时定位身份也是必要的。这些主张被强力地用于确立他们对领土的合法权利，用于把他者划分为“外来的”，并适应差异。换句话说，早期的主张可能是霸权主义的。但早期的主张——如在适当的地方定位身份的策略之类——对边缘化的团体也同样重要，这些团体中的人想要使他们的主张与霸权主义区别开来。提出本质主义的身份及地方概念是社会性建构和战略性决策，这样就全方位地动摇了被认为是缘于初期理念的有关空间的权利主张。普遍地破坏了对帝国的怀念或某些民族主义的暴力，这是一件事情；另一件事情是，即使对殖民组织形成的土地主张让步时，他们仍然被极度边缘化了。也就是说，对于实质性身份的社会建构性质，这种理论上的概括存在着一种不平等的政治结果，这一结果远离了难以避免的持续进行的政治斗争。

在当代世界，由于复杂的去地域化和再地域化、迁移与共栖过程的建构，它极有可能是克里斯蒂娃(Kristeva，1993：2)所说的“迷信的起源”，它需要让位于一种地方意义，它是围绕着破碎的连接载体和断裂的历史建立起来的。现在已经看到了从根本上“被摧毁”的地理意义上的帝国主义，但这些新的地理意义并没有超越它们的过去，也是事实。它们形成于持续的漫长的协商之中，重新构成的帝国主义与他们所期望构成的后殖民特征差不多。这是因为所声称的不可否认的持久统治的根源、战略性的固定身份的形式，继续成为当前政治的一部分。与当下所体现出来的诸种特征相比，多琳·马西(1993a)所指的这种具有“进步的地方感”的地理学，肯定能够在一种权力领域更加平等、更加民主的范围内蓬勃发展。

如果后殖民主义永远纠缠于殖民主义，那么可能存在着一种后殖民的地理学吗？空间意义上的地理学科能够远离其殖民共谋的定位，走向正在形成的后殖民空间叙事吗？后殖民的地理学追踪这些重要事件，还没有发现一种“纯粹的”后殖民性。反而，他们关心的是与自身有关的、用于自身建构的、难以驾驭的殖民机遇，并遭受到新的话语环境的攻击，或者说在根本上经受了其与殖民者相遇的挑战。他们寻找他者，并不只是为了阐述帝国核心的本质，或不合时宜的殖民工程。更准确地说，他们参与到了反殖民的政治规则中。现在，这些后殖民的地理学，用一种在不稳定的权力和身份中巡回的不确定空间性，取代了历史地图的安全性。

参考书目

Abu-Lughod, J. (1980) *Rabat: Urban Apartheid in Morocco*, Princeton, NJ: Princeton University Press.

——— (1984) 'Culture, "modes of production" and the changing nature of cities in the Arab world', in J. Agnew, J. Mercer and D. Sopher (eds) *The City in Cultural Context*, London: Allen and Unwin, 44–117.

Ackroyd, P. (1985) *Hawksmoor*, London: Abacus.

Adam, I. and Tiffin, H. (eds) (1991) *Past the Last Post: Theorizing Post-colonialism and Post-modernism*, Hemel Hempstead: Harvester-Wheatsheaf.

Age, The (22 February 1989) 'Waugal reawakened'.

Agnew, J. and Corbridge, S. (1995) *Mastering Space: Hegemony, Territory and International Political Economy*, London and New York: Routledge.

Ahmad, A. (1992) *In Theory: Classes, Nations, Literatures*, London and New York: Verso.

Alexander, I. (1992) 'City centre planning for public or private interest', in D. Hedgecock and O. Yiftachel (eds) *Urban and Regional Planning in Western Australia: Historical and Critical Perspectives*, Curtin University of Technology, Perth: Paradigm Press.

Alsayyad, N. (1992) 'Urbanism and the dominance equation', in N. Alsayyad (ed.) *Forms of Dominance: On the Architecture and Urbanism of the Colonial Enterprise*, Aldershot: Avebury, 1–26.

Amery, C. and Cruickshank, D. (1975) *The Rape of Britain*, London: Elek.

Ancestors of the Swan River People (1989) *1833–1989 = 156 Years of ?*. Publicity broadsheet. Perth: Ancestors of the Swan River People.

Anderson, K. (1989) 'Cultural hegemony and the race-definition process in Chinatown, Vancouver: 1880–1980', *Environment and Planning D: Society and Space* 6, 2: 127–151.

——— (1990) '"Chinatown re-oriented": a critical analysis of recent redevelopment schemes in a Melbourne and Sydney enclave', *Australian Geographical Studies* 28, 2: 137–154.

——— (1991) *Vancouver's Chinatown*, Montreal and Buffalo: McGill-Queen's University Press.

Anderson, R. (1988) 'Meaning in the Urban Environment', unpublished Ph.D., Oxford Polytechnic: Centre for Urban Design.

Ansara, M. (1989) *Always Was, Always Will Be*, Sydney: Jequerity Pty Ltd.

Appadurai, A. (1990) 'Disjuncture and difference in the global cultural economy', *Public Culture* 2, 2: 1–32.

——— and Breckenridge, C. A. (1992) 'Museums are good to think: heritage on view in India', in I. Karp, C. Mullen Kreamer and S. D. Lavine (eds) *Museums and Communities: The Politics of Public Culture,* Washington and London: Smithsonian Institution Press, 34–55.

Appiah, K. A. (1991) 'Is the post- in postmodern the post- in postcolonial?', *Critical Inquiry* 17: 336–357.

——— (1992) *In My Father's House: Africa in the Philosophy of Culture.* New York and Oxford: Oxford University Press.

Architects' Journal (25 July 1990) 'RFAC Scorns Spitalfields Plan', 11.

——— (22 September 1993) 'Joint venture boosts No. 1 Poultry plan', 10.

Artley, A. and Robinson, J. M. (1985) *The New Georgian Handbook: A First Look at the Conservation Way of Life*, London: Ebury Press, Harpers and Queen Publications.

Ashcroft, B., Griffiths, G. and Tiffin, H. (1989) *The Empire Writes Back: Theory and Practice in Post-colonial Literatures*, London: Routledge.

——— (1995) 'Introduction: issues and debates', in B. Ashcroft, G. Griffiths and H. Tiffin (eds) *The Post-colonial Studies Reader*, London and New York: Routledge, 7–11.

Asian Herald (23–30 November 1990) 'Banglatown Ghetto'.

Australia Council (1990) *Arts Facts: International Visitors and Aboriginal Arts*, Research Paper No. 4, Policy and Research, Strategic Development Unit, Canberra: Australia Council.

Australian, The (19 June 1989) 'Perth covers 1000 sacred sites'.

——— (23 July 1989) 'Swan Brewery continues'.

Bailey, N. (1990) 'Community development trusts – a radical third way?', in J. Montgomery and A. Thornley (eds) *Radical Planning Initiatives: New Directions for Urban Planning in the 1990s*, London: Gower, 150–164.

Baker Harris Saunders (1988) *No.1 Poultry Public Inquiry: Proof of Evidence*, London: Department of Environment.

Baker, L. M. and Mutitjulu Community (1992) 'Comparing two views of the landscape: Aboriginal traditional ecological knowledge and modern scientific knowledge', *Rangeland Journal* 14, 2: 174–189.

Bal, M. (1991) 'The politics of citation', *diacritics* 21: 25–45.

Balfour, A. (1990) *Berlin: The Politics of Order, 1737–1989*, New York: Rizzoli.

Barnes, T. and Duncan, J. (eds) (1992) *Writing Worlds: Discourse, Text, and Metaphor in the Representation of Landscape*, London and New York: Routledge.

Barthes, R. (1981) 'Semiology and the urban', in M. Gottdiener and A. Ph. Lagopoulos (eds) *The City and the Sign: An Introduction to Urban Semiotics*, New York: Columbia University Press, 87–98.

Baudrillard, J. (1983) *Simulations*, trans. P. Foss, P. Patton and P. Beitchman, New York: Semiotext(e).

Bauman, Z. (1992) *Imitations of Postmodernity*, London and New York: Routledge.

Benjamin, W. (1992) *Illuminations*, London: Fontana.

Berman, M. (1982) *All That is Solid Melts into Air: The Experience of Modernity*, London: Verso.

Bernard Williams and Associates (1986) *Spitalfields Market Redevelopment: Economic Appraisal*, London: BWA report for London Borough of Tower Hamlets.

Bhabha, H. (1985) 'Signs taken for wonders: questions of ambivalence and authority under a tree outside Delhi, May 1817', *Critical Inquiry* 12, Autumn: 144–165.

——— (1990a) 'The other question: difference, discrimination and the discourse of colonialism', in R. Ferguson, M. Gever, T. T. Minh-ha and C. West (eds) *Out There: Marginalization and Contemporary Cultures*, New York: Museum of Modern Art/Cambridge, MA and London: MIT Press, 71–88.

——— (ed.) (1990b) *Nation and Narration*, London and New York: Routledge.

——— (1992) 'Postcolonial authority and postmodern guilt', in L. Grossberg, C. Nelson and P. Treichler (eds) *Cultural Studies*, London and New York: Routledge, 56–68.

——— (1994) *The Location of Culture*, London and New York: Routledge.

Binney, M. (1984) *Our Vanishing Heritage*, London: Arlington Books.

——— and Lowenthal, D. (eds) (1981) *Our Past Before Us: Why Do We Save It?*, London: Temple Smith.

Birch, T. (1992) '"Nothing has changed": the making and unmaking of Koori culture', *Meanjin* 51, 2: 229–246.

Bird, J. (1993) 'Dystopia on the Thames', in J. Bird, B. Curtis, T. Putnam, G. Robertson and L. Tickner (eds) *Mapping the Futures: Local Cultures, Global Change*, London and New York: Routledge, 120–135.

Blain, D. (1989) 'A brief and very personal history of the Spitalfields Trust', in M. Girouard, D. Cruickshank and R. Samuel (eds) *The Saving of Spitalfields*, London: The Spitalfields Historic Buildings Trust, 1–34.

Blaut, J. M. (1987) *The National Question: Decolonizing the Theory of Nationalism*, London: Zed Books.

——— (1992a) *1492: The Debate on Colonialism, Eurocentrism and History*, Trenton, NJ: Africa World Press.

——— (1992b) 'The theory of cultural racism', *Antipode* 24: 289–299.

——— (1993) *The Colonizer's Model of the World*, New York: Guilford.

Blunt, A. and Rose, G. (1994) 'Women's colonial and postcolonial geographies', in A. Blunt and G. Rose (eds) *Writing Women and Space: Colonial and Postcolonial Geographies*, New York and London: Guilford, 1–28.

Bommes, M. and Wright, P. (1982) 'Charms of residence: the public and the past', in R. Johnson *et al.* (eds) *Making Histories*, London: Hutchinson, 253–305.

Boniface, P. and Fowler, P. J. (1993) *Heritage and Tourism in the 'Global Village'*, London and New York: Routledge.

Bordo, S. (1986) 'The Cartesian masculinization of thought', *Signs* 11, 3: 439–456.

Boyer, M. C. (1992) 'Cities for sale: merchandising history at South Street Seaport', in M. Sorkin (ed.) *Variations on a Theme Park: The New American City and the End of Public Space*, New York: The Noonday Press, 181–204.

Brien, A. (1981) 'Alan Brien's London', *Punch*, 10 June: 6–7.

Brisbane City Council (1993a) *Livable Brisbane: A Plan for Australia's Most Livable City*, Brisbane: Brisbane City Council.

——— (1993b) *Aboriginal Art Trail: JC Slaughter Falls*, Brisbane: Community Arts Unit, Brisbane City Council.

——— (1994a) '$10m ecotourism centre for Brisbane', *Inside Brisbane*, Newsletter of the Office of Economic Development, 3, 3: 1–3.

——— (1994b) *Brisbane Ecotourism Centre: Invitations for the Expressions of Interest*, Brisbane: Office of Economic Development, Brisbane City Council.

Brokensha, P. and Guldberg, H. (1992) *Cultural Tourism in Australia*. Report commissioned by the Department of the Arts, Sport, the Environment and Territories. Canberra: Australian Government Printing Service.

Bropho, R. (1980) *Fringedweller*, Sydney: Alternative Publishing Co-operative Ltd.

——— (1992) No Title, in Nyungah People of the Swan River (eds) *The Brewery Picket*, Perth: Nyungah People of the Swan River. [Political broadsheet.]

——— and Ansara, M. (1989) *Always Was, Always Will Be*, Melbourne: Australian Film Institute. [Documentary film.]

Brownill, S. (1990) *Developing London's Docklands; Another Great Planning Disaster?*, London: Paul Chapman.

Budd, L. and Whimster, S. (eds) (1992) *Global Finance and Urban Living: A Study of Metropolitan Change*, London: Routledge.

Burgin, V. (1993) 'The city in pieces', *New Formations* 20: 33–45.

Butler, J. (1990a) 'Gender trouble, feminist theory and psychoanalytic discourse', in L. J. Nicholson (ed.) *Feminism/Postmodernism*, London and New York: Routledge, 324–340.

——— (1990b) *Gender Trouble: Feminism and the Subversion of Identity*, London and New York: Routledge.

——— (1992) 'Discussion on Aronowitz, S. "Reflections on identity"', *October* 61: 108–120.

Cain, E. (1991) 'To sacred origins – through symbol and story', in M. Fox, *Creation Spirituality and the Dreaming*, Newtown: Millennium Books, 73–86.

Cain, P. J. and Hopkins, A. G. (1993) *British Imperialism: Innovation and Expansion 1688–1914*, London: Longman.

Carter, E., Donald, J. and Squires, J. (eds) (1993) *Space and Place: Theories of Identity and Location*, London: Lawrence and Wishart.

Carter, P. (1987) *The Road to Botany Bay*, London: Faber and Faber.

Cassis, Y. (1988) 'Merchant bankers and City aristocracy', *The British Journal of Sociology* 39: 114–120.

Chambers, I. (1987) 'Maps for the metropolis: a possible guide to the present', *Cultural Studies* 1, 1: 1–21.

——— (1994a) *Migrancy, Culture, Identity*, London and New York: Routledge.

——— (1994b) 'Leaky habitats and broken grammar', in G. Robertson, M. Mash, L. Tickner, J. Bird, B. Curtis and T. Putnam (eds) *Travellers' Tales: Narratives of Home and Displacement*, London and New York: Routledge, 245–249.

Churches, S. (1990) 'Aboriginal people and government responsibility and accountability', *Aboriginal Law Bulletin* 2, 47: 6–7.

——— (1992) 'Aboriginal heritage in the wild west: Robert Bropho and the Swan Brewery site', *Aboriginal Law Bulletin* 2, 56: 9–13.

——— (1993) 'Letter to the editor', *Australian Law Journal* 67: 239.

City of London Police (1994) *Camerawatch: Closed Circuit Television Scheme: Code of Practice*, London: City of London Police.

City Recorder (11 October 1986) 'Spitalfields redevelopment'.

CityVision (1987) *New Directions for Central Perth*, Claremont, WA: CityVision.

Clarke, W. (1989) *The City of London Official Guide*, London: Hobson Publishing.

Clifford, J. (1988) *The Predicament of Culture*, Cambridge, MA, and London: Harvard University Press.

——— (1990) 'On collecting art and culture', in R. Ferguson, M. Gever, T. T. Minh-ha and C. West (eds) *Out There: Marginalization and Contemporary Cultures*, New York: Museum of Contemporary Art/Cambridge, MA: MIT Press, 141–169.

——— (1992) 'Traveling cultures', in L. Grossberg, C. Nelson and P. Treichler (eds) *Cultural Studies*, London and New York: Routledge, 96–111.

——— (1994) 'Diasporas', *Cultural Anthropology* 9, 3: 302–338.

Coakley, J. (1992) 'London as an international finance centre', in L. Budd and S. Whimster (eds) *Global Finance and Urban Living: A Study of Metropolitan Change*, London: Routledge, 52–72.

Cohen, A. P. (1985) *The Symbolic Construction of Community*, London: Tavistock.

Cohen, E. (1988) 'Authenticity and commoditization in tourism', *Annals of Tourism Research* 15, 3: 371–386.

Colls, R. and Dodd, P. (1986) 'Englishness and the political culture', in R. Colls and P. Dodd (eds) *Englishness: Politics and Culture 1880–1920* Beckenham: Croom Helm, 29–61.

Commonwealth of Australia (1993) *Mabo: the High Court Decision on Native Title.* Discussion Paper. Canberra: Australian Government Publishing Service.

Community Development Group (1989) *Planning Our Future*, Spitalfields: Community Development Trust.

Corner, J. and Harvey, S. (1991) 'Mediating tradition and modernity: the heritage/enterprise couplet', in J. Corner and S. Harvey (eds) *Enterprise and Heritage: Cross-currents in National Culture*, London and New York: Routledge, 45–75.

Corporation of London (1984) *Draft Local Plan*, Guildhall, London: Department of Architecture and Planning, Corporation of London.

——— (1986) *City of London Local Plan*, Guildhall, London: Department of Architecture and Planning, Corporation of London.

——— (1987) *Inquiry into Objections to the City of London Local Plan*, Guildhall, London: Corporation of London.

——— (1993a) *Schedule of Development*, Guildhall, London: Department of Architecture and Planning, Corporation of London.

——— (1993b) *Security Cameras, Planning Advice Note 1*, Guildhall, London: Department of Planning and Building Security, Corporation of London.

——— (1993c) *The Way Ahead: Traffic and the Environment*, Draft Consultation Paper, Guildhall, London: Office of the Town Clerk, Corporation of London.

——— (1993d) 'Business as usual for the city', Press Release, 24 April.

——— (1993e) *New Traffic Arrangements for the City of London*, Guildhall, London: Department of Architecture and Planning, Corporation of London.

——— (1994) *The City of London to the Year 2000 and Beyond: Prospects for Office Demand.* Seminar proceedings, 16 May, London: The Royal Institute of Chartered Surveyors, Investment Property Forum and The Corporation of London.

Cosgrove, D. and Daniels, S. (eds) (1988) *The Iconography of Landscape*, Cambridge: Cambridge University Press.

Coupland, A. (1992) 'Docklands: dream or disaster?', in A. Thornley (ed.) *The Crisis of London*, London: Routledge, 149–162.

Craik, J. (1994) 'Peripheral pleasures: the peculiarities of post-colonial tourism', *Culture and Policy* 6: 153–182.

Crapanzano, V. (1992) 'The postmodern crisis: discourse, parody, memory', in G. E. Marcus (ed.) *Reading Cultural Anthropology*, Durham, NC and London: Duke University Press, 87–102.

Crawford, M. (1993) *One Money for Europe? The Economics and Politics of Maastricht*, London: Macmillan.

Cronon, W. (1991) *Nature's Metropolis: Chicago and the Great West*, New York: Norton.

Cruickshank, D. (1989) 'The past and MacCormac', *The Architectural Review* May: 68–75.

Crush, J. (1992) 'Beyond the frontier: the new South African historical geography', in C. Rogerson and J. McCarthy (eds) *Geography in a Changing South Africa*, Cape Town: Oxford University Press, 10–37.

——— (1994) Post-colonialism, de-colonization, and geography', in A. Godlewska and N. Smith (eds) *Geography and Empire*, Oxford: Blackwell, 333–350.

CSSD (1987) *Spitalfields Defender*, Broadsheet, London: CSSD.

——— (1988) *Petition to the House of Commons*, London: House of Commons.

——— (1989) *Petition to the House of Lords*, London: House of Lords.

Cullen, G. (1961) *Townscape*, London: The Architectural Press.

Culler, J. (1981) 'Semiotics of tourism', *American Journal of Semiotics* 1, 1–2: 127–140.

Daniels, S. (1989) 'Marxism, culture and the duplicity of landscape', in R. Peet and N. Thrift (eds) *New Models in Geography*, vol. II, London: Unwin Hyman, 196–220.

——— (1993) *Fields of Vision: Landscape Imagery and National Identity in England and the United States*, Cambridge: Polity Press.

Davies, H. (1992) 'Thoughts from a "dangerous man"', *The Spectator* 5 September, 12.

Davis, M. (1990) *City of Quartz*, London: Verso.

de Burgh, W. and de Burgh, M. (1981) *The Breakaways*, Perth: St Georges Books.

de Certeau, M. (1984) *The Practice of Everyday Life*, Berkeley: University of California Press.

——— (1986) *Heterologies: Discourse on the Other*, trans. Brian Massumi, Manchester: Manchester University Press.

de Cronin Hastings, H. (1944) 'Exterior furnishing or sharawaggi: the art of making urban landscape', *The Architectural Review*, January: 3–8.

——— (1945) 'Programme for the City of London', *The Architectural Review*, June: 158–187.

DEGW (1985) *Accommodating the Growing City*, Report by DEGW for Rosehaugh Stanhope Plc, London: DEGW.

Demeritt, D. (1994) 'The nature of metaphors in cultural geography and environmental history', *Progress in Human Geography* 18, 2: 163–185.

de Norbury Rogers, A. E. (1994) *Business Climate in Brisbane: A City of Growth*, Brisbane: Brisbane City Council.

Derrida, J. (1982) *Margins of Philosophy*, Chicago: University of Chicago Press.

——— (1992) *The Other Heading: Reflections on Today's Europe*, Bloomington and Indianapolis: Indiana University Press.

Deutsche, R. (1991) 'Boys town', *Environment and Planning D: Society and Space* 9: 5–30.

de Wolfe, I. [de Cronin Hastings, H.] (1949) 'Townscape', *The Architectural Review*, December: 355–362.

Douglas, M. (1984) *Purity and Danger: An Analysis of the Concepts of Pollution and Taboo* [first published 1966], London: Ark Paperbacks.

Drengson, A. R. (1989) *Beyond Environmental Crisis: From Technocrat to Planetary Person*, New York: Peter Lang.

Driver, F. (1992) 'Geography's empire: histories of geographical knowledge', *Environment and Planning D: Society and Space* 10: 23–40.

Duncan, J. (1990) *The City as Text: The Politics of Landcape Interpretation in the Kandyan Kingdom*, Cambridge: Cambridge University Press.

——— and Ley, D. (eds) (1993) *Place/culture/representation*, London and New York: Routledge.

During, S. (1987) 'Postmodernism or postcolonialism?', *Textual Practice* 1, 1: 32–47.

——— (1992) 'Postcolonialism and globalization', *Meanjin* 51, 2: 339–353.

Eckersley, R. (1992) *Environmentalism and Political Theory: Towards an Ecocentric Approach*, London: UCL Press.

Egloff, B. J. (1989) 'Old Swan Brewery Site, Perth: A Report to the Minister for Aboriginal Affairs on Information Received and Measures Taken Towards Conciliation', unpublished report, Canberra: Anutech.

Engels, F. (1971) *The Condition of the Working Class in England in 1844*, trans. W. O. Henderson and W. H. Chaloner, Oxford: Basil Blackwell.

——— (1977) *Origin of the Family, Private Property and the State*, Moscow: Progress Publishers.

English Heritage (1988) *Proof of Evidence: No. 1 Poultry Public Inquiry*, London: Department of Environment.

Erens, B. (1993) *The Residents of Bethnal Green: Their Characteristics and Views*. Report of a survey for the Bethnal Green City Challenge Company, London.

Esher, L. (1983) *A Broken Wave*, London: Pelican Books.

Evening Standard (17 July 1992) 'Desperate days down at Spitalfields'.

Fainstein, S. S. (1994) *The City Builders: Property, Politics and Planning in London and*

New York, Cambridge, MA and Oxford: Blackwell.

Fanon, F. (1968) *The Wretched of the Earth*, trans. Constance Farrington, New York: Grove.

Ferguson, K. (1993) *The Man Question: Visions of Subjectivity in Feminist Theory*, Berkeley and Los Angeles: University of California Press.

Ferrier, E. (1990) 'Mapping power: cartography and contemporary cultural theory', *Antithesis* 1: 35–48.

Fielder, J. (1991) 'Purity and pollution: Goonininup/The Old Swan Brewery', *Southern Review* 24, 1: 34–42.

Financial Times (26 April 1993) 'The bombing of the City'.

Fitzsimmons, M. (1989) 'The matter of nature', *Antipode* 21, 2: 106–120.

Forman, C. (1989) *Spitalfields: A Battle for Land*, London: Hilary Shipman.

Foucault, M. (1980) 'The eye of power', in C. Gordon (ed.) *Michel Foucault Power/ Knowledge: Selected Interviews and Other Writings 1972–1977*, trans. C. Gordon, L. Marshall, J. Mepham and K. Soper, New York: Pantheon Books, 146–165.

——— (1986) 'Of other spaces', trans. J. Miskowiec, *diacritics* 16: 22–27.

Fourmile, H. (1989) 'Some background to issues concerning the appropriation of Aboriginal imagery', in S. Cramer (ed.) *Postmodernism: A Consideration of the Appropriation of Aboriginal Imagery*, Forum Papers, Brisbane: Institute of Modern Art.

Fox, M. (1991) 'Creation spirituality and the Dreaming', in M. Fox (ed.) *Creation Spirituality and The Dreaming*. Newtown: Millennium Books.

Fox, W. (1990) *Toward a Transpersonal Ecology: Developing New Foundations for Environmentalism*, Boston: Shambhala.

Frankenberg, R. and Mani, L. (1993) 'Crosscurrents, crosstalk: race, "postcoloniality" and the politics of location', *Cultural Studies* 7, 2: 292–310.

Freud, S. (1990 [1919]) 'The "Uncanny"', in The Penguin Freud Library, Vol. 14 *Art and Literature*, London: Penguin.

Friedmann, J. (1966) 'The World City hypothesis', *Development and Change* 17, 1: 69–83.

——— and Wolff, G. (1982) 'World city formation: an agenda for research and action', *International Journal for Urban and Regional Research* 6: 309–344.

Fringe Dwellers of the Swan Valley Inc. (1990) Press statement, 11 January.

——— (1992) *The Brewery Picket*. Publicity broadsheet, Perth.

Frow, J. (1991) 'Tourism and the semiotics of nostalgia', *October* 57: 123–151.

Fuss, D. (1989) *Essentially Speaking: Feminism, Nature and Difference*, London and New York: Routledge.

Gardiner, S. (1990) 'Palumbo's palaces', *Observer Magazine*, 1 July: 22–27.

Gates, H. L. Jr (1984) *Black Literature and Literary Theory*, London and New York: Methuen.

Gelder, K. (1993) 'The politics of the sacred', *World Literature Today* 67, 3: 499–504.

——— and Jacobs, J. M. (1995a) '"Talking out of place": authorizing the Aboriginal sacred in postcolonial Australia', *Cultural Studies* 9, 1: 150–160.

——— and Jacobs, J. M. (1995b) 'Uncanny Australia', *Ecumene* 2, 2: 173–185.

Georgian Group (1980–1988) *Records* of the Georgian Group, London.

Giddens, A. (1990) *The Consequences of Modernity*, Cambridge: Polity.

Gilroy, P. (1987) *There Ain't No Black in the Union Jack*, London: Hutchinson.

——— (1993) *The Black Atlantic: Modernity and Double Consciousness*, London: Verso.

——— (1994) 'Urban social movements, "race" and community', in P. Williams and L. Chrisman (eds) *Colonial Discourse and Post-Colonial Theory: A Reader*, New York: Columbia University Press, 404–420. (First published in 1987.)

Girouard, M., Cruickshank, D. and Samuel, R. (1989) *The Saving of Spitalfields*, Tenth Anniversary Publication, London: Spitalfields Historic Buildings Trust.

Giroux, H. (1992) 'Resisting difference: cultural studies and the discourse of critical pedagogy', in L. Grossberg, C. Nelson and P. Treichler (eds) *Cultural Studies*, New York and London: Routledge, 199–212.

Glass, R. and Frenkel, M. (1946) 'How they live at Bethnal Green', *Contact: Britain Between West and East*, London: Contact Publications Ltd, 12–15.

Goldberg, D. T. (1993) '"Polluting the body politic": racist discourse and urban location', in M. Cross and M. Keith (eds) *Racism, the City and the State*, London and New York: Routledge, 45–61.

Goodhart, C. and Grant, A. (eds) (1986) *Business of Banking*, London: Gower Press.

Gottdiener, M. (1986) 'Culture, ideology and the sign of the city', in M. Gottdiener and A. Ph. Lagopoulos (eds) *The City and the Sign*, New York: Columbia University Press, 202–218.

Goulbourne, H. (1991) *Ethnicity and Nationalism in Post-Imperial Britain*, Cambridge: Cambridge University Press.

——— (1993) 'Aspects of nationalism and Black identities in post-imperial Britain', in M. Cross and M. Keith (eds) *Racism, the City and the State*, London and New York: Routledge, 177–193.

Green, N. (1984) *Broken Spears: Aboriginals and Europeans in Southwest of Australia*, Perth: Focus Education Services.

Greenblatt, S. (1991) *Marvellous Possession: The Wonder of the New World*, Oxford: Clarendon Press.

Gregory, D. (1994) *Geographical Imaginations*, Cambridge, MA and Oxford: Blackwell.

Gregson, R. (n.d.) *Swan Brewery Redevelopment*. Publicity brochure, Perth: Roger Gregson Architects.

——— (1989) *Representation to an Inquiry under Section 10(4) of the Aboriginal and Torres Strait Islander Protection Act 1984, Concerning the Old Swan Brewery Site Perth, Western Australia*, Perth: Roger Gregson Architects.

Griffin, S. (1978) *Women and Nature: The Roaring Inside Her*, New York: Harper and Row.

Grossberg, L. (1988) 'Wandering audiences, nomadic critics', *Cultural Studies* 2, 3: 377–391.

Guardian (2 July 1987) 'Prince's East End safari'.

——— (5 June 1990) 'Battlecries in Banglatown'.

——— (26 April 1993) 'Foreign banks high on list of victims'.

Gupta, A. and Ferguson, J. (1992) 'Beyond "culture": space, identity and the politics of difference', *Cultural Anthropology* 7, 1: 6–23.

Gyford, J. (1985) *The Politics of Local Socialism*, London: George Allen and Unwin.

Hackney Gazette (3 July 1987) 'Charles in cash boost pleas to city slickers'.

Hall, C. (1993) *White, Male and Middle Class: Explorations in Feminism and History*, Cambridge: Polity Press.

Hall, S. (1990) 'Cultural identity and diaspora', in J. Rutherford (ed.) *Identity: Community, Culture, Difference*, London: Lawrence and Wishart, 222–237.

——— (1991a) 'The local and the global: globalization and identity', in A. D. King (ed.) *Culture, Globalization and the World-System: Contemporary Conditions for the Representation of Identity*, Basingstoke: Macmillan in association with the Department of Art and Art History, State University of New York at Binghamton, 19–40.

——— (1991b) 'Old and new identities, old and new ethnicities', in A. D. King (ed.) *Culture, Globalization and the World-System: Contemporary Conditions for the Representation of Identity*, Basingstoke: Macmillan in association with the Department of Art and Art History, State University of New York at Binghamton, 41–68.

——— (1993) 'Culture, community, nation', *Cultural Studies* 7, 3: 349–363.

Handler, R. (1987) 'Heritage and hegemony: recent works on historic preservation and interpretation', *Anthropological Quarterly* 60: 137–141.

Hannerz, U. (1991) 'Scenarios for peripheral cultures', in A. D. King (ed.) *Culture, Globalization and the World-System: Contemporary Conditions for the Representation of Identity*, Basingstoke: Macmillan in association with the Department of Art and Art History, State University of New York at Binghamton, 107–128.

Haraway, D. (1989) *Primate Visions: Gender, Race and Nature in the World of Modern Science*, New York: Routledge.

Harley, J. B. (1988) 'Maps, knowledge and power', in D. Cosgrove and S. Daniels (eds) *The Iconography of Landscape*, Cambridge: Cambridge University Press, 277–312.

——— (1992) 'Deconstructing the map', in T. J. Barnes and J. S. Duncan (eds) *Writing Worlds: Discourse, Text and Metaphor in the Representation of Landscape*, London and New York: Routledge, 193–230.

Harris, J. and Thane, P. (1984) 'British and European bankers 1880–1914: an "aristocratic bourgeoisie"?', in P. Thane, G. Crossick and R. Floud (eds) *The Power of the Past: Essays for Eric Hobsbawm*, Cambridge: Cambridge University Press, 215–234.

Hartsock, N. (1990) 'Foucault on power; a theory for women?', in L. Nicholson (ed.) *Feminism/Postmodernism*, New York: Routledge, Chapman and Hall, 157–175.

Harvey, D. (1973) *Social Justice and the City*, London: Edward Arnold.

——— (1989) *The Condition of Postmodernity*, Oxford: Blackwell.

——— (1993) 'From place to space and back again: reflections on the condition of postmodernity', in J. Bird, B. Curtis, T. Putnam, G. Robertson and L. Tickner (eds) *Mapping the Futures: Local Cultures, Global Change*, London and New York: Routledge, 3–29.

Healey, P. (1990) 'Understanding land and property development processes: some key issues', in P. Healey and R. Nabarro (eds) *Land and Property Development in a Changing Context*, London: Gower, 1–14.

Heritage Council of Western Australia (1991) *Swan Brewery, Perth: Conservation Analysis*. Draft report by Clive Lucas, Stapleto and Partners, Pty Ltd, Sydney. Perth: Heritage Council of Western Australia.

Hewison, R. (1987) *The Heritage Industry: Britain in a Climate of Decline*, London: Methuen.

Hobsbawm, E. and Ranger, T. (1983) *The Invention of Tradition*, Cambridge: Cambridge University Press.

hooks, b. (1991) *Yearning: Race, Gender and Cultural Politics*, London: Turnaround.

——— (1992) 'Representing whiteness in the black imagination', in L. Grossberg, C. Nelson and P. Treichler (eds) *Cultural Studies*, London and New York: Routledge, 338–346.

Howells, G. (1985) 'The politics of townscape: an appraisal of the postwar planning policy advanced by the "architectural review"', Unpublished dissertation for Diploma in Architecture, Plymouth Polytechnic.

HRH The Prince of Wales (1989) *A Vision of Britain: A Personal View of Architecture*, London: Doubleday.

Huggan, G. (1991) 'Decolonising the map: post-colonialism, post-structuralism and the cartographic connection', in I. Adam and H. Tiffin (eds) *Past the Last Post: Theorizing Post-Colonialism and Post-Modernism*, New York: Harvester-Wheatsheaf.

Huggins, J., Huggins, R. and Jacobs, J. M. (1995) 'Kooramindanjie: place and the postcolonial', *History Workshop Journal* 39, Spring: 165–181.

Hutcheon, L. (1994) 'The post always rings twice: the postmodern and the postcolonial', *Textual Practice* 8: 205–238.

——— (1995) 'Circling the downspout of empire: post-colonialism and postmodernism', in B. Ashcroft, G. Griffiths and H. Tiffin (eds) *The Post-colonial Studies Reader*, London and New York: Routledge, 130–135.

Independent, The, (22 September 1993) 'Dream scene'.

Jackson, P. (1985) 'Urban ethnography', *Progress in Human Geography* 9: 157–176.

——— (1991) 'Mapping meanings: a cultural critique of locality studies', *Environment and Planning A* 23: 215–228.

Jacobs, J. M. (1988) 'The construction of identity', in J. R. Beckett (ed.) *Past and Present: the Construction of Aboriginality*, Canberra: Aboriginal Studies Press.

——— (1992) 'Cultures of the past and urban transformation: the Spitalfields Market redevelopment in East London', in K. Anderson and F. Gale (eds) *Inventing Places*, Melbourne: Longman Cheshire, 194–214.

——— (1993) 'Shake 'im this country: the mapping of the Aboriginal sacred in Australia', in P. Jackson and J. Penrose (eds) *Constructions of Race, Place and Nation*, London: UCL Press, 110–118.

——— (1994a) 'The battle of Bank Junction: the contested iconography of capital', in S. Corbridge, R. Martin and N. Thrift (eds) *Money, Power, Space*, Oxford: Blackwell, 356–382.

——— (1994b) 'Earth honouring: western desires and indigenous knowledge', in A. Blunt and G. Rose *Writing Women and Space*, New York: Guilford, 169–196.

Jager, M. (1986) 'Class definition and the aesthetics of gentrification: Victoriana in Melbourne', in N. Smith and P. Williams (eds) *Gentrification of the City*, London: Unwin Hyman, 78–91.

Jameson, F. (1984) 'Postmodernism, or the cultural logic of late capitalism', *New Left Review* 146: 53–92.

——— (1986) 'Third world literature in the era of multinational capitalism', *Social Text* 15: 65–88.

——— (1991) *Postmodernism, or, The Cultural Logic of Late Capitalism*, Durham, NC: Duke University Press.

Jencks, C. (1988) *The Prince and the Architects and New Wave Monarchy*, London: Academy Editions.

Johnson, C. (1978) *Mies van der Rohe*, New York: Museum of Modern Art.

Johnston, V. (1988) 'Among others: reply to "Black Canberra"', *Art & Text* 30, September: 98–100.

Jones Lang and Wootton (1994) *Quarterly Review London City Offices, First Quarter*, London: Jones Lang and Wootton.

Karp, I. (1992) 'Introduction: Museums and communities: the politics of public culture', in I. Karp, C. Mullen Kreamer and S. D. Lavine (eds) *Museums and Communities: The Politics of Public Culture*, Washington and London: Smithsonian Institution Press, 1–17.

Kearns, G. and Philo, C. (eds) (1993) *Selling Places: The City as Cultural Capital, Past and Present*, Oxford: Pergamon.

Keith, M. and Cross, M. (1993) 'Racism and the postmodern city', in M. Cross and M. Keith (eds) *Racism, the City and the State*, London and New York: Routledge, 1–31.

Keith, M. and Pile, S. (1993a) 'The politics of place', in M. Keith and S. Pile (eds) *Place and the Politics of Identity*, London and New York: Routledge, 1–21.

——— (eds) (1993b) *Place and the Politics of Identity*, London and New York: Routledge.

King, A. D. (1976) *Colonial Urban Development: Culture, Social Power and Environment*, London: Routledge and Kegan Paul.

——— (1990a) *Urbanism, Colonialism and the World-Economy*, London and New York: Routledge.

——— (1990b) *Global Cities: Post-Imperialism and the Internationalisation of London*, London and New York: Routledge.

——— (1991a) 'Introduction: spaces of culture, spaces of knowledge', in A. D. King (ed.) *Culture, Globalization and the World-System: Contemporary Conditions for the Representation of Identity*, Basingstoke: Macmillan in association with the Department of Art and Art History, State University of New York at Binghamton, 1–18.

——— (1991b) 'The global, the urban and the world', in A. D. King (ed.) *Culture, Globalization and the World-System: Contemporary Conditions for the Representation of*

Identity, Basingstoke: Macmillan in association with the Department of Art and Art History, State University of New York at Binghamton, 149–154.
——— (1992) 'Rethinking colonialism: an epilogue', in N. Alsayyad (ed.) *Forms of Dominance: on the Architecture and Urbanism of the Colonial Enterprise*, Aldershot: Avebury, 339–355.

Kleinert, S. (1988) 'Black Canberra', *Art & Text* 30 June/August: 92–95.

Knudston, P. and Suzuki, D. (1992) *Wisdom of the Elders*, Toronto: Allen and Unwin.

Kong, L. (1993) 'Ideological hegemony and the political symbolism of religious buildings in Singapore', *Environment and Planning D: Society and Space* 11, 1: 23–46.

Kristeva, J. (1991) *Strangers to Ourselves*, New York: Columbia University Press.

——— (1993) *Nations without Nationalism*, trans. L. S. Roudiex, New York: Columbia University Press.

Kutcher, A. (1976) 'The views of St Paul's Cathedral', in D. Lloyd *et al.* (eds) *Save the City*, London: SPAB.

Langton, M. (1993) *'Well I heard it on the radio and saw it on the television . . .'*, North Sydney: Australian Film Commission.

Lash, S. (1990) *Sociology of Postmodernism*, London: Routledge.

——— and Urry, J. (1987) *The End of Organised Capitalism*, Cambridge: Polity Press.

——— and Urry, J. (1994) *Economies of Signs and Space*, London: Sage.

Lattas, A. (1990) 'Aborigines and contemporary Australian nationalism: primordiality and the cultural politics of otherness', in J. Marcus (ed.) *Writing Australian Culture: Text, Society and National Identity*. Special issue of *Social Analysis: Journal of Cultural and Social Practice* 27: 50–69.

Laurance, P. (1994) *Tourism in Brisbane: A City of Growth*, Brisbane: Brisbane City Council.

Lavarch, M. (1994) 'Foreword', in Attorney-General's Department *Native Title, Native Title Act* 1993, Canberra: Australian Government Press.

Lawlor, R. (1991) *Voices of the First Australians: Awakenings in the Aboriginal Dreamtime*. Rochester, VT: Inner Traditions.

Leech, K. (1994) *Brick Lane 1978: The Events and their Significance*, London: Stepney Books Publications.

Lefebvre, H. (1991) *The Production of Space*, trans. D. Nicholson-Smith (1974), Oxford: Blackwell.

Lisle-Williams, M. (1984) 'Merchant banking dynasties in the English class structure: ownership, solidarity and kinship in the City of London, 1850–1960', *The British Journal of Sociology* xxxv: 333–362.

Livingstone, D. N. (1992) *The Geographical Tradition*, Oxford and Cambridge, MA: Blackwell.

Lloyd, D. *et al.* (1976) *Save the City: A Conservation Study of the City of London*, London: Society for the Protection of Ancient Buildings.

London Borough of Tower Hamlets (1986) *Development Committee Report on Spitalfields Market*, London: LBTH.

London Edinburgh Trust and Grand Metropolitan (n.d.) *Building a Partnership from*

Brick Lane to Bishopsgate. Publicity brochure, London: LET and Grand Metropolitan.

London Planning Advisory Committee (1993) *The London Office Market: 1993 Update Report*, London: LPAC in conjunction with Investment Property Databank and Applied Property Research.

Lowenhaupt Tsing, A. (1994) 'From the margins', *Cultural Anthropology* 9, 3: 279–297.

Lowenthal, D. (1986) *The Past is a Foreign Country*, Cambridge: Cambridge University Press.

MacCannell, D. (1976) *The Tourist: A New Theory of the Leisure Class*, New York: Methuen.

McClintock, A. (1992) 'The angel of progress: pitfalls of the term "post-colonialism"', *Social Text* 10, 2 and 3: 84–98.

MacCormac, R. (1983) 'MacCormac's manifesto', *Architect's Journal* 15 June: 53–72.

McDowell, L. and Court, G. (1994) 'Performing work: bodily representations in merchant banks', *Environment and Planning D: Society and Space* 12: 727–750.

McLean, I. (1993) 'White Aborigines: cultural imperatives of Australian colonialism', *Third Text* 22, Spring: 17–26.

McRae, H. and Cairncross, F. (1985) *Capital City: London as a Financial Centre*, London: Methuen.

Maddock, K. (1987) 'Yet another "sacred site": the Bula controversy', in B. Wright, G. Fry and L. Petchkovsky (eds) *Contemporary Issues in Aboriginal Studies*, Sydney: Firebird Press.

——— (1988) 'God, Caesar and Mammon at Coronation Hill', *Oceania* 58: 305–408.

Mally, P. (1914) *Mount Coot-tha (One Tree Hill) Brisbane: An Amphitheatre of Unrivalled Grandeur*, Brisbane: Queensland Government Intelligence and Tourist Bureau.

Marcus, G. (1992) 'Past, present and emergent identities: requirements for ethnographies of late twentieth-century modernity worldwide', in S. Lash and J. Friedman (eds) *Modernity and Identity*, Oxford: Blackwell, 309–330.

Marcuse, H. (1964) *One-Dimensional Man: Studies in the Ideology of Advanced Industrial Society*, Boston, MA: Beacon Press.

Marks, S. (1984) *Corporation of London: Appeals by Number One Poultry Limited and City Acre Property Investment Trust Limited*. Report of the Inspector to the Secretary of State for the Environment, London: Department of Environment.

Marx, K. and Engels, F. (1976) *On Colonialism*, Moscow: Progress Publishers.

Massey, D. (1984) *Spatial Divisions of Labour: Social Structures and the Geography of Production*, London: Macmillan.

——— (1991) 'A global sense of place', *Marxism Today* June: 24–29.

——— (1992) 'Politics and space/time', *New Left Review* 196, November–December: 65–84.

——— (1993a) 'Power-geometry and a progressive sense of place', in J. Bird, B. Curtis, T. Putnam, G. Robertson and L. Tickner (eds) *Mapping the Futures: Local Cultures, Global Change*, London and New York: Routledge, 59–69.

——— (1993b) 'Politics and space/time', in M. Keith and S. Pile (eds) *Place and the*

Politics of Identity, London and New York: Routledge, 141–161.

——— (1994) *Space, Place and Gender*, Cambridge: Polity.

——— (1995) 'Places and their pasts', *History Workshop Journal* 39, Spring: 182–192.

Mathews, F. (1992) *The Ecological Self*, London: Routledge.

Matless, D. (1990) 'Ages of English design: preservation, modernism and tales of their history', *Journal of Design History* 3: 203–212.

Mercer, C. and Grundy, R. (1993) *Cultural Development in South East Queensland: A Policy Paper of the SEQ 2001 Project*, Brisbane: Regional Planning Advisory Group SEQ 2001.

Mercer, C. and Taylor, P. (1993) *A Cultural Development Strategy – Towards a Cultural Policy for Brisbane*, Brisbane: Institute for Cultural Policy Studies/Griffith University for the Brisbane City Council.

Merchant, C. (1980) *The Death of Nature: Women, Ecology, and the Scientific Revolution*, San Francisco: Harper and Row.

——— (1992) *Radical Ecology: The Search for a Livable World*, New York: Routledge.

Merlan, F. (1991) 'The limits of cultural constructionism: the case of Coronation Hill', *Oceania* 61: 341–352.

Meyrowitz, J. (1985) *No Sense of Place: The Impact of Electronic Media on Social Behaviour*, New York and Oxford: Oxford University Press.

Michaels, E. (1993) *Bad Aboriginal Art and Other Essays*, Minneapolis: University of Minnesota Press: and reproduced in Frow, J. and Morris, M. (eds) (1993) *Australian Cultural Studies: A Reader*, St Leonards: Allen and Unwin, 47–65.

Mickler, S. (1989) 'The Battle for Goonininup: A Charting of Post-colonial Representation in the City of Perth'. Unpublished manuscript.

——— (1991a) 'The Battle for Goonininup: Late Colonial Representation and the Old Brewery'. Unpublished manuscript.

——— (1991b) 'The battle for Goonininup', *Arena* 96: 69–88.

——— (1992) 'From the picket line', in Fringe Dwellers of the Swan Valley Inc. (eds) *The Brewery Picket*. Broadsheet 1.

Miles, R. (1982) *Racism and Migrant Labour*, London: Routledge and Kegan Paul.

Miller, H. (1966) *Tropic of Cancer*, St Albans: Panther.

Minh-ha, T. T. (1990) 'Cotton and iron', in R. Ferguson, M. Gever, T. T. Minh-ha and C. West (eds) *Out There: Marginalization and Contemporary Culture*, New York: Museum of Contemporary Art/Cambridge, MA and London: MIT Press, 327–336.

——— (1991) *When the Moon Waxes Red: Representation, Gender and Cultural Politics*, New York and London: Routledge.

——— (1994) 'Other than myself/my other self', in G. Robertson, M. Mash, L. Tickner, J. Bird, B. Curtis and T. Putnam (eds) *Travellers' Tales: Narratives of Home and Displacement*, New York and London: Routledge, 9–26.

Mishra, V. and Hodge, B. (1991) 'What is post-colonialism?', *Textual Practice* 5, 3: 399–413.

Mitchell, W. J. T. (ed.) (1994) *Landscape and Power*, Chicago and London: University of Chicago Press.

Mohanty, C. T. (1991a) 'Cartographies of struggle: Third World women and the politics of feminism', in C. T. Mohanty, A. Russo and L. Torres (eds) *Third World Women and the Politics of Feminism*, Bloomington and Indianapolis: Indiana University Press, 1–47.

——— (1991b) 'Under western eyes: feminist scholarship and colonial discourses', in C. T. Mohanty, A. Russo and L. Torres (eds) *Third World Women and the Politics of Feminism*, Bloomington and Indianapolis: Indiana University Press, 51–80.

Montgomery, J. and Thornley, A. (eds) (1990) *Radical Planning Initiatives: New Directions for Urban Planning in the 1990s*, London: Gower.

Morgan, G. (1993) 'Frustrated respectability: local culture and politics in London's Docklands', *Environment and Planning D: Society and Space* 11: 523–541.

Morris, M. (1988a) 'At Henry Parkes Motel', *Cultural Studies* 2, 1: 1–47.

——— (1988b) *The Pirate's Fiancée: Feminism Reading Postmodernism*, London: Verso.

——— (1990) 'Metamorphoses at Sydney Tower', *New Formations* 11: 5–18.

——— (1991) 'The man in the mirror: David Harvey's "Condition of Postmodernity"', in E. Jacka (ed.) *Continental Shift: Globalisation and Culture*, Sydney: Local Consumption Publications, 25–31.

Morris, W. (1986 [1890]) *News from Nowhere*, in A. L. Morton (ed.) *Three Works by William Morris*, London: Lawrence and Wishart.

Mowljarlai, D. and Peck, C. (1987) 'Ngarinyin cultural continuity: a project to teach young people the culture, including the re-painting of Wandjina rock art sites', *Australian Aboriginal Studies* 2: 71–78.

Muecke, S. (1992) *Textual Spaces: Aboriginality and Cultural Studies*, Sydney: University of New South Wales Press.

Mythen, E. P. (1991) 'The Spitalfields Development Group: A Universal Model for Community-based Response to Development Pressure?'. Unpublished M.Phil. thesis, Bartlett School of Architecture and Planning, University College London.

National Trust of Western Australia to Minister for Education and Planning (6 February 1986), reproduced in M. Ansara (1989) *Always Was, Always Will Be*, Sydney: Jequerity Pty Ltd.

National Trust of Western Australia (1987) 'Swan Brewery site'. Press release, 11 February.

Oldham, R. and Oldham, J. (1961) *Western Heritage: A Study of the Colonial Architecture of Perth, Western Australia*, Perth: Lamb Publications Pty Ltd.

Parry, B. (1987) Problems in current theories of colonial discourse', *Oxford Literary Review* 9, 1 and 2: 27–58.

Peach, C. (1986) 'Patterns of Afro-Caribbean migration and settlement in Great Britain: 1945–81', in C. Brock (ed.) *The Caribbean in Europe*, London: Frank Cass, 62–84.

Peachment, A. (1991) 'WA Inc', in A. Peachment (ed.) *The Business of Government: Western Australia 1983–1990*, Sydney: The Federation Press, 188–218.

Perth Sunday Times (9 August 1987) 'Wagyl eyes the brewery site'.

——— (5 August 1990) 'New brewery map upsets protesters'.

Plender, J. and Wallace, P. (1985) *The Square Mile: A Guide to the New City of London*, London: Century Publishing.

Pratt, G. (1992) 'Spatial metaphors and speaking positions', *Environment and Planning D: Society and Space* 10: 241–244.

Pratt, M. L. (1992) *Imperial Eyes: Travel Writing and Transculturation*, London and New York: Routledge.

Pred, A. (1986) *Place, Practice and Structure: Social and Spatial Transformation in Southern Sweden 1750–1850*, Cambridge: Cambridge University Press.

Probyn, E. (1990) 'Travels in the postmodern: making sense of the local', in L. J. Nicholson (ed.) *Feminism/Postmodernism*, London and New York: Routledge, 176–189.

Pryke, M. (1991) 'An international city going "global": spatial change and office provision in the City of London', *Environment and Planning D: Society and Space* 9: 197–222.

——— (1994) 'Looking back on the space of a boom: (re)developing spatial matrices in the City of London', *Environment and Planning A* 26, 2: 167–332.

Pudup, M. B. (1994) 'Trading places', *Antipode* 26, 2: 116–121.

Queensland Tourist and Travel Corporation (1992) *Vision 2000 – The Corporate Plan for the Queensland Tourism and Travel Corporation*, Brisbane: Queensland Tourist and Travel Corporation.

Raban, J. (1988) *Soft City*, London: Collins Harvill.

Rex, J. (1973) *Race, Colonialism and the City*, London: Routledge.

——— (1981) 'A working paradigm for race relations research', *Ethnic and Racial Studies* iv, 1: 1–24.

——— and Tomlinson, S. (1979) *Colonial Immigrants in a British City: A Class Analysis*, London: Routledge.

Richard Saunders and Partners (1986) *Office Floor Space Survey*, London: Richard Saunders and Partners.

Robertson, G., Mash, M., Tickner, L., Bird, J., Curtis, B. and Putnam, T. (eds) (1994) *Travellers' Tales: Narratives of Home and Displacement*, London and New York: Routledge.

Robins, K. (1991) 'Tradition and translation: national culture in its global context', in J. Corner and S. Harvey (eds) *Enterprise and Heritage: Cross-currents in National Culture*, New York and London: Routledge, 21–44.

Roddewig, R. (1978) *Green Bans: The Birth of Australian Environmental Politics*, Washington: Conservation Foundation/Sydney: Hale and Iremonger.

Roe, P. (1988) 'The children's country', *Meanjin* 47, 1: 11–20.

Rosaldo, R. (1989) 'Imperialist nostalgia', *Representations* 26: 107–122.

Rosehaugh Stanhope (1986) *Spitalfields Redevelopment*. Press release, 1 August, London: Records of the Spitalfields Historic Buildings Trust.

Ross, R. and Telkamp, G. . (eds) (1985) *Colonial Cities: Essays on Urbanism in a Colonial Context*, Dordrecht: Martinus Nijhoff.

Routt, W. D. (1994) 'Are you a fish? Are you a snake?: An obvious lecture and some notes on "The Last Wave"', *Continuum: The Australian Journal of Media and Culture*.

Special issue on *Critical Multiculturalism* 8, 2: 215–231.

Rowse, T. (1992) 'Hosts and guests at Uluru', *Meanjin* 51, 2: 265–276.

——— (1993) 'Mabo and moral anxiety', *Meanjin* 52, 2: 229–252.

Royal Commission on Local Government in Greater London (1962) *Written Evidence. PP 1164*, 1959–1960, xviii.

Sackett, L. (1991) 'Promoting primitivism: conservationist depictions of Aboriginal Australians', *The Australian Journal of Anthropology* 2, 2: 233–246.

Said, E. W. (1978) *Orientalism*, London: Routledge and Kegan Paul.

——— (1983) 'Traveling theory', in *The World, the Text and the Critic*, Cambridge, MA: Harvard University Press.

——— (1989) 'Representing the colonized: anthropology's interlocutors', *Critical Inquiry* 15 (Winter): 205–225.

——— (1990a) 'Narrative, geography and interpretation', *New Left Review* 180: 81–97.

——— (1990b) 'Yeats and decolonization', in T. Eagleton, F. Jameson and E. Said (eds) *Nationalism, Colonialism and Literature*, Minneapolis: University of Minnesota Press, 69–98.

——— (1993) *Culture and Imperialism*, London: Chatto and Windus.

——— (1995) 'Afterword to the 1995 printing', in *Orientalism*, London: Penguin, 329–354.

Salecl, R. (1993) 'National identity and socialist moral majority', in E. Carter, J. Donald and J. Squires (eds) *Space and Place: Theories of Identity and Location*, London: Lawrence and Wishart, 101–110.

Samuel, R. (1989) 'The pathos of conservation', in M. Girouard, D. Cruickshank and R. Samuel *The Saving of Spitalfields*, London: Spitalfields Historic Buildings Trust, 135–171.

Sassen, S. (1991) *The Global City: New York, London, Tokyo*, Princeton, NJ: Princeton University Press.

Schaffer, K. (1988) *Women and the Bush: Forces of Desire in the Australian Cultural Tradition*, Cambridge: Cambridge University Press.

Schwartz, B. (1991) 'Where horses shit and a hundred sparrows feed: Docklands and East London during the Thatcher years', in J. Corner and S. Harvey (eds) *Enterprise and Heritage: Crosscurrents of National Culture*, New York and London: Routledge, 76–92.

Senior, C. (1989) 'Old Swan Brewery Perth: A Report to the Minister for Aboriginal Affairs under Section 10 (4) of the Aboriginal and Torres Strait Islander Heritage Act 1984'. Unpublished report. Department of Aboriginal Affairs, Canberra.

Sennet, R. (1990) *The Conscience of the Eye: The Design and Social Lives of Cities*, New York: Knopf.

Shohat, E. (1991) 'Imagining *terra incognita*: the disciplinary gaze of empire', *Public Culture* 3: 41–70.

——— (1992) 'Notes on the postcolonial', *Social Text* 31/32, Spring: 99–113.

——— and Stam, R. (1994) *Unthinking Eurocentrism: Multiculturalism and the Media*, London and New York: Routledge.

Sibley, D. (1988) 'Survey 13: purification of space', *Environment and Planning D: Society and Space* 6, 4: 409–421.

Simon, D. (1984) 'Third world colonial cities in context', *Progress in Human Geography* 8, 4: 493–514.

Slaughter, J. C. (1964) *The Great Experiment: A Study of Local Government in Brisbane*, Brisbane: Brisbane City Council.

Slemon, S. (1991) 'Modernism's last post', in I. Adam and H. Tiffin (eds) *Past the Last Post: Theorizing Post-colonialism and Post-modernism*, Hemel Hempstead: Harvester-Wheatsheaf, 1–12.

——— (1994) 'The scramble for postcolonialism', in C. Tiffin and A. Lawson (eds) *De-Scribing Empire: Post-colonialism and Texturality*, London and New York: Routledge, 15–32.

Smith, A. M. (1994) *New Right Discourse on Race and Sexuality*, Cambridge: Cambridge University Press.

Smith, D. (ed.) (1991) *Apartheid City and Beyond*, London: Routledge.

Smith, M. P. and Feagin, J. R. (1987) *The Capitalist City*, Oxford: Blackwell.

Smith, N. (1984) *Uneven Development: Nature, Capital, and the Production of Space*, New York: Blackwell.

——— (1986) 'Gentrification, the frontier, and the restructuring of urban space', in N. Smith and P. Williams (eds) *Gentrification of the City*, London: Unwin Hyman, 15–34.

——— (1994) 'Geography, empire and social theory', *Progress in Human Geography* 18, 4: 491–500.

——— and Godlewska, A. (1994) 'Introduction', *Geography and Empire*, Oxford: Blackwell.

——— and Katz, C. (1993) 'Grounding metaphor: towards a spatialized politics', in M. Keith and S. Pile (eds) *Place and the Politics of Identity*, London and New York: Routledge, 67–83.

Smith, S. J. (1989) *The Politics of Race and Residence*, Cambridge: Polity Press.

——— (1993) 'Residential segregation and the politics of racialization', in M. Cross and M. Keith (eds) *Racism, the City and the State*, London and New York: Routledge, 128–143.

Soja, E. (1989) *Postmodern Geographies*, London: Verso.

Sorkin, M. (ed.) (1992) *Variations on a Theme Park: The New American City and the End of Public Space*, New York: The Noonday Press.

Sparke, M. (1994) 'White mythologies and anemic geographies: a review', *Environment and Planning D: Society and Space* 12, 1: 105–124.

Spitalfields Development Group (1987) *Spitalfields Market Development*. Promotional brochure, London: SDG.

——— (1988) *Spitalfields: A Continuing Story*. Promotional brochure, London: SDG.

——— (1991) 'Spitalfields Development Group launches new plans for Market site'. Press release, 15 October.

Spitalfields Heritage Centre (1987) *Heritage Centre for Spitalfields*. Promotional brochure, London: Spitalfields Heritage Centre.

Spitalfields Trust (1977) Untitled press release, London: Records of the Spitalfields Historic Buildings Trust.
——— (1986a) *Planning Gain: Issues for Discussion*, London: Records of the Spitalfields Historic Buildings Trust, June.
——— (1986b) *Spitalfields Trust, Director's Report*, London: Records of the Spitalfields Historic Buildings Trust.
——— (1989) *Spitalfields Trust: Tenth Anniversary*. Promotional brochure, London: Records of the Spitalfields Historic Buildings Trust.
——— (1992) *Assessment of Spitalfields Market Scheme*, London: Records of the Spitalfields Historic Buildings Trust.
Spitalfields Trust Newsletter (1976–1989) London: Records of the Spitalfields Historic Buildings Trust.
Spivak, G. C. (1988a) *In Other Worlds: Essays in Cultural Politics*, New York and London: Routledge.
——— (1988b) 'Can the subaltern speak?', in C. Nelson and L. Grossberg (eds) *Marxism and the Interpretation of Culture*, Urbana and Chicago: University of Illinois Press, 271–313.
——— (1990) *The Post-colonial Critic: Interviews, Strategies, Dialogues*, edited by S. Harasym, London and New York: Routledge.
——— and Young, R. (1991) 'Neocolonialism and the secret agent of knowledge', *The Oxford Literary Review* 12, 1–2: 220–251.
Stafford, L. (1992) 'London's financial markets: perspectives and prospects', in L. Budd and S. Whimster (eds) *Global Finance and Urban Living: A Study of Metropolitan Change*, London: Routledge, 31–51.
Stallybrass, P. and White, A. (1986) *The Politics and Poetics of Transgression*, London: Methuen.
Stamp, G. (1988) 'Britischer Architekt', *The Spectator* 1 October: 20–21.
Strawbridge, L. (1987/8) *Aboriginal Sites in the Perth Metropolitan Area: A Management Scheme*. Report for the Department of Aboriginal Sites, Western Australia Museum. Perth: Centre for Prehistory, University of Western Australia.
Sunday Telegraph (2 May 1993) 'NatWest Tower "should go"'.
Sunday Times (25 April 1993) 'City bloodied but unbowed'.
Survey of London (1957) *Spitalfields and Mile End New Town*, vol. XXVII, London: The Althone Press for London County Council.
Taussig, M. (1987) *Shamanism, Colonialism and the Wild Man*, Chicago and London: University of Chicago Press.
——— (1992) *The Nervous System*, London and New York: Routledge.
Taylor, P. (1993) *Political Geography: World-Economy, Nation-State and Locality*, 3rd edn, London: Longman.
Thomas, N. (1994) *Colonialism's Culture: Anthropology, Travel and Government*, Melbourne: Melbourne University Press.
Thompson, E. P. (1976) *William Morris: Romantic to Revolutionary*, New York: Pantheon Books.
Thrift, N. (1986) 'The geography of international economic disorder', in R. J. Johnson and P.

Taylor (eds) *A World in Crisis? Geographical Perspectives*, Oxford: Blackwell, 12–67.
——— (1989) 'Images of social change', in C. Hamnett, L. McDowell and P. Sarre (eds) *The Changing Social Structure*, London: Sage, 272–279.
——— (1994) 'On the social and cultural determinants of international financial centres: the case of the City of London', in S. Corbridge, R. Martin and N. Thrift (eds) *Money, Power and Space*, Oxford: Blackwell, 327–355.
——— and Williams, P. (1987) (eds) *Class and Space: The Making of Urban Society*, London: Routledge.
Tilbrook, L. (1985) *Report on the Aboriginal Significance of the Swan Brewery*. Report to the National Trust of Australia (WA). Perth: National Trust of Australia.
Timberlake, M. (ed.) (1985) *Urbanization in the World-Economy*, Orlando: Academic Press.
Times, The (27 April 1993) 'Company chiefs want steel gates over road'.
——— (1 February 1994) '£800m Rover sale to BMW sparks outcry'.
Todorov, T. (1984) *The Conquest of America: The Question of the Other*, trans. R. Howard, New York: Harper and Row.
Torgovnick, M. (1990) *Gone Primitive: Savage Intellects, Modern Lives*, Chicago: University of Chicago Press.
Toyne, P. and Johnston, R. (1991) 'Reconciliation, or the new dispossession?', *Habitat* 19: 3–10.
Traill, W. H. (1902) *Mt. Coot-tha Reserve: Description and Report*, Brisbane: Trustees of Mt Coot-tha.
Tugnutt, A. and Robertson, M. (1987) *Making Townscape*, London: Mitchell.
Urry, J. (1990) *The Tourist Gaze: Leisure and Travel in Contemporary Societies*, London: Sage.
——— (1995) *Consuming Places*, London and New York: Routledge.
Valuation Office, Inland Revenue (1988–1992) *Property Market Reports*, London: Inland Revenue.
Vidler, A. (1992) *The Architectural Uncanny: Essays in the Modern Unhomely*, Cambridge, MA: MIT Press.
Vinnicombe, P. (1989) *Goonininup: An Historical Perspective of Land Use and Associations in the Old Swan Brewery Area*, Perth: Department of Aboriginal Sites, Western Australian Museum.
von Sturmer, J. (1989) 'Aborigines, representation, necrophilia', *Art & Text* 32, Autumn: 127–139.
Wallerstein, I. (1974–1988) *The Modern World Systems*, 3 vols, New York: Academic Press.
——— (1979) *The Capitalist World-Economy*, Cambridge: Cambridge University Press.
Walton, J. (1976) 'Political economy of world urban systems: directions for comparative research', in J. Walton and L. Massotti (eds) *The City in Comparative Perspective*, London: Sage, 301–313.
Ware, V. (1992) *Beyond the Pale: White Women, Racism and History*, London: Verso.
Watts, M. J. (1991) 'Mapping meaning, denoting difference, imagining identity: dialectical images and postmodern geographies', *Geografiska Annaler* 73B: 7–16.

Weir, P. (1977) *The Last Wave*. Screenplay: Peter Weir, Tony Morphett and Petru Popesou. Director: Peter Weir.

Western Australia House of Assembly (1990) *Hansard*, 31 May: 1659.

Western Australia House of Representatives (1991) *Hansard*, 28 May: 10/41220.

West Australian, The (22 June 1988) 'Brewery tourist attraction'.

——— (22 June 1989) 'Myth is just tip of the iceberg claim'.

——— (26 June 1989) 'Police lashed over brewery swoop'.

——— (5 July 1989) 'Premier "not fit" to judge blacks'.

——— (10 July 1989) 'Tempers flare at old brewery protest'.

——— (30 September 1989) 'Brewery protestors to fight on'.

——— (21 June 1990) 'Bropho win throws laws into turmoil'.

——— (25 November 1990) 'Blacks vow to fight new brewery plan'.

Williams, P. and Chrisman, L. (1993) 'Colonial discourse and post-colonial theory: an introduction', in P. Williams and L. Chrisman (eds) *Colonial Discourse and Post-Colonial Theory: A Reader*, New York: Columbia University Press, 1–26.

Williams, R. (1977) 'The importance of community', in R. Williams *Resources of Hope*, London: Verso, 111–119.

——— (1980) 'Ideas of nature', in R. Williams *Problems of Materialism and Culture*, London: Verso, 67–85.

——— (1985) *The Country and the City*, London: The Hogarth Press. [First published 1973.]

Williams, S. (1992) 'The coming of the groundscrapers', in L. Budd and S. Whimster (eds) *Global Finance and Urban Living: A Study of Metropolitan Change*, London and New York: Routledge, 246–259.

Wilson, E. (1991) *The Sphinx in the City*, London: Virago.

Wolfe, P. (1994) 'Nation and MiscegeNation: discursive continuity in the post-Mabo era', *Social Analysis* 36, October: 93–151.

Wolff, J. (1991) 'The global and the specific: reconciling conflicting theories of culture', in A. D. King (ed.) *Culture, Globalization and the World-System: Contemporary Conditions for the Representation of Identity*, Basingstoke: Macmillan, in association with the Department of Art and Art History, State University of New York at Binghamton, 161–174.

——— (1993) 'On the road again: metaphors of travel in cultural criticism', *Cultural Studies* 7, 2: 224–239.

Woodward, R. (1991) 'Saving Spitalfields: The Politics of Opposition to Redevelopment in East London'. Unpublished Ph.D., QMWC, University of London.

——— (1993) 'One place, two stories: two interpretations of Spitalfields in the debate over its redevelopment', in G. Kearns and C. Philo (eds) *Selling Places: The City as Cultural Capital, Past and Present*, Oxford and New York: Pergamon, 253–266.

Worskett, R. (1988) *Proof of Evidence: No.1 Poultry Public Inquiry*. Public Inquiry statement, London: Department of Environment.

Wright, P. (1985) *On Living in an Old Country*, London: Verso.

——— (1987) 'The "heritage-thinking" that spells national decline', *The Listener* 24 September: 12–14.

——— (1991) *A Journey through Ruins: The Last Days of London*, London: Radius.

Yeo, S. (1986) 'Socialism, the state, and some oppositional Englishness', in R. Colls and P. Dodd (eds) *Englishness: Politics and Culture 1880–1920*, Beckenham: Croom Helm, 308–369.

Yeoh, B. (1991) 'Municipal Control, Asian Agency and the Urban Built Environment in Colonial Singapore, 1880–1929'. Unpublished D.Phil., Oxford University.

Young, I. M. (1990) *Justice and the Politics of Difference*, Princeton: Princeton University Press.

——— (1991) 'The ideal of community and the politics of difference', in L. J. Nicholson (ed.) *Feminism/Postmodernism*, London and New York: Routledge, 300–323.

Young, M. and Wilmott, P. (1957) *Family and Kinship in East London*, London, Routledge and Kegan Paul.

Young, R. (1990) *White Mythologies: Writing History and the West*, London and New York: Routledge.

——— (1995) *Colonial Desire: Hybridity in Theory, Culture and Race*, London: Routledge.

Žižek, S. (1989a) *The Sublime Object of Ideology*, London and New York: Verso.

——— (1989b) 'Looking awry', *October* 50: 31–56.

Zukin, S. (1986) 'Gentrification: culture and capital in the urban core', *Annual Review of Sociology* 13: 129–147.

——— (1988) *Loft Living: Culture and Capital in Urban Change*, London and New York: Radius.

——— (1991) *Landscapes of Power: From Detroit to Disney World*, Berkeley: University of California Press.

——— (1992) 'Postmodern urban landscapes: mapping culture and power', in S. Lash and J. Friedman (eds) *Modernity and Identity*, Oxford: Blackwell, 221–247.

索 引